I0779087

Andalucía y lo andaluz en los siglos XVIII y XIX

STUDIEN ZU DEN ROMANISCHEN LITERATUREN UND KULTUREN

STUDIES ON ROMANCE LITERATURES AND CULTURES

Herausgegeben von / Edited by Olaf Müller, Christian von Tschilschke, Ulrich Winter und / and Samia Kassab-Charfi

BAND 40

Zu Qualitätssicherung und Peer Review der vorliegenden Publikation

Notes on the quality assurance and peer review of this publication

Die Qualität der in dieser Reihe erscheinenden Arbeiten wird vor der Publikation durch Herausgeber der Reihe oder andere unabhängige Fachgutachter geprüft.

Prior to publication, the quality of the work published in this series is reviewed by editors of the series or by other external referees.

Daniel Muñoz Sempere / Beatriz Sánchez Hita (eds.)

Andalucía y lo andaluz en los siglos XVIII y XIX

Representación, crítica y creación de estereotipos

PETER LANG

Información bibliográfica publicada por la Deutsche Nationalbibliothek
La Deutsche Nationalbibliothek recoge esta publicación en la Deutsche
Nationalbibliografie; los datos bibliográficos detallados están disponibles
en Internet en http://dnb.d-nb.de.

Catalogación en publicación de la Biblioteca del Congreso
Para este libro ha sido solicitado un registro en el catálogo
CIP de la Biblioteca del Congreso.

Imagen de portada:
"Costumbres de Andalucía", illustration from the magazine Semanario
Pintoresco Español (31/03/1839, p.100). Digital Image taken from the Biblioteca
Nacional de España, copyright-free (Creative Commons CC BY 4.0).

Este trabajo forma parte de los resultados de investigación del Proyecto I+D+i del
Ministerio de Ciencia e Innovación: «Idea de Andalucía e idea de España en los siglos
XVIII- XIX. De la prensa crítica al artículo de costumbres y aledaños» (PID2019-
110208GB- I00/ AEI/ 10.13039/ 501100011033) y del Proyecto: «Andalucía y lo
andaluz ante el gran público. Textos fundamentales para su representación en los
siglos XVIII y XIX» (P18- RT- 2763).

ISSN 2511-9753
ISBN 978-3-631-88986-2 (Print)
E-ISBN 978-3-631-89584-9 (E-PDF)
E-ISBN 978-3-631-89585-6 (EPUB)
DOI 10.3726/b20518

Índice

Daniel Muñoz Sempere, Beatriz Sánchez Hita
(Universidad de Cádiz)

Presentación: Andalucía ante el gran público

Este monográfico recoge diferentes testimonios de las representaciones literarias y artísticas de Andalucía entre los siglos XVIII y XIX, a partir del recorrido por textos que tienen como característica común el haberse dirigido a un público amplio y también diverso, tanto en la península como fuera de nuestras fronteras, y en los que el uso de determinadas imágenes se ajusta a menudo a la realidad histórica y política y a intereses particulares que transcienden la configuración del mero tópico.

No obstante, es cierto que en torno a lo andaluz se han extendido diversas imágenes de notable fortuna y longevidad —Carmen, el torero, el bandolero, la Alhambra o la galería de pícaros y majos que animaron las páginas de buena parte de la literatura decimonónica— que se articulan, además, en el encuentro de la mirada europea, exotizante, sobre España con la propia autoimagen de escritores y artistas andaluces inspirados en su entorno.[1] Si bien los estereotipos y tópicos sobre grupos humanos evolucionan con el paso de los siglos, aquellos relativos a Andalucía acusan, incluso hoy, su deuda con las representaciones y discursos que en torno a la región surgieron durante el Romanticismo.

La obra de Fernán Caballero, Bécquer o Estébanez Calderón responde a un contexto amplio en el que se cruzan diversas perspectivas e intencionalidades que moldean el retrato de lo andaluz. Viajeros como Ford o Gautier narraban la llegada a Andalucía desde el norte como un trayecto tan temporal como espacial: la entrada a una tierra tocada por la magia del oriente, donde el espíritu musulmán dejó su huella más duradera, visible en su arquitectura y en el carácter de sus gentes: voluble, indiferente y dado al ensueño y a la dilación. Un lugar donde, paradójicamente, su hibridismo fronterizo había mantenido las tradiciones y costumbres nacionales conservadas con mayor pureza que en otros.

No es tanto el «descubrimiento» o la «invención» de lo andaluz como realidad cultural, sino más bien su popularización a través de la cultura impresa, y la

---

1   Andreu Miralles, Xavier (2016), *El descubrimiento de España. Mito romántico e identidad nacional*, Madrid, Taurus.

conexión con acontecimientos histórico-sociales concretos, la preocupación que atraviesa los capítulos que conforman este volumen. El trabajo inicial trata de ofrecer una panorámica sobre la representación de lo andaluz en algunas de las cabeceras significativas de la prensa crítica y política de los siglos XVIII y XIX, en un corpus donde hallamos una literatura que podríamos llamar protocostumbrista: antes de que, tal y como recoge Peñas Ruiz,[2] la década de los treinta viera consolidado el cuadro de costumbres como género en España —en cabeceras como *Cartas Españolas* (1831-1832), *La Revista Española* (1832-1836) y el *Correo Literario y Mercantil* (1828-1833)—, estos mismos soportes albergaban en sus páginas retratos de Andalucía y de personajes andaluces que ya insinúan algo de los trazos con los cuales los costumbristas dibujarían la región. Unos textos que, como gran parte de la producción literaria de por entonces, transitan con libertad la frontera entre lo político y lo costumbrista. En ellos, el retrato de lo andaluz se realiza a menudo al cabo de la arenga política o la sátira circunstancial, pero ya con las tintas cargadas de una serie de imágenes acerca del carácter, condición e incluso el habla de los andaluces.

Amparo Quiles Faz, en el siguiente capítulo, se centra en el recorrido por la visión de los andaluces difundida en los textos literarios y de manera particular en los publicados en libros de viaje, guías y obras históricas, así como en la prensa periódica, multiplicando en este caso su alcance por la capacidad del medio para llegar a un público potencialmente más amplio que el de otros formatos. En la selección de textos que aquí se ofrece y que abarca desde finales del XVIII a la década de los cincuenta del XIX, se perfila el dibujo que de las particularidades de los andaluces se difunde, atendiendo a los tópicos, pero también a aquellos casos en los que se censura la pérdida de la esencia propia por la adopción de modas extranjerizantes. El conjunto de referencias recopiladas responde a su vez a esa idea de autorrepresentación que caracteriza la literatura moderna —como al analizar el caso del costumbrismo apuntó Álvarez Barrientos—,[3] donde precisamente la pintura de lo andaluz desde ángulos variados jugó en el XIX un papel destacado.

---

2 Peñas Ruiz, Ana (2014), *El artículo de costumbres en España (1830-1850)*, Vigo, Academia del Hispanismo.

3 Álvarez Barrientos, Joaquín (2013): «El Costumbrismo, preso en la construcción de la historia literaria nacional. Una propuesta de renovación», en Dolores Thion Soriano-Mollá (ed.), *El Costumbrismo, nuevas luces*, Pau, Presses de l'Université de Pau et des Pays de l'Adour.

De manera paralela, Marieta Cantos Casenave, realiza un pormenorizado análisis de los avatares de publicación como artículos en prensa y como compilación de la obra de Manuel María de Santa Ana *Romances y leyendas andaluzas. Cuadros de costumbres meridionales* (1844), de interés tanto por el contenido de los trabajos incluidos como por los grabados y piezas musicales que integran la edición. Se analizan aquí los personajes y escenas reflejados en la obra, que suponen en gran medida una buena síntesis del conjunto de los caracteres que sobre la base de un sustrato autóctono andaluz se habían venido difundiendo durante la primera mitad del siglo y que siguieron despertando interés por largo tiempo, lo que hace que muchos se recuperen en trabajos posteriores del autor y otros escritores como José Olona o José María Gutiérrez de Alba. Hecho este que evidencia el gusto que para los lectores tenían estos retratos y estos personajes, que probablemente resultaban ya extemporáneos a finales del XIX y en los que una recreada y literaturizada Andalucía se resiste a desaparecer.

Cierra en gran medida muchas de las ideas tratadas en los capítulos anteriores, el trabajo firmado por Joaquín Álvarez Barrientos en el que se contextualiza y analizan los contenidos de *El pueblo andaluz*, obra publicada en 1877 a partir de textos recopilados y escritos incluso antes de 1830, que en un nuevo contexto político se cargan de valores identitarios de lo regional y quedan conectados por la intencionalidad que subyace a toda selección a los orígenes del andalucismo histórico. De este modo, no es solo el pintoresquismo el aspecto que debe situarse en la base de la composición de la obra, sino que la lectura de la misma atendiendo al móvil de su creación hace posible atender a sus contenidos desde su papel específico en la vida cultural y política del momento.

El teatro y presencia en los escenarios de textos que dibujan Andalucía, sus tipos, sus costumbres y sus fiestas desde el último tercio del XVIII en adelante son estudiados por Alberto Romero Ferrer. Esta «Andalucía entre bambalinas» tendría su máxima expresión, en el periodo de entre siglos en los géneros del sainete y la tonadilla escénica. En estos, los personajes y las localizaciones andaluzas son representados con una voluntad mimética y costumbrista atravesada, a su vez, a por una visión casi siempre festiva del sur peninsular. El afán romántico por redescubrir la región daría una nueva vida a esta temática en el siglo siguiente, que ahora se desgranaría en un rico tapiz de tipos y escenas tales como los recogidos por autores como García Gutiérrez o Rodríguez Rubí y, más adelante, en el género chico y el drama rural. El recorrido de Romero Ferrer por la producción teatral de tema andaluz, culminante en las imágenes producidas por la pintura regionalista de Sorolla, muestra la preocupación —animada por el costumbrismo y el realismo— por representar de forma detallada una realidad

regional y humana que es tanto objeto de contemplación exótica como «sinécdoque de la nación».

Muchos de los aspectos apuntados por Romero Ferrer, se concretan luego en
el recorrido por el teatro andalucista de Tomás Rodríguez Rubí que nos ofrece
María Isabel Jiménez Morales y que recupera así una faceta poco atendida por
los estudiosos del escritor malagueño y que evidencia, sin embargo, cómo la
demanda por este tipo de creaciones que contribuyen a difundir una idea concreta de costumbres, tradiciones y del carácter andaluz, consumidas con compla-
cencia y agrado fuera de la región, hace que sean pocos los autores que se resistan
a componer obras con dicha temática. Acaso fue esto lo que animó a Rubí a
escribir obras como *Toros y cañas*, *El contrabandista*, *El ventorrillo de Crespo*, *Las
simpatías o El cortijo del cristo*, *Las ventas de Cárdenas*, *Casada, virgen y mártir*
y *La feria de Mairena*, que, sin embargo, en una escena colmada de este tipo de
producto no lograron el éxito anhelado y probablemente lo llevaron a abandonar
su cultivo por otro tipo de textos. No obstante, su escritura es buena muestra de
cómo en la década de los cuarenta la presencia en las tablas de obras de temática
andaluza mueve a muchos literatos a probar suerte con su composición y con
ellas se amplifica la difusión de toda una suerte de estereotipos sobre individuos,
espacios y comportamientos asociados a la región.

Claudia Lora Márquez se acerca a un formato destinado a un público amplio
y que no siempre ha sido atendido desde una visión de conjunto y como objeto
susceptible de contribuir a crear una determinada idea del espacio al que se
dedica, como son las *Guías*. De manera concreta, indaga aquí en las relaciones
existentes entre las guías elaboradas en los siglos XVIII y XIX en diferentes espacios y países para centrarse en el caso de la *Guías* de Sevilla, en sus contenidos y
en el modo en que queda en ellas reflejada la vida de la ciudad para ese otro que
no la conoce y ante el que se descubre, incluyendo informaciones de carácter utilitarista —no exentas de interés por la incorporación de curiosidades y notas—,
pero también descripciones de monumentos y referencias a la propia historia
que evidencian el modo en que se quiere ser visto por el recién llegado y que, por
tanto, suponen otra vía de representación complementaria.

La difusión de la imagen de Andalucía fuera de las fronteras peninsulares se
analiza en varios trabajos desde perspectivas diversas que posibilitan atender y
entender los diferentes usos de la representación de lo andaluz como espacio
singular o como trasunto de la propia idea de España, como espacio de nostalgia
y también como reclamo turístico. Encontramos así trabajos como el debido a
Ivanne Galant que revisa un nutrido volumen de guías y libros de viaje franceses
difundidos con anterioridad a la consolidación del casticismo como moda, para
desde este corpus mostrar el proceso por el que se va gestando una determinada

imagen de Andalucía y lo andaluz, donde junto a ciertos estereotipos relacionados con la erotización de la imagen femenina, la orientalización o con rasgos del carácter presentados como defectos en no pocas ocasiones se configura una idea de lo español en la que el andaluz se representa como epítome. Toma cuerpo en este contexto el uso del territorio como reclamo para viajeros, lo que convierte a estas obras en claves de la turistificación de la región.

Leticia Villamediana parte del análisis de la recreación de Andalucía durante la etapa romántica en numerosos escritos —incluyendo no solo los libros de viaje sino también mucho de lo publicado en la prensa periódica—, donde el pasado árabe se convierte en *leitmotiv*, para desde ahí abrir la reflexión a las variaciones que desde mitad del XIX se añaden a esta base y a cómo esa pureza se representa como foco de atraso económico y se emplea para legitimar la intervención británica. De este modo, desde la atracción por esa Andalucía exótica se pasa a la censura de sus deficiencias y al uso de una «clara retórica imperialista» para justificar la intervención en España y de manera más concreta en el sur. Todo esto se hace desde la revisión de numerosas cabeceras periodísticas, guías y obras específicas como la de Hugh James Rose *Untrodden Spain and her Black Country*, donde partiendo de los presupuestos de los libros de viajes proyecta una imagen diferente y rompe con la idea pintoresca de la primera mitad del siglo.

David Loyola López analiza las representaciones de Andalucía en la prensa del exilio en Inglaterra, en el periodo 1818-1845. Lugares como Cádiz, que fue para muchos desterrados el punto de salida de la Península, aparecen retratados con la añoranza propia del exiliado para quien la nostalgia viene encarnada no tanto en la nación abstracta sino en esa «patria chica» que, en muchos casos, se correspondía con Andalucía. Para Blanco White y otros emigrados, la región representa «un espacio idílico y paradisíaco, un remanso de paz y felicidad matizado por la ausencia y la memoria». Esta nostalgia por un tiempo y un lugar del cual se ha sufrido una separación forzosa convive con la pintura de Andalucía como escenario de las luchas políticas y con la apreciación de su patrimonio artístico y literario, impulsado en gran parte por la boga romántica por el tema oriental y el pasado musulmán de la región.

Los capítulos que componen este libro ofrecen, así, una serie de reflexiones complementarias sobre el cruce de miradas que, entre los siglos XVIII y XIX, crea el caldo de cultivo del que surgirían imágenes e ideas sobre Andalucía de gran calado y larga pervivencia.

Beatriz Sánchez Hita, Daniel Muñoz Sempere (Universidad de Cádiz)

Antes del costumbrismo. La imagen de Andalucía en la prensa crítica y política (1763-1823)[1]

RESUMEN: La proliferación de imágenes de lo andaluz a partir de las décadas de los años 30 del siglo XIX, particularmente en los cuadros de costumbres y en los géneros teatrales, estaba basada en una serie de estereotipos y discursos pre-existentes revitalizados por la moda romántica. Con este trabajo nos detenemos en las representaciones de Andalucía inmediatamente anteriores a la eclosión del costumbrismo andaluz, analizando la presencia de imágenes de la región en la prensa periódica de finales del siglo XVIII y principios del XIX. En el estudio de la prensa de estos años sobresalen, junto a la plasmación de estereotipos de largo arraigo, cuestiones acerca del carácter andaluz suscitadas al calor de los acontecimientos políticos.

PALABRAS CLAVE: Andalucía, historia de la prensa, siglos XVIII y XIX, costumbrismo, política, *La Pensadora Gaditana*, Sebastián de Miñano.

A nadie se le escapa hoy la importancia que tuvo la prensa en la difusión del ideario ilustrado en España, sobre todo en la segunda mitad del XVIII cuando el género vive dos momentos clave en lo que a la producción se refiere en la década de los sesenta y ochenta —como recogió en su día Guinard (1973)—, que tienen en el periodismo de tipo espectador uno de sus más significativos productos.

---

1 Este trabajo forma parte de los resultados de investigación del Proyecto I+D+i del Ministerio de Ciencia e Innovación: «Idea de Andalucía e idea de España en los siglos XVIII-XIX. De la prensa crítica al artículo de costumbres y aledaños» (PID2019-110208GB-I00/AEI/10.13039/501100011033) y del Proyecto: «Andalucía y lo andaluz ante el gran público. Textos fundamentales para su representación en los siglos XVIII y XIX» (P18-RT-2763). Programa de ayudas a proyectos de I+D+i, destinadas a las universidades y entidades públicas de investigación calificadas como Agentes del Sistema Andaluz del Conocimiento (PAIDI 2020). Modalidad Retos Consolidado. Financiado por la Consejería de Transformación Económica, Industria, Conocimiento y Universidades y cofinanciado en un 80% por la Unión Europea, en el marco del Programa Operativo FEDER Andalucía 2014-2020.

No en vano, la crítica con afán reformista sobre costumbres y prácticas sociales que se hace en las páginas de estos periódicos deudores del modelo inglés de *The Tatler* (1709-1711) de Richard Steele y *The Spectator* (1711-12, 1714) de Joseph Addison y Richard Steele con presencia en empresas diversas en toda Europa, convierte a sus artículos en una eficaz vía para trasladar a la sociedad burguesa los ejes básicos del pensamiento ilustrado en lo tocante al papel que se quiere otorgar a esta clase en la modernización de la sociedad. Algo que, como apunta Urzainqui (2009), lleva aparejada en muchos casos la adopción de un rol en la voz espectatorial de reformador de la nación al presentarse como un «verdadero patricio» como hace Clavijo y Fajardo en el ejemplar 46 de *El Pensador*, por ejemplo.

El patriotismo se convierte en un rasgo fundamental de estos periodistas-personajes; la nación como conjunto —que no representa aún el concepto de nación-estado, pero se le acerca pues como recoge el *Diccionario de Autoridades* (t. IV, 1734) y más tarde en la edición del *Diccionario* (1780) se emplea para designar a los «habitadores de alguna provincia, país o reino»— con sus prácticas sociales y costumbres es objeto de reforma. Ahora bien, en esta representación de la identidad nacional,[2] cabe apreciar casos donde la mirada no se ciñe al conjunto del país, sino que se aplica a lugares concretos —ciudades y regiones— que son aludidos de manera directa o indirecta para constatar diferencias entre espacios geográficos o tratar asuntos que afectan a un lugar determinado.

En las siguientes páginas queremos prestar atención a este último aspecto a través de las referencias hechas sobre Andalucía en contraste con otras regiones o como realidad particular en los siglos XVIII y XIX, y de manera particular en el periodo en el que se produce el tránsito de la Ilustración al Romanticismo, marcado por etapas de reformulación de la vida política y social claves como la Guerra de la Independencia y el Trienio Liberal. Tomamos como punto de partida la presencia de lo andaluz en algunas de las publicaciones de tipo espectador en el siglo XVIII —que como señaló Escobar (1988: 53) fueron una de las vías desde las que fue tomando cuerpo el costumbrismo—, sin excluir la referencia a obras coetáneas como las *Cartas marruecas* de Cadalso donde la censura de determinados comportamientos habituales en algunas clases sociales de la región se halla presente. Tras este recorrido, atendemos a los posibles nexos con la representación de una determinada idea sobre el patriotismo y lo español

---

2   Sobre el papel de los espectadores y la representación en ellos de la identidad nacional puede verse el reciente trabajo de Hobisch (2021). https://journals.openedition.org/argonauta/5760

presentes en varias empresas deudoras del modelo de los pensadores/espectadores dieciochescos o marcadas por el componente satírico durante la Guerra de la Independencia y Trienio Liberal, donde son los matices políticos los que adquieren relevancia y confieren un particular significado a la idea de qué es aquello que encarna lo genuinamente español frente a lo foráneo y en qué lugar queda en este contexto el cambio de orden político gestado en Cádiz en 1812 y sus partidarios y detractores. En este dibujo de lo autóctono y lo externo y, en particular, en la caracterización de qué es lo liberal y qué lo servil no tardan en surgir estereotipos culturales que a menudo llevan implícita su identificación con un territorio, como podrá apreciarse en la imagen que se ofrece de Sevilla, donde el elemento conservador es mayoritario en las dos etapas, frente al predominio de lo liberal que se atribuye a Cádiz; sin que esto excluya o monopolice otras referencias. Junto a estos usos, incluimos como cierre una muestra de otros casos en los que no existe este empleo político de la representación de Andalucía o del carácter andaluz, sino que más bien abundan en ideas tópicas sobre los andaluces, que tendrán un amplio desarrollo en la literatura.

El recorrido realizado por estos textos permite observar que lo político y lo costumbrista aparecen a menudo como perspectivas entrelazadas en una prensa desarrollada al calor de los vaivenes experimentados por la sociedad del primer tercio del siglo XIX. Como veremos, el uso partidista o propagandístico de lo andaluz viene, en ocasiones, acompañado de una representación ideológica o estereotípica de la región de gran recorrido, y que será amplificada, en décadas posteriores, por escritores y artistas románticos.

Andalucía y lo andaluz en los espectadores dieciochescos

A la hora de analizar la presencia de referencias a Andalucía y el empleo de imágenes concretas sobre rasgos de lo que puede ser considerado como propiamente andaluz, en contraposición a otras identidades o en confusión con estas, en la prensa de tipo espectador del siglo XVIII es inevitable comenzar esta aproximación por *La Pensadora Gaditana* (1763-1764) de Beatriz Cienfuegos.[3] En el

---

3   Autoría tras la que después de especulaciones diversas parecen haberse resuelto muchas incógnitas o al menos tener una fundamentación probada y razonable sobre el hecho de tratarse de un papel público impreso por una mujer: Beatriz Manrique de Lara y Alberro, que enmascaró parcialmente su identidad mediante el uso del anagrama Cienfuegos compuesto a partir del nombre de su hija: Francisca de Paula García del Postigo y Manrique de Lara (Canterla, 2018: 744, n. 7). Los textos que se citan de la

primero de los pensamientos que cada jueves se estamparon en Cádiz y que hace de prólogo a la obra se presenta la autora —de acuerdo a la práctica general en este tipo de impresos—[4] realizando una descripción del supuesto *alter ego* que guiará las siguientes entregas, destacando unos pocos rasgos físicos y otorgando relevancia a aquellos que puedan resultar descriptivos de su carácter, formación y estilo. En este sentido, destaca en primer término su condición de mujer a través de una serie de atributos reflejados en la indumentaria y apariencia, desde los que juega con la actitud crítica que adoptará, pues es Catón sin barba y Licurgo con basquiña y, en suma, «una mujer, que piensa con reflexión, corrige con prudencia, amonesta con madurez y critica con chiste» (Cienfuegos, 1996: 37). Además de eso, en el caso de Beatriz Cienfuegos la doble condición de andaluza y gaditana se marca como elemento relevante en el modo en que dejará sentir su mirada sobre aquello que pretende reformar y que tiene que ver en muchos casos con la actuación en sociedad de las féminas, aunque no solo. Así, encontramos en la primera entrega afirmaciones como las siguientes:

> [...] Yo, señores, gozo la suerte de ser hija de Cádiz: bastante he dicho para poder hablar sin vergüenza. Mis padres, desde pequeña, me inclinaron a monja, pero yo siempre dilaté la ejecución. Ellos porfiaron, y para conseguir el fin de sus intentos me enseñaron el manejo de los libros y formaron en mí el buen gusto de las letras [...]
>
> Estoy persuadida, que con haber dicho mi patria, quedarán todos satisfechos de que son estos discursos hijos de mis pensamientos y de mi propia cosecha. Pues además del privilegio de andaluza, que me pone en la posesión de ser natural de una provincia donde las mujeres nacen sabiendo, la circunstancia de hija de Cádiz es otra causa para poder esperar de mí semejantes producciones; pues es notorio a todo el mundo qué pródiga se muestra la naturaleza con nosotras, franqueándonos dotes en alma y cuerpos tan distinguidos, que no hay estrado en Cádiz donde no se encuentren a cada paso las Cristinas, las Isabelas, las Amalias, que con las luces de sus discursos sean, al mismo tiempo que embeleso de los ojos, admiración del alma (Cienfuegos, 1996: 41-42).

En estos pasajes, como se ha apuntado, se pondera el origen andaluz y gaditano como un añadido que faculta a la editora para el ejercicio de la crítica sumado a su propia formación.[5] De este modo, el ser gaditana y mujer adquiere

---

obra proceden de la edición realizada por Cinta Canterla en 1996 o bien se han tomado desde los originales, modernizando ortografía y gramática.

4   Sobre la poética de este formato periodístico puede verse Urzainqui (2009).

5   En otros periódicos de tipo espectador gaditanos no se fomentará como aquí este nexo con lo local; así lo apreciamos en *El Curioso Entretenido* (1779-1780) donde ni el personaje ni los destinatarios de sus textos se ubican en un espacio concreto o en la presentación de *El Argonauta Español* (1789-1790), en la que vemos que su responsable se presenta como «Un bachiller que tiene un tanto de gato, sin ser de Madrid», para

un valor singular respecto a ese otro frente al que en principio sale «el señor Pensador de Madrid», pero a quien no se propone contradecir, pues como dice lo que busca es desquitarse del modo en el que dirige sus reproches a las damas y no de lo que censura, al tiempo que manifiesta que extenderá sus críticas a los hombres cuando lo crea oportuno.[6]

Dicho esto, *La Pensadora* cierra el texto de presentación desvinculando que lo que va a exponer en las siguientes entregas se refiera a personas concretas de la ciudad e indicando que los asuntos abordados provienen de su fantasía y que su «intención no es descubrir defectos particulares; sí criticar y hacer ridículas las raras preocupaciones, los muchos vicios que, con capa de estilo y *brillantez remarcable,* se han introducido entre nosotros, para tener parte en tan laudable reforma» (Cienfuegos, 1996: 44). Ahora bien, aunque estas palabras nos invitan a entender *a priori* las censuras hechas en los 52 pensamientos que integran la obra como desligadas de la ciudad donde se estampa, la lectura de muchos de ellos constata que hay muchos que se vinculan directamente a costumbres y prácticas que, aunque extrapolables a otros lugares, tendrían en el Cádiz de la segunda mitad del XVIII una particular vigencia e incluso hay ocasiones en las que se mencionan espacios y celebraciones locales, haciendo imposible desligar lo descrito de la urbe.

Por otro lado, cuando recorremos los pensamientos que integran la obra, podemos localizar pasajes en los que lo definido es lo andaluz como particular frente al resto del país, mientras que a veces es la visión de las costumbres que se ofrece lo que hace que sea posible establecer una diferenciación entre lo que se entiende como genuinamente español y lo foráneo.

Como botón de muestra de lo dicho, podemos detenernos en el Pensamiento IV, donde se publica un escrito sobre el tapado en el que se condena el uso de esta prenda por servir para ocultar comportamientos poco decorosos y, de manera especial, se relaciona esta costumbre con las andaluzas y se sitúa como herencia de la cultura árabe. A su vez, se pone en conexión directa el abuso que se hace de la prenda con la contradicción que existe en ello por el sentido original de esta

---

luego destacar que es español como marca el título, adoptando como punto de partida un enfoque no localizado.

6   Este texto de presentación es imitado en parte por *La Pensadora Salmantina* que también sale, como la gaditana, contra los ataques de «un tal Vázquez» que se alzó «con la borla de *Doctor Enciclopedista* en el Lyceo de los *Eruditos a la Violeta*» (Urzainqui, 2004: 131-132).

ocultación del cuerpo femenino, que tiene que ver con la situación de inferiori-
dad dada por sarracenos y mahometanos a la mujer:

> Es el *tapado* vergonzosa reliquia de la dilatada esclavitud, que lloramos bajo la tiranía
> de los sarracenos. Solo las mujeres orientales, y de ellas toda el África por la unidad de
> religión y costumbres, usan el no dejarse ver en las calles, y de estas lo conservan nues-
> tras andaluzas;[7] pero no dejarán de avergonzarse si saben el motivo por que aquellas
> lo practican. Entre los mahometanos son las mujeres las más desgraciadas de todo el
> mundo: nada se les confía, nada suponen, ninguna virtud se les concede; pues hasta la
> brutalidad de su secta les niega la fingida gloria, que ellos esperan. De una vez, de nada
> bueno las piensan capaces; por esto las encierran, las ocultan, las obligan a que no se
> dejen ver de ningún nacido y las hacen vivir en el mundo como si no compusiesen la
> más bella parte de su sociedad. Todo efecto de la irracional desconfianza con que las
> miran. Esta es la causa de su *tapado*, y esto es lo que las hace parecer (bien contra su
> gusto) sombras andantes, cuando se dejan ver en sus Ciudades. Esto es el tapado, seño-
> ras mías; y Vms. muy contentas, ya que han nacido en una de las más cultas partes de
> la Europa, donde la racionalidad de sus habitantes nos coloca en aquel lugar para que
> nos destinó la naturaleza, Vms. mismas procuran desfigurarse y hacerse sospechosas; ¿y
> luego se quejarán de que las encierren y las traten con todo el rigor de los celos? (Cien-
> fuegos, 1996: 80).

De esta forma, se presenta el tapado como práctica mal adoptada e impreg-
nada de *marcialidad*,[8] para tras ello afirmar que resulta moralmente censurable
por los desmanes que favorece, entre ellos el que popularmente se conoce como
«pelar la pava».

En conexión directa con esta reflexión sobre el tapado cabe situar el siguiente
pensamiento —el V— donde aborda el comportamiento de las gaditanas en las
noches de San Juan y San Pedro, reprobando los cortejos y las conversaciones
en la reja, muchas de ellas protagonizadas por tapadas que se dejan festejar por

---

7   En las *Cartas marruecas* podemos leer en la número XI cómo Gazel muestra su sor-
    presa ante lo que da por supuesto en relación al modo similar en el que tratan a las
    mujeres en Marruecos y España «guardadas bajo muchas llaves», pues en el día dirá
    que esto está lejos de ser así como ha podido comprobar en las tertulias a las que ha
    acudido, donde ha podido observar una extraordinaria libertad den el trato.

8   Precisamente este defecto de la conducta femenina será una de las críticas recurrentes
    en *La Pensadora Gaditana*, se halla presente desde el segundo de los pensamientos y
    se repite en numerosas ocasiones a lo largo de la obra, ya sea como censura hecha por
    Beatriz Cienfuegos como se hacía en la citada segunda entrega ya por las refutaciones
    que simula recibir de damas gaditanas, como la que firma *Martina Marcia Mavorte*
    en el Pensamiento XIII, focalizadas de manera más concreta que en otros casos en la
    plaza gaditana.

desconocidos.[9] De este modo, y aunque esta práctica no era particular solo de las gaditanas, sí es evidente que la autora busca una clara identificación con la ciudad al situarla en el contexto de unas fiestas y espacios concretos, pues esta quinta entrega y crítica hecha por Beatriz Cienfuegos parte de la contestación al reproche que por lo expuesto en la semana anterior dice haber recibido de una madama que profirió: «Mañana se pondrá a murmurar esta señora Marisabidilla contra la *Puerta de Tierra*, las *Neverías*, y aun contra el gustoso estilo de las noches de *San Juan y San Pedro*, sin dejar diversión alguna, que no nos censure con su ignorancia».

En los discursos hasta aquí referidos se vislumbra la identificación de lo árabe con lo andaluz —concretado en las gaditanas— que tanto se explotará durante el Romanticismo y que aquí frente al halo de exotismo con que es vista luego, se presenta como un vestigio orientalizante discorde con los conceptos de la sociabilidad ilustrada, y que supone la asimilación errada y deformada de algo que no es propio.

Junto a estos escritos de *La Pensadora* en los que podemos observar citas varias a elementos presentados como peculiares de la sociedad gaditana, en otras publicaciones de carácter crítico vamos a localizar pasajes en los que se adjudican características concretas a los andaluces para describirlos frente a gallegos, castellanos y otras identidades de la Península e ir fomentando algunos de los tópicos que sobre su carácter se dejan sentir hasta nuestros días, unas veces de manera más velada que otras. En este sentido, en *El Pensador* XLI «Contra ociosos y holgazanes», aunque en principio sitúa de manera poco precisa la descripción de los jóvenes mal educados y poco formados por ser herederos del mayorazgo familiar, que no explotan y que disfrutan otros a cuyo cargo lo dejan, parece estar referido a Andalucía, pues tras la descripción de los personajes que habitan campos y cortijos con notables carencias en su formación, trae a colación la conversación mantenida entre un andaluz que regresa de México con su fortuna y que insta a otro a que lo acompañe, ante lo que este se niega pues mientras haya muchachos como los que se describen no piensa volver a su tierra:

---

9   Como se hace aquí, en otras ocasiones encontramos en la obra referencias a espacios concretos de la ciudad que sirven de escenario reconocible para su público más cercano y, por ello, son quizá un elemento de utilidad para mostrar el comportamiento —por lo general relacionado con el cortejo y el abuso de las modas que se aprecia en los paseos o la conducta de petimetres y jóvenes poco preocupados de sus mujeres y su futuro— que se quiere censurar. Así, en varias entregas la acción se sitúa en la Alameda —pensamientos IV, XVII, XXXIV—y de manera menos específica en los paseos, los cafés y en las inmediaciones del teatro o la Puerta de Tierra.

> Restituyéndose de México a España un Andaluz, que había hecho ya alguna fortuna, instó a otro compatriota suyo, no menos adinerado, a que se viniese con él para gozar en la amada Patria, y entre los suyos, los bienes adquiridos por su industria. Ya lo llevaba casi persuadido, cuando le preguntó el renitente, ¿si sabía que aún hubiese tantos muchachos sueltos y alborotadores en la Plazuela del Álamo? ¿No ha de haber? (le respondió) y los habrá mientras haya padres bribones en nuestro País. Pues siempre que no recojan tanto muchacho insolente, (replicó el otro) no vuelvo yo a Andalucía (384-385).

Tras esto el texto concluye con una crítica al conjunto del país y a cómo esta conducta hace que las demás naciones noten «al Español de tardo, y perezoso» (385).

De manera similar, en *El Censor* es nuevamente el desarrollo de España lo que lleva a plantear cuáles son las causas del atraso respecto a otras naciones —el «enflaquecimiento en que se halla la España de dos siglos a esta parte» (334) dirá—, para concluir en que es el reparto de la tierra el que causa mayores problemas, por estar en manos de terratenientes/señores que las explotan a través de trabajadores/colonos que no tienen por qué poner un especial empeño en sacarles beneficio más allá de cobrar su jornal salvo que se conviertan en propietarios. Este planteamiento lo podemos leer en los discursos XXII (1781) y LII (1783). En el primero de ellos a través de los ojos de un viajero inglés que remite una carta a un amigo establecido en Londres —Mildeton— se plantea el problema y se contrasta la situación de dos territorios concretos: Andalucía y Galicia, pues la primera tendría mejores y mayores tierras y, sin embargo, presenta una deficiente explotación frente a la segunda donde faltan brazos:

> […] bastará hacer una comparación entre Andalucía, y Galicia, ¡qué campiñas las de aquella! ¿qué abundantes en otro tiempo? Cuando esta es por lo común montuosa, y algún día era tenida por muy estéril. Acaso no nos engañaríamos si dijésemos, que hay la misma diferencia entre ambas Provincias que entre Italia, e Inglaterra. No obstante, la población de Galicia y sus producciones son sin comparación mayores en el día: no solo hay allí Colonos suficientes, sino que sale cada año un numero grande de ellos a hacer las labores de otras Provincias, cuando en Andalucía apenas hay brazos para cultivar una cuarta parte del terreno (344-345).

En el discurso LII se vuelve sobre esta idea y se añade la deficiente industrialización del país como otra causa del menor desarrollo que el de otras naciones europeas y se matiza el caso de Galicia, pues los colonos deben pagar al señor por sus explotaciones y difícilmente logran prosperar, al tiempo que se ratifica la situación del campo andaluz con la tierra en manos de unos pocos, lo que hace poco atractivo su trabajo. Se ofrece así una visión peculiar de Andalucía, donde no es el carácter perezoso el que parece predominar en la crítica como sucedía en el texto de *El Pensador*, sino que es la concentración de las tierras lo que se pone de relieve como causa de atraso.

Los mismos ecos que en estos textos resuenan en varias de las *Cartas marruecas* de Cadalso —difundidas en el *Correo de Madrid* de manera póstuma en 1789 pero probablemente escritas antes de 1774— quien ya en la II apuntó que existían notables diferencias entre un andaluz y un vizcaíno, un catalán y un gallego o un valenciano y un montañés, que hacían complicado abordar una única imagen de España como algunos viajeros habían dado. En esta distinción de caracteres, si atendemos al contenido de la séptima carta, se representa al señorito andaluz en términos similares a los que se empleasen en *El Pensador*, como alguien carente de educación por disponer de rentas que lejos de mantener descuida mientras se dedica a la cacería y a la fiesta, lo que supone una clara amenaza futura. Ahora bien, esta crítica prácticamente desaparece en la Carta XXVI donde se hace un repaso por las cualidades de los distintos habitantes de las provincias de España; en ella las referencias a los andaluces se suavizan atribuyendo ahora su comportamiento a los efectos del suelo y el clima y ponderando la extraordinaria belleza de las andaluzas, algo que será tópicamente explotado durante el XIX:

> Los andaluces, nacidos y criados en un país abundante, delicioso y ardiente, tienen fama de ser algo arrogantes; pero si este defecto es verdadero, debe servirles de excusa su clima, siendo tan notorio el influjo de lo físico sobre lo moral. Las ventajas con que la naturaleza dotó aquellas provincias hacen que miren con desprecio la pobreza de Galicia, la aspereza de Vizcaya y la sencillez de Castilla; pero como quiera que todo esto sea, entre ellos ha habido hombres insignes que han dado mucho honor a toda España; y en tiempos antiguos, los Trajanos, Sénecas y otros semejantes, que pueden envanecer el país en que nacieron. La viveza, astucia y atractivo de las andaluzas las hace incomparables. Te aseguro que una de ellas sería bastante para llenar de confusión el imperio de Marruecos, de modo que todos nos matásemos unos a otros.

Esta concepción sobre las disparidades entre regiones volvemos a leerla en uno de los últimos espectadores españoles: *El Catón Compostelano* (1800), que en su discurso XVI traza algunas diferencias entre territorios de España en «Del recíproco desprecio de las Naciones» e incide de manera breve en algunos de los rasgos que se han podido ver atribuidos a los andaluces en otros textos y que retoman la imagen de ligereza en el decir y malo en la ejecución de sus cometidos:

> Echemos rápidamente la vista sobre España sola, y después sobre todo el Universo, y veremos nuestra Península dividida por tantos desprecios, cuantas son las Provincias de que se compone. Aquí, el Castellano mira al Gallego como embrutecido y tosco, y hecho solo para servirle, cuando el Gallego tiene al Castellano por un ente superficial que nada profundiza, ni aun la maña con que le lleva el dinero y se va riendo. Allí, el Andaluz

considera al Castellano como un toro marrajo, cuando este le trata de inconsecuente, y tan fácil en decir como malo para ejecutar. En fin, el Asturiano que vende nobleza a todo el mundo y cae siempre bajo la carga, es para el Aragonés, Navarro y Vizcaíno como palillo de barquillero, mientras estos tres se disputan la buena fe en los contratos, y se dan de cabezadas por un pelo mal cortado (242).

Ya a la vuelta del siglo, encontramos referencias a lo andaluz en la prensa periódica que delatan la presencia de una serie de estereotipos ligados a la región lo suficientemente definidos para no necesitar explicación. El poema jocoso «Exageración de un andaluz», publicado en la *Minerva o el Revisor General* en enero de 1807, por ejemplo, elabora un chiste en torno a la supuesta propensión de los andaluces hacia lo hiperbólico: durante la riña entre dos andaluces uno de ellos, que presume de fuerte, le advierte al otro que «si te cojo, / y te tiro por lo alto, / cuando vuelvas a caer / sentirás más que el porrazo, / el hambre que has de pasar / en un camino tan largo» (t. V, n.º 6, 20-I-1807: 44). Esta breve composición no trata de ofrecer una interpretación del carácter andaluz, sino de hacer reír a cuenta de la exageración de un rasgo que el público lector asociaría a la región. De más interés tal vez resulte el artículo «Sobre el sistema de Gall, y modo de perfeccionarlo» (*Minerva o El Revisor General*, t. IV n.º 88 y 89, 1806): 75-78, 81-82), en el cual se satiriza la frenología de Franz Gall y sus posibles y cuestionables aplicaciones a la vida cotidiana. En la segunda parte del artículo, el corresponsal continúa la burla comenzada en el primero al poner en práctica el método frenológico en su criado andaluz «muy vivaracho él y resuelto, y como le hubiese hecho despojar bien su calavera de todo estorbo o adorno extraño, y palpándole muy a mí sabor, no hallé en él el órgano del robo ni el del asesinato, que era lo que más me importaba». Sin embargo, al echar en falta un dinero que le había confiado, y al no aparecer al cabo del tiempo ni dinero ni criado, el narrador lamenta con sarcasmo haber confiado en su lacayo sin antes palpar «la protuberancia del robo, o si es que no atendí a la de la astucia y engaño, que tal vez tendrá bajo la oreja izquierda». La burla del sistema frenológico adquiere mayor irrisión al contraponerlo con otro modo de conocimiento de la psicología humana: el proporcionado por los estereotipos regionales y en particular el andaluz. El personaje del criado andaluz no necesita una construcción detallada ya que su procedencia lo sitúa en las coordenadas de la astucia, la viveza y el engaño.

Como puede apreciarse, en la prensa crítica del XVIII y en un escrito de similar tono reformista como son las *Cartas marruecas* de Cadalso podemos localizar diferentes referencias al carácter de los andaluces y a una serie de peculiaridades que podían ser en ocasiones explicadas mediante el recurso a argumentos culturales e históricos como la influencia de lo árabe o en la distancia entre realidades económicas y políticas de las regiones españolas. Estos rasgos preceden las representaciones de *lo andaluz* durante el siglo XIX, donde la censura moralizante y reformista tiende a difuminarse para acabar pintando como singular e incluso atractivo un modo de vida ligado a la fiesta y la despreocupación —como el que Cadalso refleja en el señorito o Clavijo y Fajardo en ociosos y holgazanes, y Cañuelo desde *El Censor* con una clara finalidad utilitarista y regeneradora en el descuido de la industria y la agricultura como consecuencia de la acumulación de tierras en pocas manos—. Todo esto puede observarse del mismo modo en lo que atañe al dibujo que se hace de la andaluza, donde el vestigio oriental del tapado árabe, del que habla Beatriz Cienfuegos, se va a convertir en un elemento más agregado a esa belleza y viveza de carácter que convierte a la mujer del sur en una fuerza de seducción.

Usos políticos de lo andaluz en la prensa de la Guerra de la Independencia

Durante la Guerra de la Independencia, sobre todo después del decreto de 10 de noviembre de 1810 que abría la posibilidad de escribir libremente sobre materias políticas, la proliferación de papeles periódicos fue notable en los territorios libres de la ocupación francesa. Esto hizo que hasta el verano de 1812 la mayor parte de los títulos se concentrasen en la ciudad de Cádiz y la Isla de León, para desde esa fecha ir ampliando su presencia en otros puntos.

Entre los primeros impresos en estamparse en la plaza gaditana, incluyendo aquellos que solicitan licencia para su publicación por ser anteriores al decreto de libertad de imprenta, llama la atención un grupo de periódicos que en su composición tiene nexos con el formato de los espectadores, que tanta aceptación había tenido durante el XVIII y que por su objetivo de regenerar el país desde la crítica de costumbres y prácticas sociales conectan con el tono y objetivo de aquellas cabeceras que en su búsqueda por asentar el sistema político liberal/constitucional hacen de la sátira una herramienta clave en la denuncia de aquello que consideran un obstáculo para la reforma que apoyan desde sus páginas. El objetivo reformista que hemos señalado hace que las obras que responden a esta tipología sean mayoritariamente impresos de carácter liberal —a veces extremo conforme se va haciendo evidente una posible vuelta al absolutismo—, aunque no faltan varios títulos que se suman a la guerra de opinión para dar la réplica desde un planteamiento opuesto, donde la religión y la monarquía son consideradas esencia de lo español, mientras que los postulados del liberalismo se muestran como herencia directa de lo francés.

La conexión con los modelos de la etapa ilustrada se refleja en la propia denominación de muchos de los periódicos del Cádiz de las Cortes, como se apuntaba en Sánchez Hita (2009a: 237). Entre ellos, vemos de manera temprana en la palestra a *El Observador* (16-VII/XII-1810) y la *Tertulia Patriótica de Cádiz* (17-X-1810/15-II-1811); y con posterioridad a noviembre de 1810 aparecen el *Duende Político o la Tertulia Resucitada* (primer semestre de 1811), *El Duende* (VII/X-1811), *El Duende periódico cuyo objeto es propagar las buenas ideas y combatir las preocupaciones* (X-1811), el servil *El Censor General* (24-XIII-1811/ 12-I-1813, con ceses), *El Duende de los Cafées* (1-VIII-1813/14-V-1814) y *La Barbería* (20-IX/X-1813). Aunque prácticamente todos estos impresos coinciden en presentarse como compuestos por sujetos o grupos de amigos afilosofados[10] que exponen sus ideas para conseguir avances políticos y/o para corregir abusos,[11] para el tema que aquí nos ocupa interesan especialmente los que adoptaron la denominación de *duende*[12] y de manera más concreta *El Duende de los Cafées*, que tiene una duración notablemente superior a los otros y que sale en un

---

10　Como se presentan los editores de la *Tertulia Patriótica de Cádiz* en su primera entrega, por ejemplo, que proponen convertir sus conversaciones en «útiles pasatiempos» a través de las reuniones que se proponen mantener en la casa que para sus reuniones buscaron cercana al barrio de «la Cruz de la Verdad» —actual plaza del Mentidero— por parecerles muy adecuada la denominación con sus intenciones.

11　En el caso de *El Censor*, único de los aquí citados de ideología conservadora, uno de sus objetivos será realizar un «examen filosófico todo papel de opinión política, plan o reforma que salga a luz», como indican en su prospecto y como harán luego centrándose en la censura del contenido de varias cabeceras liberales, desde las que, según su posición, se atenta contra los intereses de España y se desvía la opinión pública en aras de un intento por asentar unos principios contrarios a lo que desea el pueblo español que son que: «sobre las dos primeras leyes fundamentales, *Religión y Monarquía*, se reedifique, y mejore la parte ruinosa de su antigua constitución», es decir, que se recuperen y reformen los antiguos fueros y se destierren las ideas innovadoras de la nueva política, como se manifiesta en «Votos del pueblo español», que se incluye en la primera entrega y anticipa el objeto último de la mayor parte de sus textos. Una descripción completa del periódico y otras empresas de su editor, Miguel María de Panés, marqués de Villapanés, puede verse Sánchez Hita (2012).

12　En este grupo de impresos observamos que se establece una conexión directa con la herencia de la prensa crítica dieciochesca mediante el empleo del ente sobrenatural —ya usado por Juan Enrique Graef en *El Duende Especulativo sobre la Vida Civil* (9-VI/ 26-IX-1761) y por Pedro Pablo Trullench en el *Duende de Madrid* (XII-1787/1788)—, que debido a sus cualidades puede ver sin ser visto, lo que le permite acceder a todo tipo de espacios y reuniones, erigiéndose en observador privilegiado de la realidad española.

momento en el que el liberalismo y el régimen constitucional se ven amenazados por la marcha de las Cortes de Cádiz a Madrid, ante lo que este duende esgrime las armas de la chanza y la ridiculización para ofrecer su particular dibujo de los serviles, sus intereses y espacios de reunión.

Con el fin de avisar de las acciones de los contarios a la Constitución, el *Duende de los Cafées* hace uso de todo un equipo de brujos y espíritus colaboradores con orígenes diversos que desde sus posiciones denuncian las conspiraciones de los serviles. Entre los sujetos ficticios que remiten escritos encontramos al *Duende ambulante,* al *Duende de los militares,* al *Proto-brujo Firrinche,* al *Brujo Floripi,* al *Duende canonista,* a los brujos *Respinguitos, Cabriolas, Giraldillo* y *Candilitos* —que son presentados como sobrinos del de los cafés— o del *Támesis,* al *Brujo Herrero* que dice ser primo del duende editor o a *Teresa Berrenchina,* hechicera y tía del responsable del periódico. Esta acumulación de personajes redunda en esa polifonía que apunta Urzainqui (2009) como peculiar del género espectador, que propicia una ampliación de los espacios representados para lo que las cartas remitidas constituyen un formato privilegiado, que convive con otros como los diálogos, el sueño alegórico, los poemas satíricos y el retrato de caracteres. Todos estas modalidades podremos encontrarlas en la citada publicación, cuyo origen debe situarse, asimismo, en las colaboraciones que a modo de epístola se incluyeron en el *Diario Mercantil de Cádiz* bajo la rúbrica que luego daría nombre al impreso.[13] En concreto fueron 17 artículos y otros textos de carácter literario que Jacinto María López, oculto tras la máscara del duende, habría publicado desde el 11 de diciembre de 1812 hasta el 17 de junio de 1813, donde comenzaba su actividad destacando su capacidad para hacerse invisible y moverse sin miedo a la Inquisición por los cafés de la ciudad.

En *El Duende de los Cafées* Cádiz aparece como escenario principal en el que a través de conversaciones en sus plazas, cafés[14] y tertulias se dibuja la realidad

---

13 Existe un leve matiz en la forma en la que firma los textos en el *Diario Mercantil de Cádiz,* pues allí figura *cafés* en lugar de *Cafées* como luego se titulará el impreso. Junto al de los cafés veremos en las páginas del *Diario Mercantil* otros duendes como el de los *conventos,* el *canonista* o el *de los militares,* que parecen ser otras personalidades del mismo ente y que, con otros, volveremos a localizar en la cabecera que toma su nombre.

14 Los cafés del Correo y Nacional suelen presentarse como focos de reunión de los serviles; mientras que se sitúan como puntos de encuentro de los liberales la tertulia de Pajares —en alusión a la que se produciría en la liberaría de Victoriano Pajares— o los cafés de Cossi y Apolo —lugar este último de reunión de los más exaltados— como se apunta en el n.º 221 (9-III-1814).

política desde una perspectiva liberal y, de manera muy significativa, los intentos de los serviles por desestabilizar el régimen constitucional. Estos habitualmente son representados como contrarios a los intereses de la patria, llegando a situarlos como culpables de la invasión francesa por la ignorancia y la superstición que mantenían sometido al país. Los frailes[15] son quizá los sujetos más atacados en las páginas de *El Duende de los Cafées*; son pintados como sujetos avariciosos, que se aprovechan de la incultura de un pueblo —que ahora comienza a despertar— para vivir holgadamente con sus fauces «regaladas continua y abundantemente con las truchas, salmones, anguilas, congrios, ostras, terneras, jamones, lechoncitos, pastas y vinos exquisitos» (n.º 159, 6-I-1814: 689-690) y esto es así en todas las provincias de España, pues como muestra en el n.º154 (1-I-1814) aunque pensaba que existirían diferencias entre congregaciones y lugares no es así.[16] Los liberales gaditanos se sitúan aquí como los sujetos más capacitados para frenar estas conductas, frente aquellos que persiguen la vuelta a sus antiguos privilegios y la reinstauración de la Inquisición, tal y como de manera sintética dejan patente en los brindis que dicen haber escuchado en una visita a una tertulia de serviles en casa de Borrajas[17] que fueron estos:

> 1º Porque dios nos libre de los liberales. 2º Porque nuestras rentas sin la reducción constitucional que ahora tienen, vuelvan a su antiguo ser. 3º Por el restablecimiento de la Santa Inquisición (n.º 42, 11-IX-1813:176).

Esta visión precisamente de los valedores de la tradición y la religión como enemigos de la patria contrasta de manera notable con aquella que se ofrece desde varios periódicos satíricos estampados en Sevilla, que tienen como rasgo compositivo común el estructurarse mediante una serie de conversaciones y diálogos entre sujetos que se expresan en una especie de realización fonética simplificada del andaluz[18] —o como apunta Pons en una suerte de español avulgarado

---

15 Las beatas, presentadas como correligionarias en las actuaciones de los frailes, son también blanco de las críticas del periódico y sobre todo de los artículos firmados por *Firrinche*, quien llega a establecer incluso una clasificación de las beatas, que en cierto modo se acerca a las fisiologías que en la década de los cuarenta tendrán una amplia difusión en España y que hallaremos igualmente en las revistas literarias de mediados del XIX acompañando a los cuadros de costumbres. Sobre la difusión de las fisiologías en España puede verse Peñas Ruiz (2012).

16 Estas referencias están firmadas por *Floripi* que será una de las voces más críticas.

17 Referencia al diputado por Valencia Francisco Xavier Borrull y Vilanova (Valencia 1745-1838).

18 Gómez Imaz (1910: 296) al referirse a la peculiar escritura del periódico dirá que su editor supo exponer sus principios con «habilidad manifiesta y agradable gracejo sin

(2000: 77)— con el que entre otros factores se busca conectar con la masa social. Nos referimos aquí a *El Tío Tremenda o los Críticos del Malecón,* que se publica en Sevilla desde septiembre de 1812 a finales de agosto de 1814, cuando es reemplazado por *La Tía Norica, a los Críticos del Malecón* que se extiende hasta abril de 1815. Ambas empresas de José María del Río suelen destacarse con otras como la *Abeja Española* como algunas de las primeras cabeceras satíricas del XIX, según remarca Mancera Rueda (2012: 121), pero su influencia va más allá del hecho de otorgar relevancia a una determinada tipología periodística en la escena, pues el objetivo del periódico y la peculiar representación del habla popular/oral adquiere aquí connotaciones políticas, o al menos eso creemos, que no se han puesto lo suficientemente de relieve y que ayudan a entender el rol de este papel que gozó de notable favor entre los lectores en una Sevilla marcada por la fuerte presencia de contrarios a la Constitución, que ven reforzada la difusión de sus posiciones mediante la estrategia de remedar el lenguaje del pueblo llano.

Los textos publicados en la primera de las obras indicadas, suelen presentarse como diálogos mantenidos entre Lorenzo Campillo o *El Tío Tremenda, Castaña, Epidemia,* Paco o *Cascarón,* Anastasio o *Podrío,* los gitanos *Peñasco y Cuca* y *Norica,* que es mujer de *Tremenda* y quien lo reemplaza al frente de la tertulia en octubre de 1814, momento en el que aparece el segundo de los impresos en el que ella quien queda remarcada en el título.

Llama la atención Gómez Imaz (1910: 290) sobre el espacio elegido para la celebración de las reuniones: «los popularísimos *Malecones* de Sevilla, inmediatos al almacén del Rey, al puente de barcas y al barranco, predilectos lugares siempre pintorescos y alegres de los sevillanos», que precisamente por este carácter ayuda a acercar la acción a un público amplio, como manifiesta ser su intención el editor en la advertencia que dirige «Al lector» en la primera entrega, donde matiza que para llegar a todos probó con esa «*tertulia crítica del Malecón;* a ver si con el título y el estilo engreía al pueblo; al propio tiempo que interesaba a los instruidos con las cuestiones que se ventilasen», lo que indica a renglón seguido haber logrado, pues el periódico es leído por todos y su influencia se expande más allá de la ciudad de Sevilla.

---

pecar en chocarrería, usando del lenguaje andaluz siempre pintoresco e ingenioso de nuestro pueblo». En su día esta particular realización fue estudiada por Pons Rodríguez (2000), a partir de las colecciones de los periódicos conservadas en la Hemeroteca Municipal de Sevilla, por lo que una parte importante de la colección no pudo ser consultada, aunque el tono y los recursos empleados no varía a lo largo de toda la tirada, si bien desde 1814 el tono triunfalista impregna las páginas de la publicación.

En el primer cuaderno comenzaba ubicando el espacio de la tertulia y señalando brevemente los sujetos que la conducirían y sus roles:

> Una de las cosas más célebres que siempre ha habido en Sevilla han sido los corrinchos que se forman en las inmediaciones del almacén del Rey, fuera de la puerta de Triana. Sea por gusto o por extravagancia, o por lo que quiera el lector, es lo cierto que todas las tardes, desde que vivo en esta Ciudad, he de dar una volteta por aquellos sitios. [...] a pesar de que hemos andado como locos en las primeras semanas de nuestro rescate, no he dejado de ir un rato todas las tardes a la tertulia crítica del Malecón. ¡Qué cosas graciosas se oyen allí! ¡Qué ocurrencias tan originales tienen aquellos hombres! ¡Qué críticas hacen de los papeles públicos, porque todos se leen allí! Cada tertuliante tiene un sobrenombre burlesco, por el cual es conocido: uno se llama *Castaña*, otro *Epidemia*, aquel *Podrío*, este *Tremenda*, y así por ese orden. El oráculo de aquel congreso es el tío *Tremenda*, el cual decide las disputas, y cuando él habla todos enmudecen y abren tanta boca ([1-2]).

En este ambiente local y con tono jocoso se difunde en las páginas de *El Tío Tremenda* el ideario conservador y se realiza una crítica continuada a los liberales. Entre los temas abordados en sus números[19] encontramos textos en los que se defiende la Inquisición y se ataca directamente a aquellos artículos en los que se censura, se manifiesta la necesidad del diezmo, así como otros aspectos que se relacionan de manera directa con cuestiones vinculadas con las prebendas de la Iglesia y que sirven para ensalzar como un elemento particular de los verdaderos españoles su religiosidad, algo que se concreta aquí en el caso de los sevillanos.

En relación con esto último, cabe destacar algunos textos donde se realiza un contraste entre aquellos habitantes de la ciudad hispalense que se marcharon a Cádiz y los que permanecieron en la misma, a los que se presenta como afectos a Fernando VII y, por consiguiente, patriotas, pese a la opinión vertida en ciertos papeles sobre la posibilidad de que los que habían permanecido en la ciudad fuesen afines a los invasores, o como socarronamente dirá el Tío Tremenda que pudieran haberse «tisnao» (n.º 3, 1812: [3]); tras lo que no tarda en dejar sentir las dudas sobre el comportamiento de muchos de los que pasaron a Cádiz,

---

19 Según anotó en su día Gómez Imaz (1910: 288) el periódico estampó cuatro cuadernos con un numero variable de ejemplares en cada caso: el primero estaría integrado por 59 ejemplares, a los que siguen en el segundo los que numerados correlativamente y sin paginar llegan hasta el 98; desde el tercer cuaderno se paginan las entregas que en esta llegan hasta la 40 y hasta el 100 en el cuarto. Estos cuadernos aparecen acompañados de un breve índice en el que se recogen las materias abordadas en las diferentes entregas; los ofrece transcritos Gómez Imaz (1910: 296-299) omitiendo la referencia al número en el que se trata cada tema.

por haber allí mucho pícaro, y pondera que acaso sean más patriotas o que al menos debe ser más valorado el patriotismo de quienes permanecieron en zonas ocupadas fieles a sus ideas, que no son otras que las de la defensa de la religión, entendida como esencia de lo español, lo que lleva de manera paralela a defender privilegios y estamentos eclesiásticos aunque la justificación de la monarquía absoluta como sistema de gobierno no será un hilo habitual hasta la derogación de la Constitución y la obra de las Cortes, con anterioridad lo más frecuente es que se ponga en tela de juicio la validez de la Carta Magna.[20]

La defensa de estas ideas a través de las conversaciones populares entre los personajes de la tertulia, donde se dibuja una dicotomía entre lo que se defiende en Cádiz y las posiciones de la población sevillana desde la que se plantean dudas sobre la legitimidad de los cambios introducidos por las Cortes, se lleva a cabo por Tremenda, con discursos a veces irónicos, en los que la pintura de la tradición como elemento de valor identitario prevalece. En este sentido, podemos situar como significativa del modo en que se da la vuelta a toda una serie de símbolos cuando es preciso, el siguiente texto sobre la estampa alegórica de la abolición de la Inquisición, grabada por Manuel Alegre y Pedro Nolasco Gascó con dibujo de Antonio Rodríguez Onofre en la que como reza al pie se representa: «A la NACIÓN ESPAÑOLA que apoyada en la RELIGIÓN y excitada por la LIBERTAD derriba el edificio de la Inquisición. Huyen despavoridos la SUPERSTICIÓN, el FANATISMO y la HIPOCRESÍA; y la VERDAD aparece triunfante en el aire» y que en *El Tío Tremenda* se reinterpreta del siguiente modo a partir de lo que dice haber soñado:

> *Tremenda*. Representa una cosa como un castillo erribándose; y vienen caendo por mitá de aquellas ruinas tres muñecos mu feos; aquí elante está una matrona mu jermosa, y junto otra con la Santísima Cruz agarraa; junto está un Señor armao en guerra. Allí en un rincón hay como una joguera encendía, y al otro lao como caenas, grillos y otros embelecos de prisiones: y allá arribota en el aire una maama, que paece que es la que ha jecho juir a los que van caendo. Yo no supe lo que senificaba esto; pero sí contaré lo que me figuró el sueño. Aquel armao es Wellington, que acompañando a la España, y a su Religión, echan abaxo el edificio que iban levantando los impíos y gabachos. Allí se están quemando unos quantos papeles perjudiciales, y aquí se están rompiendo las caenas y los grillos con que nos iban a aprisionar. La España y su Religión triunfan en toos sus contrarios; y estos se van espeñando y rompiendo la crisma, juyendo de vergüenza. No hay tiempo bastante par air jaciendo la aplicación de too lo icho anteriormente, o lo que

---

20 Sobre este aspecto y posición en otras publicaciones serviles coetáneas puede consultarse Domínguez (2019).

manifiesta la estampa: pero al fin, el resultado es completa feliciaa; reina eterna de toos los enemigos, y trescientas cosas más (n.º 95, 1813: [4]).

Imagen 1. Grabado incluido en el tomo XIII del *Diario de las Discusiones y Actas de las Cortes* [Biblioteca Nacional de España]

Con estos textos podemos situar otros que abordan aspectos menos vincula-dos directamente con la realidad política, pero que sirven para desde incidir en la crítica de aquello que consideran como poco español y con lo que continua-mente se identifica a los liberales. Aunque en ocasiones esta censura se amplía como sucede en el n.º 61 de 1813 donde se trata sobre el traje español y se censura el que no exista tal en España y que sean imitados los de muchas otras naciones y particularmente las modas francesas. Así ante la anécdota de unos soldados españoles que son confundidos con franceses al entrar en un pueblo, censura *Tremenda*: «Los Españoles semos unos monos, imitaores de toas las naciones;[21] o un compuesto de Franceses, Ingleses, Húngaros, Rusos y otras yerbas», tras lo que dice haberse perdido la gravedad del traje nacional y haberse relajado igualmente las costumbres. Ante esto propone que se expulse a los imitadores al país que tienen por modelo y se prohíban estos usos extranjeros en las modas; sin embargo, manifiesta que no es posible conocer cómo debe ser ese traje nacional, ante la dificultad de recuperarlo propone que cada profesión vista un uniforme para poder ser distinguido por su oficio y evitar confusiones. En otros casos es la representación de lo que falta y sobra en España lo que se aborda en los textos, como sucede en el n.º 73 de 1813, donde a través de la conversación de las niñas *Marujilla* y *Noriquilla*, se marca lo que hay de menos de más, donde las críticas a los liberales se mezclan con otras que tienen que ver con el aumento de los hurtos, la ociosidad o el vicio en general, identificando el sistema constitucional con un foco de desestabilización para el país. En los siguientes números prometen ir desgranando con detalle los problemas denunciados por las niñas, algo que harán en varios cuadernos, pero no de manera sistemática.

A este impreso, que tiende a conectar la esencia de lo español con la religión y presenta a los liberales como contrarios a la patria, debe sumarse su continuadora *La Tía Norica*, donde al amparo del reinstaurado absolutismo monárquico se aprovecha para zaherir a los liberales y a buena parte de los principios en los que se cimentó el régimen constitucional, abundando en la idea machaconamente repetida de equiparar a los liberales con los franceses.[22]

---

21 Fue una crítica habitual dirigida a los liberales, especialmente, la de considerarlos monos imitadores de las modas de París, lo que sirve para presentarlos como antiespañoles con pocas palabras y poner así en tela de juicio el sistema político que defienden y del que en ocasiones se advierte que pretende ser una Democracia y no una Monarquía, como se lee en el *Zelador Patriótico*, n.º 9, por ejemplo.

22 Si recorremos la prensa y folletos conservadores de la Guerra de la Independencia podemos apreciar como en los papeles reaccionarios se reitera esta identificación de los liberales con los franceses, valga como muestra el contenido del quinto cuaderno de la segunda época de *El Censor* (10-I-1812) donde en el «Diálogo entre un buen español y un afrancesado, tenido en Francia en Octubre de 808» se defiende la Inquisición y la Religión como señas del pueblo español; indicando a los escritores liberales a los que acusa de seguir las teorías venidas de Francia que «los españoles querrán primero ser africanos que franceses».

Lo andaluz en la primera literatura de costumbres

El andalucismo literario decimonónico, como vertiente culta de una serie de estereotipos e imágenes presentes desde los siglos XVI y XVII, encontrará su expresión más canónica en el costumbrismo, la música y el teatro de los años 20 y 30 del siglo XIX, cuando la noción de lo andaluz se fija como «resultado de una política o cultural de defensa de lo autóctono y castizo» (Álvarez Barrientos, 1998: 15). Este costumbrismo andaluz se fijaría en paralelo a los primeros artículos de Larra en *El Duende Satírico del Día* (1828), en cabeceras como el *Correo Literario y Mercantil* (1828-1831), el *Eco del Comercio* (1834-1849) y las *Cartas Españolas* de José María de Carnerero. Con Ángel Iznardi (*El Mirón*) y Estébanez Calderón (*El Solitario*) aparece, desde 1831 con las primeras «Escenas andaluzas» de este último, la modalidad costumbrista andaluza, en la cual la mirada del moralista no recorre mundo de la burguesía urbana de la capital, sino que se desplaza a un entorno social y geográfico distinto que ya había sido transitado por los sainetes y la prensa dieciochesca: el de la majeza andaluza y específicamente gaditana.[23]

En el rico caldo de cultivo de la prensa de entre siglos, antes de la aparición de los cuadros de costumbres canónicos de Larra, Estébanez, Iznardi o Mesonero, la temática andaluza se sugiere en algunos artículos a caballo entre la prensa política antes mencionada y el primer costumbrismo romántico.

En el periódico que, junto con la *Minerva o el Revisor General* (1805-1818), había roto el yermo periodístico de la restauración fernandina en 1817, la *Crónica Científica y Literaria* de Mora, existen textos proto-costumbristas que miran hacia Andalucía. Sobre todo en el último tramo, a finales de 1819, la sección de

---

23 Sería, a juicio de Escobar, la vanguardia en esa transición del casticismo a lo pintoresco observada anteriormente por González Troyano (1992: 120-121). Según este autor, al iniciarse el segundo tercio del siglo XIX hay un cambio con respecto al plebeyismo del siglo anterior en cuanto manifestación de una actitud ideológica casticista frente a la modernización. Señala que «comienza a recurrirse a los mismos ambientes populares anteriores, pero ya no sólo con aquella actitud casticista de ver en ellos un foco de genuina resistencia. Muchos escritores se acercan a ellos con una intención que empieza a denominarse pintoresca» proporcionando a los lectores de revista y publicaciones periódicas «una literatura de corte costumbrista que en gran parte va a venir condicionada por el gusto de esta nueva burguesía» (Escobar, 1998: 65). Frente al desafío conservador de los escritores casticistas, el pintoresquismo pequeñoburgués «sólo será un mero escenario que se brinda a los lectores ávidos de coleccionar singularidades nativas» como las del artículo analizado por Escobar «Una tienda de montañés en Cádiz» de Iznardi (*Boletín Oficial de Madrid*, n.º 6, 6-VII-1833).

artículos firmados por Mendo Nuño bajo la rúbrica de «Gradas de San Felipe» inaugura una veta costumbrista que tiene su vertiente regional en las serie de «Cartas andaluzas» a lo largo de cinco números. Esta serie se limita sobre todo a dar cuenta de sucesos políticos, pero el autor se explaya en ocasiones en la caracterización de la realidad social que dichas transformaciones imponen en el día a día. Personajes andaluces asoman en otros números de la *Crónica*, a menudo con intención jocosa, como en el poema publicado en el n.º 275 (16-XI-1819) que juega con el cómico asombro experimentado por un andaluz ante el terreno helado de un país del norte, o la «Descripción de la Venus de Tiziano» del n.º 282 (10-XII-1819), cuyo retrato recuerda al corresponsal a «una andaluza en la viveza de la mirada, en la maliciosa sonrisa, en la expresiva indicación de todas las facciones».

El carácter un tanto anecdótico de estas menciones no debe distraernos del hecho de que el costumbrismo andaluz de Estébanez Calderón o Ángel Iznardi tiene como precedente inmediato las caracterizaciones presentes en los interlocutores y personajes de la prensa espectadora y política. Personajes como el Tío Tremenda o el Pobrecito Holgazán de Miñano son producto de una mirada tipificadora anclada en lo político, y en particular en cómo los acontecimientos históricos hacen aflorar una serie de caracteres ligados a la clase social, al género o a la procedencia geográfica. En la década de los 20 y 30 la representación de lo andaluz va también ligada a lo político de otra forma: bien sea través de Andalucía como tierra de conflicto —toda la temática morisca, Aben Humeya como mito revolucionario (Saglia, 2022)— o lo contrario: la Andalucía edénica, ajena a los vaivenes de la historia de Fernán Caballero. En los años 20, las imágenes literarias de lo andaluz en prensa transitan a menudo la división entre la sátira política y la literatura de costumbres, antes de que existiese el cuadro de costumbres propiamente dicho.

Durante el Trienio Liberal, época de rápida politización de los papeles públicos, como indicó Gil Novales (1975: 983), reaparece en abril de 1820 el *Tío Tremenda* aunque con el título mudado por el de *El Tío Tremenda o La Tertulia del Barbero*[24] porque antes que él, en ese mismo mes, había irrumpido en escena el liberal *La Tertulia del Malecón o El Anti-Tremenda*, que imita los aspectos compositivos del *Tío Tremenda*. Esto hace que encontremos en sus páginas esa

---

24 En este caso existe también una variación en los personajes que intervienen en los diálogos: *Tía Lagaña*, *Mediodiente*, *Maese Nicolás* y el *Padre Catón*, que son los que aquí acompañan a *Tremenda*. En 1823 vuelven los antiguos contertulios de la Guerra de la Independencia.

peculiar representación fonética del andaluz que empleó el primero en las intervenciones de *Zampabollos* y del diálogo entre personajes con pintorescos nombres que delatan la línea de pensamiento de sus intervenciones y que son con ellos caracterizados con las censuras hechas habitualmente al estamento eclesiástico, se ensalzan las posturas liberales o se dibuja al pueblo —*fray Cornelio, Zampabollos, Aleluya, Periquillo Fernández* y *don Trancazo*, este último conductor de la tertulia y encargado de desmontar los argumentos reaccionarios del *Tío Tremenda*—. Creemos en este sentido reseñable el hecho de que la supuesta realización del andaluz aparezca en las intervenciones de *Zampabollos*, con quien creemos que debe identificarse al pueblo llano y sin formación alguna frente a *Periquillo*, que actúa como voz indirecta de las reacciones que provocó en 1814 *El Tío Tremenda* entre sus familiares y se muestra convencido de los argumentos dados por el liberal *Trancazo* en contra del ideario difundido en aquel.

Al final del Trienio, recuperando el primitivo título y festejando la desaparición del *Anti-Tremenda* reaparece *El Tío Tremenda o Los Críticos del Malecón*, que precisa que su imitador estuvo integrado por «una canalla constitucional» y precisa en su primer número que:

> *Tremenda*. La tertulia del Malecón había prevenido indudablemente los ánimos de una gran porción de hombres sencillos contra los perversos designios de los reformadores; y lo que se propusieron los tontos del Anti-Tremenda fue corromper al pueblo incauto por los mismos medios de que nos habíamos valido nosotros para instruirle y preservarle. He aquí por qué se eligió este sitio, se tomaron nuestros sobrenombres y se adoptó (aunque malditísimamente usado) nuestro lenguaje. Al fin, ya pasó la tormenta, y tenemos el placer de vernos reunidos los mismos contertulios, sin que haya tocado a ninguno el maldito contagio liberal que tanto estrago ha hecho en la nación.

Este breve pasaje nos sitúa ante elementos que consideramos relevantes a la hora de valorar el uso de ese supuesto andaluz —caló llegaron a apuntar algunos investigadores como Aguilar Piñal (1988: 257, cit. por Pons, 2000: 82)— en estas cabeceras. El uso del estilo vulgarizante es una estrategia para llegar al pueblo a quien se supone seducido por los liberales, pero realmente afecto a la religión y la monarquía, como hace el *Tío Tremenda*; mientras que en el *Anti-Tremenda* las intervenciones realizadas en este supuesto dialecto tienen que ver con el dibujo de la rudeza que hace que el pueblo pueda ser engañado fácilmente y que hace preciso instruirlo en los principios constitucionales. Estamos pues no solo ante el dibujo de las clases sociales bajas a través de su lenguaje, sino en el segundo de los casos ante un matiz de ridiculización por la falta de instrucción, que veremos en ocasiones presente en la pintura del andaluz durante el XIX. Estas muestras pueden, por tanto, interpretarse como una suerte de estrategia casticista que busca una identificación concreta del pueblo sevillano como epítome del pueblo español frente a los afrancesados/liberales en lo que se refiere al *Tío Tremenda*, y en un sentido contrario, empleando el andaluz como símbolo de incultura o al menos de falta de juicio crítico para dejarse arrastrar por los reaccionarios en *El Anti-Tremenda*.

La cuestión del servilismo o liberalismo de los andaluces aparecerá de forma recurrente en la prensa del trienio revolucionario. Un artículo de la *Crónica Científica y Literaria* (n.º 501, 21-IX-1820) trata de dirimir la cuestión de cuál es el «estado del espíritu público» de la región observando que el «carácter andaluz es liberal por naturaleza, pero necesita un impulso externo que le dé la verdadera dirección». Es una cuestión planteada al calor de los acontecimientos políticos, estrictamente circunstancial, pero que en algunos casos va unida a discurso de alcance más largo sobre identidad regional, sobre cuál es el carácter de los andaluces o como se articula un determinado «etnotipo» (Leerssen, 2017).

Un ejemplo interesante es el «Diálogo entre un andaluz, un navarro y un madrileño», publicado a principios de 1822 en *El Censor* —uno de los periódicos más importantes del Trienio Liberal, afín al sector liberal moderado—. En enero de 1822 la situación política estaba marcada por movimientos realistas contrarios a la Constitución en el Norte de la Península. Por otro lado, las movilizaciones de los exaltados por la destitución de Riego el año anterior habían dado lugar a movimientos de desobediencia civil en Cádiz y Sevilla.[25] Una remodelación del gobierno a principios de año no había logrado apagar los focos de violencia política que aparecían en diversas partes de la península. El diálogo de *El Censor*, atribuido por Claude Morange con bastante certeza a Sebastián de Miñano (2019: 569), enfoca esta problemática con tres personajes que representan respectivamente el centro y dos extremos geográficos y políticos. Un viajero madrileño se encuentra en una venta con dos arrieros, uno andaluz y otro navarro. La conversación va a girar sobre los tumultos políticos de cada región, con el madrileño interrogando a sus dos interlocutores a propósito de los alborotos sufridos en sus respectivas regiones.

---

25 Sobre este punto presenta singular interés el proceso seguido contra José Joaquín de Clararrosa, que promovió desde las páginas de su *Diario Gaditano* una asonada contra el poder central capitaneada por Cádiz y Sevilla; junto a otros escritos, cabe destacar los publicados en el n.º 466 (4-I-1822), que le valieron ser arrestado, adelantando quizá su muerte como consecuencia de su deteriorada salud el 27 de enero de 1822 y convirtiéndolo en casi un mártir de la causa exaltada, que obligó a editores de periódicos moderados, como sucede con el que aquí incluimos de Miñano, a dar argumentos sobre los motivos de su muerte. Puede verse al respecto Sánchez Hita (2009b: 57-63).

El artículo comienza sugiriendo que los personajes del navarro y el andaluz representan los extremos políticos del servilismo y la exaltación, pero luego va por otros derroteros; al final estos personajes se sitúan en la defensa de sus respectivas regiones de las acusaciones del madrileño y de su sospecha de que ambas son nidos de enemigos de la Constitución. El navarro afirma que por mucho que se haya intentado alborotar la región, los navarros nunca volverían al despotismo por ir contra los fueros. Aquí intercede el andaluz humorísticamente:

> Andaluz. ¿Quéz eio de fuero, compadre, porque en mi tierra no ce conoce semejante fruta? Que ce vayan con fueroz al barrio de la Macarena o a loz paloz de Gegura, y verán cómo ze lez abre un fuero de á geme en lo maz alto del colodriyo. Apuraditamente tenemos alli ahora unos cuantoz avechuchoz que nadie zabe lo que zon, ni donde han eztado ezcondidoz, que el dia que ce lez va la mano en empinar una miagita el codo, zon capacez de echar fueroz al mezmo ceñó azitente en prezona.

El andaluz representa un contrapunto cómico a la seriedad del navarro, cuya principal preocupación es disipar las acusaciones de reaccionarismo. Pero es también una doble caricatura de la plebe exaltada y del andaluz vivaz y dicharachero. Si el navarro intenta sobre todo defender su región de las sospechas de anticonstitucionalismo, el andaluz hace lo propio, pero delata, en el fondo, un carácter exaltado:

> And. ¡Cer liberal y no cantar el trágala, ezo á mi agüela! Toitoz loz preicadorez de la zuciedá de mi tierra dicen, que el que no canta el trágala perro ez un zervil como una loma, y que el que paga y obedece en tiempo de revolución, merece que le pongan una albarda y le cinchen como un poyino. Ozomo ó nozomo ciudaano; y zi lo zomo, ¿por qué hemo é pagar á nengun endino?

La obra satírica de Miñano abunda en ejemplos de caracterización costumbrista al hilo de diatribas políticas: la pintura del clero en los «Lamentos políticos», la de las manolas y majas madrileñas en las «Cartas del madrileño». El objeto principal del diálogo es criticar la adulación que los exaltados prodigaban a la plebe urbana y su deriva en desmanes revolucionarios, pero son formas también de construir imágenes determinadas de grupos sociales, y en el caso del andaluz, de etnotipos con base racial o como mínimo regional.

El artículo muestra una tensión irresuelta entre una finalidad explícita —mostrar que los alborotos de Cádiz y Sevilla responden a una estrategia propagandística del partido exaltado— y la caracterización del andaluz como un personaje propenso, por naturaleza, a la exaltación. Miñano comienza planteando dos estereotipos simétricamente opuestos, pero las preguntas del madrileño van cada vez más dirigidas al andaluz. Hacia el final, el madrileño pregunta: «Pero en sustancia, ¿qué es lo que quieren en Sevilla los gritadores, y en Navarra los silenciosos? Porque al fin y al cabo, en una y en otra parte son poquísimos los que se separan del orden constitucional establecido ya en todas partes; y mirado á buena luz, tan criminales son los unos como los otro». Las respuestas del andaluz oscilan entre el exabrupto exaltado y la defensa de Andalucía como lugar donde «zabemoz obedecer tan bien como el primero».

El andaluz no es un cantor del trágala por naturaleza, sino que desvela que él y sus paisanos de Cádiz y Sevilla alborotan porque se les paga a través de los cafés y sociedades patrióticas. No se abandona del todo la idea del carácter como explicación de la desobediencia a la Constitución y la exaltación, ya que el artículo sugiere una diferencia política basada en la étnica o regional, pero poco a poco los testimonios del navarro y el andaluz apuntan a motivaciones más políticas que culturales para la desobediencia, es decir, la estrategia de los enemigos de la Constitución. Pero Miñano no abandona del todo la recreación de lo que podríamos denominar un etnotipo, cuyo marco es la descripción inicial de los personajes, y cuyos matices se van desarrollando con el diálogo.

El esfuerzo invertido por Miñano en la caracterización del habla del andaluz, a nivel fonético y sintáctico nos debe alertar a que, si bien secundario a la finalidad política, la representación del carácter meridional del interlocutor es todo menos casual. El andaluz representa el temperamento exaltado, pero ese extremismo político es resultado de un carácter voluble propicio al griterío y por tanto presa fácil de la estrategia partidista que denuncia el *Censor*. Esa crítica es el meollo del diálogo y realmente esa es la dirección de la sátira: la mano invisible que promueve los tumultos pagando en las tabernas para que se cante el tragala. Pero está basado sobre una concepción etnotípica inseparable del mensaje del artículo.

La «sal andaluza» del estilo Miñano es algo que ya había notado Morange (Miñano, 1994: 35-36) y también algunos de sus enemigos. Su remedo del lenguaje popular, el estilo casticista, sus neologismos, diminutivos y gracejo eran considerados por sectores de la opinión pública como «andalucismos». En un ataque dirigido por el periódico madrileño *El Conservador* hacia los editores de *El Censor*, su principal editor, León Amarita aparece como un afrancesado que encadena galicismos en su habla, y Miñano («Mañina») como una especie de bufón que trata de hacer reír con un gracejo andaluz afectado. Lo que *El Conservador* critica es precisamente que Miñano —que había vivido en Sevilla en vísperas de la Guerra de la Independencia— busque lo castizo a través de lo plebeyo andaluz:

Mañina: Vaya, señor mediodiente, como dije en mi cartita nosecuantas, no hay por qué aturdirse: somos moros de paz; y cuidado con el que tocare el pelo de la ropa al

hechicerito de mi vida. ¡Si es usted tan mono y tan salao! Ya se ve como yo he holgaza-
naeado en Sevilla en el barrio de la Macarena y después me iba a Triana a ver aquellas
caritas de cielo, y me engalarifaba, y me concomía, he sacado del trato con las gitanas
(¡cuidado que juego limpio!) una regular ancheta de dicharachos, pullas, refranes a lo
Sancho Panza y otras quisicosas de este jaez con que embauco a los tontos y les agarro
los trece cuartos del pico, que es lo que me importa; lo demás que se lo lleve pateta
(13-VIII-1820).

En la sátira de *El Conservador*, el plebeyismo andaluz ya aparece como un
repositorio estilístico con un cierto tirón entre el público lector y a disposición
de autores, como Miñano, ajenos a la región.

¿Viene esta caracterización del andaluz y el navarro guiada por una creencia
generalizada en la existencia de tipos regionales, o se trata de irregularidades en
la extensión de la nueva cultura política del constitucionalismo? En el diálogo de
El Censor se evidencia que los caracteres regionales se van convirtiendo durante
estos años no ya en observaciones anecdóticas sino en una suerte de paradigma
histórico comparativo que tendería su dominio sobre las ciencias humanas en el
siglo XIX (Leerssen, 2017: 17). Miñano nos ofrece ejemplos de este pensamiento
tipológico, y de su particular relevancia para el caso andaluz, en su *Diccionario
geográfico-estadístico de España y Portugal* (1826-1828). Enfocado sobre todo a
la descripción de la geografía, demografía, actividades comerciales y recursos
naturales de la Península, el artículo sobre Andalucía incide de manera extensa
en la psicología de los andaluces:

> El carácter de los andaluces, que ha conservado algo del de los árabes, se resiente de la
> vivacidad natural de los que habitan bajo un cielo tan despejado, y donde las impresio-
> nes de los grandes objetos que ofrece de continuo la naturaleza a todos los sentidos son
> extremadamente agradables y enérgicas … Hablan el castellano con mezcla de algunas
> palabras árabes, y sobre todo con pronunciación derivada de la de estos; lo cual, junto a
> la jactancia de que se les acusa, justificaría en cierto modo los epítetos que se les ha dado
> por los naturales, y también por los extranjeros (Miñano, 1826: I, 199).

La cuestión que aborda el diálogo que hemos comentado es relativa a la
implantación geográfica de una nueva cultura política, pero la forma en la que
representa el carácter y el lenguaje de los interlocutores es depositaria de una
serie de estereotipos regionales y de clase que condicionan en cierto modo la
implantación de esta cultura política, así como la misma acción gubernamen-
tal. El griterío y el silencio son extremos simbolizados por Andalucía y Navarra
como ubicaciones del radicalismo y la contrarrevolución. La exaltación política
no se explica exclusivamente por características regionales o étnicas: tanto el madrileño como el andaluz admiten que los revuelos son al fin y al cabo resultados
de una estrategia del liberalismo exaltado por soliviantar al pueblo. Pero en esta

crítica moderada hacia la estrategia exaltada de instrumentalizar a la plebe hay una mirada tipológica, si se quiere costumbrista, en la cual lo andaluz destaca por la coherencia de sus rasgos.

Tanto en Miñano como en los otros ejemplos estudiados, lo andaluz —ya sea mediante la localización en ciudades como Cádiz o Sevilla, o a través de personajes provenientes de la región— aparece ya perfilado como repositorio de una serie de rasgos que colorean los diversos temas tratados por la prensa de entre siglos. La sátira política, el ensayo sobre civilización y costumbres, el artículo polémico o el mero chiste acuden a lo andaluz para apoyarse en una serie de representaciones ideológica previas —de estereotipos— reconocibles por el público lector pero, a su vez, objetos ellos mismos de elaboración imaginativa. Lo andaluz irá adquiriendo un mayor grado de riqueza y colorido a lo largo del siglo, animado por el casticismo y el regionalismo. La presentación del tema en la prensa periódica de estos años ilumina los orígenes polémicos, discursivos, de unas representaciones de extraordinaria longevidad e implantación.

A modo de cierre

En las páginas precedentes y a partir de las referencias contenidas en los propios textos, hemos querido acercarnos a lo que acaso podríamos considerar antecedentes de la representación de lo andaluz en los textos propiamente costumbristas del XIX. Nos hemos centrado en la prensa periódica y de manera concreta en la de tipo espectador y en aquellos papeles políticos y misceláneos de la Guerra de la Independencia y el Trienio Liberal, que por las características de su composición guardan ciertas similitudes con los primeros. En estos impresos se ven dibujadas conductas susceptibles de mejora en determinadas prácticas sociales o en el propio carácter de esos sujetos abúlicos, poco preocupados por el futuro y únicamente dedicados a la fiesta y a dilapidar su legado —como parecen representarse los señoritos— o marcados por su carácter astuto entre otros aspectos que serán ampliamente explotados luego. También se deja sentir esa representación del exotismo y la influencia de lo árabe en lo andaluz desde perspectivas diversas, que van del rechazo de ciertas prácticas a la atribución de un atractivo añadido precisamente por la presencia de dicho sustrato.

De igual modo, de entre el conjunto de textos y títulos seleccionados, llama la atención la importancia otorgada a reflejar supuestas particularidades del habla, que no solo se usan para dibujar de manera rápida al personaje, sino que se cargan de significados encontrados que van desde la representación de la lealtad al monarca y a la religión como elementos singulares de lo andaluz/español, al dibujo de la falta de instrucción política o de la facilidad para la exaltación.

La fortuna de esta caracterización será notable a lo largo del siglo, y todavía resuenan sus ecos en autores como Galdós, para quien, escribiendo en 1871, «donde más y mejor prendió el fuego del volterianismo fue en Andalucía, cuya raza, impresionable y fogosa, es inclinada a la rebeldía, así política como intelectual, y se deja conmover fácilmente por las ideas innovadoras» (Pérez Galdós, 2003: 120). La interpretación del carácter andaluz sería un tópico recurrente en épocas posteriores, y sus orígenes pueden rastrearse en la pintura poliédrica de la región —exótica y familiar, extrema y a la vez sinécdoque de lo español—, que encontramos en los papeles periódicos del periodo de entre siglos.

Bibliografía

AGUILAR PIÑAL, Francisco (1988), «Para la historia de la prensa en Sevilla: el *Redactor Sevillano*», *Temas sevillanos*, Sevilla, Universidad de Sevilla, pp. 255-260.

ÁLVAREZ BARRIENTOS, Joaquín (1998), «En torno a las nociones de andalucismo y costumbrismo», en Joaquín Álvarez Barrientos y Alberto Romeo Ferrer, (eds). *Costumbrismo andaluz*, Sevilla, Universidad de Sevilla.

CANTERLA, Cinta (2018), «Beatriz Manrique de Lara Alberro, Marquesa de García del Postigo, autora de *La Pensadora Gaditana* bajo el pseudónimo de Beatriz Cienfuegos», *Cuadernos de Ilustración y Romanticismo*, n.º 24, pp. 741-755, http://dx.doi.org/10.25267/Cuad_Ilus_romant.2018.i24.33

CIENFUEGOS, Beatriz (1996), *La Pensadora Gaditana*, edición antológica de Cinta Canterla, Cádiz, Servicio de Publicaciones de Cádiz.

DOMÍNGUEZ, Juan Pablo (2019), «La idea de España en el discurso "servil" (1808-1814)», *Historia y Política*, n.º 41, pp. 177-209, https://doi.org/10.18042/hp.41.07

ESCOBAR, José (1998), «Un costumbrista gaditano: Ángel Iznardi (El Mirón), autor de "Una tienda de montañés en Cádiz" (1833)», en Joaquín Álvarez Barrientos y Alberto Romeo Ferrer, (eds). *Costumbrismo andaluz*, Sevilla, Universidad de Sevilla.

ESCOBAR, José (1988), «Narración, descripción y mimesis en el cuadro de costumbres: Gertrudis Gómez de Avellaneda y Ramón de Mesonero Romanos», en Ermanno Caldera (ed.), *Romanticismo 3-4: Actas del IV Congreso sobre el Romanticismo español e Hispanoamericano*, Génova, Universidad de Génova, 1988, pp. 53-60.

GIL NOVALES, Alberto (1975), *Las Sociedades Patrióticas (1820-1823). Las libertades de expresión y de reunión en el origen de los partidos políticos*, Madrid, Tecnos

Gómez Imaz, Manuel (1910), *Los periódicos durante la Guerra de la Independencia (1808-1814)*, Madrid, Tipografía de la Revista de Arch., Bibl. y Museos.

González Troyano, Alberto (1992), «Del casticismo a lo pintoresco», en Ana Sofía Pérez-Bustamante Mourier, Alberto Romero Ferrer (eds.) y Nieves Vázquez Recio (col.), *Casticismo y literatura en España*, Cádiz, Servicio de Publicaciones de la Universidad de Cádiz, pp. 119-124.

Guinard, Paul-J. (1973), *La presse espagnole de 1737 a 1791: formation et signification d'un genre*, Paris, Centre de Recherches Hispaniques, D.L. 1973.

Hobisch, Elisabeth (2021), «¿Identidades en crisis? los discursos identitarios en la prensa espectatorial española y francesa», *El Argonauta Español*, n.º 18, https://doi.org/10.4000/argonauta.5760

Leerssen, Joep (2007), «*Imagology: History and method*», en *Imagology: The cultural construction and literary representation of national characters. A critical survey*, Leiden, Brill, pp. 17-32.

Mancera Rueda, Ana (2012), «El uso del español coloquial en la prensa satírica decimonónica una estrategia para *modelar* la opinión pública», *Boletín de la Real Academia Española*, Tomo 92, Cuaderno 305, pp. 117-149

Miñano, Sebastián (1994), *Sátiras y panfletos del Trienio Constitucional (1820-1823)*, Selección, presentación y notas de Claude Morange, Madrid, Centro de Estudios Constitucionales.

Miñano, Sebastián de (1826), *Diccionario geográfico-estadistico de España y Portugal*, 11 vols, Madrid, Imprenta de Pierart-Peralta.

Morange, Claude (2019), *En los orígenes del moderantismo decimonónico: El Censor (1820-1822): promotores, doctrina e índices*, Salamanca, Ediciones de la Universidad de Salamanca.

Peñas Ruiz, Ana (2012), «Aproximación a la literatura panorámica española (1830-1850)», en *Interférences littéraires/Literaire Interferenties. Multilingual e-Journal for Literary Studies*, n.º 8, pp. 77-108.

Peñas Ruiz, Ana (2014), *El artículo de costumbres en España (1830-1850)*, Vigo, Academia del Hispanismo.

Pérez Galdós, Benito (2003), *El audaz. Historia de un radical de antaño*, edición de Íñigo Sánchez Lama, Madrid, Ediciones Libertarias/Prodhufi.

Pons Rodríguez, Lola (2000), «La escritura *en andaluz* en tres periódicos del XIX: *El Tío Tremenda* (1814, 1823), *El Anti-Tremenda* (1820) y *El Tío Clarín* (1864-1871)», *Philologia Hispalensis*, 4, Vol. 14, n.º 1, pp. 77-98.

Saglia, Diego (2022), «Staging the Last Stand. The Politics of Aben Humeya in Richard Lalor Sheil and Francisco Martínez de la Rosa», *Foro hispánico: revista hispánica de Flandes y Holanda*, 69, pp. 15-36.

Sánchez Hita, Beatriz (2009a), «Los *espectadores-pensadores* y su influencia en la prensa gaditana del XVIII y la Guerra de la Independencia», *Cuadernos Dieciochistas*, n.º 10, pp. 219-246.

Sánchez Hita, Beatriz (2009b), *José Joaquín de Clararrosa y su* Diario Gaditano *(1820-1822) ilustración, periodismo y revolución en el Trienio Liberal*, Cádiz, Servicio de Publicaciones de la Universidad de Cádiz.

Sánchez Hita, Beatriz (2012), «Las empresas periodísticas del marqués de Villapanés. Literatura y prensa absolutista en las Cortes de Cádiz», *El Argonauta Español*, n.º 9, https://doi.org/10.4000/argonauta.783

Urzainqui Miqueleiz, Inmaculada (2004), «Un enigma que se desvela: el texto de *La Pensatriz Salmantina* (1777)», *Dieciocho: Hispanic Enlightenment*, n.º 1, pp. 129-156.

Urzainqui Miqueleiz, Inmaculada (2009), «Periodista-espectador en la España de las Luces. La conciencia de un género nuevo de escritura periodística», *El Argonauta Español*, n.º 6, https://doi.org/10.4000/argonauta.516

Amparo Quiles Faz (Universidad de Málaga)

¿Cómo nos vieron?: los andaluces en los textos literarios[1]

RESUMEN: El objetivo de esta aportación es analizar la imagen de los andaluces ante la mirada externa a partir de textos literarios nacionales y extranjeros.

Andalucía fue un centro de atracción para numerosos visitantes, pues se pensaba que en estas tierras se conservaba la esencia de lo español, la imagen genuina de un país que iba poco a poco perdiendo sus señas identitarias frente a las nuevas modas e influencias extranjeras. De ahí, las críticas de los españoles hacia esa imagen de español extranjerizado que quedaba singularizada en el tipo del extranjero en su tierra, iconografía de un ser nacido en tierra andaluza, pero que había adoptado costumbres extranjeras.

Se analiza también la descripción del carácter de los españoles y, más concretamente, de los andaluces, que redundaba en unos tópicos que se repetían: la indolencia, el lenguaje, la herencia musulmana… Mientras que sobre la mujer andaluza se sucedían los comentarios sobre su moral libertina, su belleza, gracia y donosura como elementos connaturales.

Así pues, la visión que de los andaluces vertieron miradas nacionales y foráneas, perpetuaron el canon identitario. La imagen de una Andalucía soñada y soleada —en terminología de Kagan (2021)— se repitió una y otra vez en los textos extranjeros y españoles. Todos perpetuaron el tópico y si algunos españoles quisieron dar una imagen real, lo que hicieron fue redundar en lo mismo que criticaron.

PALABRAS CLAVE: visión de Andalucía, andaluces y andaluzas: los tópicos, viajeros españoles y extranjeros, literatura de viajes.

---

1   Este trabajo forma parte de los resultados de investigación del Proyecto I+D+i del Ministerio de Ciencia e Innovación: «Idea de Andalucía e idea de España en los siglos XVIII-XIX. De la prensa crítica al artículo de costumbres y aledaños» (PID2019-110208GB-I00/AEI/10.13039/501100011033) y del Proyecto: «Andalucía y lo andaluz ante el gran público. Textos fundamentales para su representación en los siglos XVIII y XIX» (P18-RT-2763). Programa de ayudas a proyectos de I+D+i, destinadas a las universidades y entidades públicas de investigación calificadas como Agentes del Sistema Andaluz del Conocimiento (PAIDI 2020). Modalidad Retos Consolidado. Financiado por la Consejería de Transformación Económica, Industria, Conocimiento y Universidades y cofinanciado en un 80% por la Unión Europea, en el marco del Programa Operativo FEDER Andalucía 2014-2020.

Adentrarse en el imaginario colectivo, bien extranjero o español, sobre cómo era la visión que de los andaluces difundieron los textos literarios en los siglos XVIII y XIX supone una vía de estudio no sólo en el ámbito literario, sino en el antropológico, histórico y sociocultural. El embrujo de Andalucía ha sido tratado por especialistas como Alberich (2001), Álvarez Barrientos y Romero Ferrer (1998), Caro Baroja (2004), González Troyano (2018) y Kagan (2021), entre otros nombres de referencia. Nuestro propósito reside —con el límite temporal de 1850— en analizar algunos de los menos conocidos textos nacionales y extranjeros a fin de establecer algunas coordenadas que alumbren, si fuese posible, cómo era la imagen de los andaluces ante la mirada externa.

Así pues, Andalucía se presentaba como uno de los destinos predilectos para los viajeros nacionales y foráneos, aunque con marcadas diferencias, ya que ciudades como Sevilla, Granada y Cádiz ostentaron la primacía, seguidas —en un segundo nivel— por Córdoba y Málaga, y apareciendo casi inexploradas Huelva, Jaén y Almería. Y no solo las ciudades, sino que las zonas rurales también mostraban claras diferencias referenciales, caso, por ejemplo, de Sierra Morena, paso natural desde la Meseta hasta Andalucía, y que sí solía ser retratada en los textos frente a otras zonas andaluzas.

Esta atracción hacia el exotismo del Sur conllevaba la idea de que en estas tierras se conservaba la esencia de lo español, la imagen genuina de un país que iba poco a poco perdiendo sus señas identitarias frente a las nuevas modas e influencias extranjeras.[2] De ello se dolía un anónimo escritor en el periódico malagueño *El Guadalhorce* sobre aquellos españoles que se dejaban atraer por todo lo foráneo:

> [...] para alimentar su vanidad estudian y parodian los usos de otras naciones, llegando al desacato y la estupidez hasta el extremo de querer olvidar la lengua de los Ercillas, Marianas y Cervantes, ¡haciendo ostentación del acento y modismos de extraños idiomas![...]. Entes miserables y dignos de desprecio de sus compatriotas (E.,1839: 98).

Años después, Juan Valera también criticaba a aquellos españoles que se dejaban atraer por todo lo foráneo:

> Empiezan por hablar mal de su lengua nativa o por hablarla empedrándola de galicismos y faltas de gramática. Sujeto elegante conozco que dice *haiga* e *indiferiencia*, pero que censura la más ligera falta de francés; que se encanta con los *marivaudages* de

---

2 Los escritores andaluces S. Estébanez Calderón y *Fernán Caballero* afirmaban en sus escritos que en el pueblo andaluz era donde se encontraba la esencia española frente a las distorsiones extranjeras.

Feuillet y no entiende o halla sandios los discreteos de Lope; y, que condena por de mal tono y cursis los chistes de Bretón y se extasía y califica de elegantísimos los más sucios equívocos del Palais Royal, o del más necio y obsceno *vaudeville* (Valera, 1868: 67).

Esta imagen de español extranjerizado quedaba singularizada en el tipo del extranjero en su tierra, iconografía causada por: «La falta de instrucción en muchos de los que viajan y la educación prematura que se da a nuestra juventud en las naciones extranjeras» (E.,1839: 98). Se trataba de un ser nacido en tierra andaluza, pero que había adoptado costumbres extranjeras, tal y como criticaba el escritor malagueño Pedro Gómez Sancho en 1839:

> Es tenido por extranjero, porque habla siempre en inglés; come carne medio cruda a la inglesa, aunque agarre un cólico a la española; bebe cerveza por refresco, aunque se achicharre vivo; monta caballos ingleses, o si los ha á mano, los arma a la inglesa cortándoles el rabo; que, si en Londres puede ser cómoda esta costumbre por el mucho lodo, aquí también lo es por las muchas moscas. El trote es su paso favorito. Se viste en Londres y escoge para su hijo un nombre *very confortable* en el calendario británico. En esta metamorfosis disfruta una satisfacción inexplicable (Gómez Sancho, 1839: 198).

Esta asimilación de costumbres también quedó plasmada en los personajes de Pedro Pérez, Guillermo Suárez y Pablo Comino paseantes de la Alameda malagueña, a quienes:

> Les ha dado la manía de ir muy tiesos […] y aparentando todo el aire de los norteamericanos […] ya los oirás: a que van hablando uno en inglés, otro en alemán y otro en francés […] pues mi abuelo conoció a los suyos y dice que eran hijos legítimos del barrio del Perchel, y que estos, porque después han ido una sola vez a Boston de sobrecargo en un buque, ya se han desfigurado que da gusto verlos; a que si les preguntan cómo se llaman, te contestan en chapurreado *Paul, Pitter* y *William* (*El tío Pedro*,1858).[3]

Y a esta pérdida identitaria de lo nacional se sumaba el desconocimiento que los extranjeros demostraron sobre nuestro país; aspecto este motivado por diferentes razones —políticas, religiosas, por afán ilustrativo o de agradar— como ya apuntaba Antonio Ponz al hablar de Córdoba:

---

3   El barón Charles Davillier anotaba que por *inglis-manglis* se conocía a los ingleses en Andalucía (Davillier, 1874: 370 y 372). Epéntesis vulgar de este término es el de *inguilis-manguilis* que Emilio de la Cerda propuso para retratar al tipo del español extranjerizado: «El extranjero en su patria se educa en Gibraltar, Glasgow, Manchester, Londres o Múnich y cuando regresa, a los dieciocho o veinte años, lo hace convertido en un ser lánguido, pálido y medio tísico, sin recordar las calles de la población, los amigos de la infancia e imponiendo en su casa y en su trabajo sus costumbres británicas y alemanas» (Cerda, 1885: 60).

> [Los viajeros] contentos con andar un par de calles y entrar en alguna iglesia, ya tienen harto para presentar a sus naciones respectivas una descripción de lo que no han conocido, ni examinado, y tal vez no han visto. [...] Parten al otro día que llegaron, y con dos o tres horas de tiempo ya creen tener estudiada aquella ciudad ¿y qué hacen para hablar de ella? Buscan otros viajeros que les han precedido, y las vieron tal vez del mismo modo que aquellos, y con esto presentan un libro a su nación lleno de despropósitos, dejándola en ayunas de lo que le habían de contar, o le cuentan disparates que otros han imaginado sin fundamento ni verdad (Ponz, 1792: 171).[4]

Idea reafirmada en las palabras del geógrafo turolense Isidoro de Antillón y Marzo en 1824: «Los ingleses, franceses, italianos y alemanes hablan de España como pudieran de algún país interior de África; y es harta fatalidad, no sé si más nuestra que suya, que los nuevos viajeros copian y aún aumentan los errores antiguos» (Antillón, 1824: XIII). Así como también en los comentarios del viajero y médico alemán G. Frank Pfendler d' Ottensheim, más conocido como Doctor Frank:

> Los extranjeros tienen, me parece, una idea confusa y poco exacta de Andalucía, mientras que cada año los ingleses viajan a Italia en grupos parecidos a las golondrinas y abandonan del todo los placeres y ventajas que ofrece la España, creyendo no encontrar ni caballos, ni fondas, ni caminos que faciliten el tránsito, y que no hay más que muchos disgustos, contrabandistas y presidiarios escapados, viviendo en los montes como forajidos (Pfendler, 1848: 73).

Acorde todo ello con lo que veinte años después exponía muy acertadamente Juan Valera:

> La mayor parte de los viajeros que se proponen escribir y escriben sus *impresiones* sobre España, viene ya con el intento preconcebido de poner mucho color local en dichas *impresiones*, de que todo en ellas sea insólito y por muy diversa manera que en su país, y de que la obra vaya salpimentada de chistes o exornada de mil inesperadas y maravillosas peripecias [...]. No hay extranjero que presuma un poco de escritor y que venga a España por cualquier motivo, que no vaya luego escribiendo y publicando mil horrores (Valera, 1868: 57 y 59).

---

4   En 1806 afirmaba el conde de Maule: «Así como estoy persuadido, que se necesita mucho tiempo para conocer las costumbres de los pueblos, así no quise detenerme en examinarlas. Algunos viajeros se lisonjean de haberlas conocido, dándonos una idea superficial de su modo de vestir, de sus diversiones, y de aquellas inclinaciones que son más generales; pero en lo particular son pocos los que disciernen las virtudes, los vicios y preocupaciones de los pueblos, que nacen de la educación y del carácter; que sería necesario observar atentamente, introduciéndose en toda especie de actividades» (Cruz, 1806: 6).

Fruto del desconocimiento del país por parte de muchos extranjeros fue la iterada descripción del carácter de los españoles y, más concretamente, de los andaluces. Una etopeya negativa aparecía ya en un texto del siglo XV, concretamente en las palabras del noble polaco Nicolás de Popielovo recogidas por Liske: «La gente de la provincia de Lozia [Andalucía] es generalmente grosera, necia, avara, y poco dotada de verdaderas virtudes» (Liske, 1878: 43). Rasgos estos a los que se unieron años después, en 1814, otros más positivos en palabras de un anónimo escritor inglés:

> Son personas serias, magnánimas y honestas, y cuando se les provocan naturalmente valientes y animosas. Son muy templados en su alimentación, pero grandes amantes de las especias. Generalmente están bien hechos y son de constitución fuerte, capaces de soportar el calor y el frío, la fatiga y el hambre, a menudo en un grado asombroso (Anónimo, 1814: 8).

Para el viajero Alexander Laborde, los andaluces destacaban por su egolatría, grandilocuencia y barroquismo oral y gestual:

> Los andaluces, generalmente hablando, son tachados de arrogantes, y de que hablan mucho, y principalmente de sí mismos, de sus méritos, de sus riquezas, y de los objetos preciosos y agradables que poseen, cuya jactancia natural se trasluce también en sus discursos hinchados, en el rodeo de sus frases, en su tono, maneras, gestos y hasta en sus costumbres (Laborde, 1826: 499).

Y para mayor abundamiento en los tópicos, en 1842 el granadino Francisco de Paula Mellado incluso unió los rasgos identitarios de sus congéneres a la capacidad para el estudio:

> Los andaluces, como hijos de los árabes y habitantes de un país meridional, están dotados de una imaginación poética y ardiente […]. Conciben repentinamente un pensamiento y lo ejecutan con vehemencia y son por lo mismo más a propósito para la pintura, la poesía y las demás bellas artes que para las ciencias, aunque en ellas cuentan con muy grandes hombres (Mellado, 1842: 4-5).

Otros rasgos, esta vez de carácter positivo, de los andaluces provenían tanto de plumas extranjeras: «Los andaluces están dotados de una imaginación viva y activa, algo poética y dispuesta a las grandes pasiones» (Pfendler, 1848: 75), como de fuentes españolas, caso de J. Herrera Dávila y A. Alvear: «Los andaluces son vivos, activos, industriosos, astutos, y de ingenio; pero se les acusa de vagancia y altivez» (Herrera y Alvear, 1829: 89), o de F. de P. Madrazo: «De muy antiguo tienen los andaluces fama de galantes y espléndidos» (Madrazo, 1849: 22).

Y en este recorrido por los talantes andaluces, no todos fueron tratados con igual ecuanimidad, pues a los gaditanos se les atribuyeron los mejores caracteres, caso de su carácter hospitalario y generoso (Cruz, 1813: 364) o lo que apuntaba este comentario de 1824: «Sus naturales por lo común son de buena presencia, compasivos y valientes, y de ingenio extraordinario» (E. M., 1824: 25). A los sevillanos se les pintaba como «francos, dóciles, alegres, hospitalarios, generosos y gastadores, ansiosos de instrucción y llenos de talento y de gracia» (Herrera y Alvear, 1829: 98), mientras que de los malagueños anotaba Francisco de P. Mellado: «Son muy vivos, perspicaces, francos y de agradable trato» (Mellado, 1842:107). A los naturales de Granada se le definió como que: «son más apacibles, corteses y civilizados que los españoles en general» (Anónimo, 1814: 61) y basándose en la influencia climática, afirmaba M. Lafuente Alcántara que:

> Viviendo estos bajo un cielo purísimo, son alegres y festivos; sobre un terreno fecundo, espléndidos y generosos; y hallándose enardecidos por un sol picante, vehementes en sus odios y en sus afectos. Tienen generalmente viveza, locuacidad; mezclan en su conversación atrevidas comparaciones y graciosas imágenes (Lafuente, 1843: 50).

Peor parados resultaron ser otros andaluces como los cordobeses: «Estos son vivos, astutos, inteligentes» (Herrera y Alvear, 1829: 93), mientras que de los jiennenses se apuntaba que eran «pundonorosos, valientes y despejados, pero hasta ahora han hecho pocos progresos en la industria, y es muy culpable su tenaz apego a la rutina» (Herrera y Alvear, 1829: 91). Pero mucho peor aún fueron los rasgos de primitivismo de los habitantes de las sierras cordobesas: «Son pacíficos y laboriosos, y aunque no carecen de talento, son inciviles y toscos, como también interesados, maliciosos y suspicaces, cualidades que deben haber adquirido en el tráfico y negociación (frecuentemente ilegítima, cual es el contrabando) a que se dedican de continuo» (Ramírez, 1840: 49). E, incluso, los de la Serranía rondeña: «A los habitantes de la serranía de Ronda (que son muy valientes) se les acusa de *quimeristas* y de fáciles en manejar la navaja» (Mellado, 1842: 107). Sin embargo, en los habitantes de Antequera se remitía al pasado de la España bravía (Kang):

> La afabilidad, la prudencia y la circunspección son los felices distintivos del carácter de sus moradores. Su lealtad y valor han merecido en todos tiempos los aplausos nacionales, y su piedad religiosa puede competir con la devoción de los pueblos más ilustres del cristianismo. Sus habitantes son naturalmente robustos, nerviosos, de estatura regular, amantes del trabajo y de la industria, animosos para emprender, constantes en sus obras, valientes en la guerra y pacíficos y sociables en tiempos de concordia, inclinados a la hospitalidad, y afectos recíprocamente (Fernández, 1842: 292).

Otra de las singularidades que se transmitía en los textos analizados se refiere a la indolencia de los andaluces, proclives a la vagancia y al escaso apego laboral; rasgo generalizado que les permitía vivir al día, en un presente sin mañana que provocaba el atraso de sus ciudades y campos. Esta imagen —que desafortunadamente ha perdurado en el imaginario colectivo español y foráneo hasta el siglo XX— se repetía sucesivamente desde 1814: «Una gran inclinación a la indolencia y un espíritu de venganza [...] son las faltas que generalmente se les han atribuido» (Anónimo, 1814: 8). A veces un orgullo innato se unía a la molicie (Herrera y Alvear, 1829: 89) y, en otras, a la ociosidad: «Se mezcla entre tan excelentes cualidades mucha propensión a la vagancia y ociosidad, si bien de esto les disculpa algún tanto la riqueza y feracidad de su hermoso suelo» (Mellado, 1842: 5). Y en este ranking solo destacaremos dos breves apuntes sobre «Cádiz es un pueblo más amigo del placer que del trabajo» (Madrazo, 1849: 12) y sobre el granadino, «más inclinado a la molicie que al trabajo, si pudiera hacerse superior a su falta de constancia en las empresas, sería indudablemente entre los diversos pueblos de nuestra Península, uno de los que más lograran distinguirse» (Rada, 1869: 41).

Para algunos viajeros españoles y foráneos otra posible singularidad era el habla andaluza, descrita —sin evidencias científicas— como un ejemplo de la influencia árabe. Así se decía en 1814 sobre el habla de las Alpujarras granadinas: «El idioma de este pueblo es una mezcla del árabe y el español» (Anónimo, 1814: 59), mientras que Laborde unía la influencia árabe a la romaní:

> En la Andalucía se habla el castellano, aunque alterado, corrompido y casi desfigurado por una mezcla prodigiosa de palabras árabes y agitanadas, con unas cadencias viciosas que hacen su idioma desconocido, siendo más gutural que en el resto de España; su pronunciación es además fanfarrona y ceceosa, de suerte que por lo regular un castellano apenas puede comprender a un andaluz que habla su mismo idioma (Laborde, 1826: 499).

También se destacaba la pronunciación: «Hablan el castellano con mezcla de algunas palabras árabes, y sobre todo con pronunciación derivada de la de estos» (Herrera y Alvear, 1829: 89), así como que «Los andaluces, como hijos de los árabes y habitantes de un país meridional [...]. Su pronunciación defectuosa y rápida es graciosa[5] en extremo» (Mellado, 1842: 5).

---

5 El tópico reiterado —hasta hoy día— sobre la gracia andaluza ya aparecía en 1824 en referencia a los gaditanos «de ingenio extraordinario» (E., 1824: p. 25); a los sevillanos «llenos de talento y de gracia» (Herrera y Alvear, 1829: 89); a los granadinos quienes «Tienen generalmente viveza, locuacidad; mezclan en su conversación atrevidas comparaciones y graciosas imágenes» (Lafuente, 1843: 50) y a los andaluces en general «alegres en extremo, bromistas, oportunos y graciosos en sus chistes» (Mellado, 1842: 4).

Y en este acercamiento caracterológico, la imagen divulgada sobre la mujer andaluza reiteraba los tópicos asociados a belleza, bravura y desenfado, rasgos que tanto atraían a los forasteros y que tantas estampas ficticias han creado hasta bien entrado el siglo XX.

Una de las primeras etopeyas se cierne sobre la moral libertina de las andaluzas, como aseguraba el viajero polaco Nicolás de Popielovo en 1484: «En todos los países de que hablé largamente, corren rumores de que, en Galicia, Portugal, Andalucía, Biscaya, etc., el bello sexo es de costumbres muy relajadas[6] y que raramente se puede encontrar una joven adornada de virtudes» (Liske, 1878: 57). Aspecto reiterado por la duquesa de Abrantes en sus *Memorias* que atribuía «el carácter erótico-lascivo de la mujer andaluza a la incidencia de los vientos tórridos de África» (González Troyano, 2018: 18). Comentarios muy diferentes al del inglés Cook quien, en 1834, denunciaba la falacia que pesaba sobre la sensualidad andaluza:

> La mayoría de estos escritores, de todos los países, atacan abierta o indirectamente a las mujeres, especialmente a las andaluzas, contra las que cada cual dispara su diminuta vara [...]. Uno de nuestros escritores usó la expresión «la infidelidad sin precedentes de las mujeres», una opinión fundada en la más absoluta ignorancia de su carácter (Cook, 1834: 277).

Como rasgos positivos, este mismo autor destacó a la andaluza como el emblema en el cuidado del hogar: «Son maestras consumadas de la economía y la gestión, al menos la mejor clase de ellas [...]. En el interior sus casas están en general admirablemente conducidas, con perfecta destreza y regularidad» (Cook, 1834: 278-279). Un claro ejemplo de la tipología victoriana de ese ángel del hogar que no dudaba en realizar las labores domésticas: «En España, especialmente en el Sur, se pueden ver mujeres del más alto rango sentadas en el interior de sus casas, con el atuendo más sencillo, con sus doncellas dispuestas alrededor de ellas, ocupadas en los trabajos domésticos al estilo antiguo (Cook, 1834: 279).[7] Aspecto reiterado por un autor español: «La del mediodía pone sus

---

6   El traductor español F. R. ponía en nota la frase original en alemán: *Dass die Weibspersonene alles Huren seien*=Que las mujeres son todas putas.

7   Del carácter hacendoso de las españolas se quejaba la escritora cubana Gertrudis Gómez de Avellaneda tras una estancia con su familia gallega: «Las parientas de mi padrastro decían, por tanto, que yo no era buena para nada porque no sabía planchar, ni cocinar, ni calcetar; porque no lavaba los cristales, ni hacía las camas, ni barría mi cuarto. Según ellas yo necesitaba veinte criadas y me daba el tono de una princesa» (Gómez de Avellaneda, 1914: s. p.).

gustos […] en el adorno de su cocina que enjalbega con esmero, en las codornices…» (Jiménez, 1848: 310). Estas habilidades domésticas se reiteraban al hablar de: «Las mujeres de Jaén son, en general, hacendosas y modestas, y se ocupan de algunas manufacturas de seda […]. Las mujeres de Córdoba son, generalmente, castas, modestas y hacendosas» (Herrera y Alvear, 1829: 92-93).

Redundaron también las notas positivas al hablar de sus caracteres generales, como reflejo ideal de las habitantes de una Andalucía soñada. La belleza, la gracia y la donosura eran elementos naturales en las andaluzas: «Su hermosura, su donaire en el andar, sus miradas halagüeñas, sus sonrisas agradables, su elegante traje y el encanto de su habla, las hacen para algunos tan amables como perjudiciales» (Laborde, 1826: 499).

Aunque fueron las naturales de Cádiz las más referidas en los textos: «Las gaditanas hermosas, agradables, airosas, compasivas, […] y en el vestir suma delicadeza y finura» (E. M. M. J. D., 1824: 25); «Las mujeres son vivas, cariñosas, amables, graciosas y de un genio muy festivo» (Laborde, 1826: 465) y «Las gaditanas pasan por las mujeres de más aire y más graciosas del mundo» (Herrera y Alvear, 1829: 108). Mientras que de otras andaluzas se apuntaban rasgos similares, caso de las malagueñas: «las mujeres vivas y alegres y llenas de gracia, que las hacen las más agradables de toda España» (Laborde, 1826: 473); o de las sevillanas: «Las mujeres aseadas y amables en extremo» y de las granadinas «mujeres llenas de chiste, de gracia y belleza» (Herrera y Alvear, 1829: 98 y 103).

En cuanto al aspecto físico de las andaluzas, la prosopografía redundaba en la belleza suprema de unas mujeres de cabellos y ojos negros: «Generalmente, las andaluzas […] son de color moreno, ojos negros, rasgados y hermosísimos» (Mellado, 1842: 5); «La andaluza […] lleva el pelo agrupado en las sienes con lo que da más relace a su rostro moreno, a su rostro ovalado» (Jiménez, 1848: 310); «Agraciadas morenas de ojos negros, arrebolada tez […], pelo abundante, entrelazado con vistosas y aromadas flores, labios que al clavel disputan el color» (Peyret, 1846: 68-69).

Además del rostro, el cuerpo y el pie menudo de las andaluzas[8] configuraban una imagen atrayente a las miradas masculinas: «Generalmente son de poca estatura, de talle airoso […] y pie muy pequeño y bien formado» (Mellado, 1842: 5); «brazo redondo, mano pequeña y acabada, pecho turgente, cadera abultada» (Peyret, 1846: 68) y «Generalmente es de una estatura proporcionada, ancha de hombros, estrecha de cintura, pie y mano pequeña, formas bellas y de

---

8 Algunas referencias al pie de las españolas del s. XVIII han de verse en el trabajo de G. C. Martín (2001: 80-82).

buen desarrollo, pecho pronunciado, cuello redondo, facciones delicadas, cabeza regular» (Belmar, 1853: 303). Un modelo femenino[9] que, sin duda, provocaba suma atracción tanto al extranjero como al español, tal y como el malagueño Ildefonso Marzo anotaba:

> Sus ojos son negros, esas cejas arqueadas, esas sus bocas pequeñas, esos colores trigueños, esos sus cuerpos flexibles y esos sus talles delgados [...]. La gracia de su decir, el andar voluptuoso, mostrando un menudo pie, la rica sencillez de sus adornos [...] las hacen ser envidiadas por las demás españolas. El extranjero que la ve difícilmente se resiste a la magia que difunden [...] (Marzo, 1850-1851: tomo II, 94).

De singular atractivo era también la manera de andar de las andaluzas —producto de su ya señalado pie pequeño— y que se perfilaba como otro rasgo atrayente ante las miradas masculinas, caso del inglés Cook:

> El andar de las andaluzas es de paso corto, los pies rectos, y el peso soportado en la parte exterior del pie. Cuando se apresuran a regresar a casa, como se puede ver en los pueblos del sur, si los toma la lluvia o salen tapadas, sus pasos simplemente se aceleran, pero no se alargan, y la perpendicular del cuerpo y la cabeza nunca se pierden (Cook, 1834: 302).[10]

En estas prosopografías destacaron por su peculiaridad varios detalles más sobre el modelo femenino andaluz: uno consiste en la mención a su buen aliento, como lo aseguraba Peyret al destacar su «aliento de rosas» (Peyret, 1846: 69), y otro a ciertos modos de vida heredados, según un autor británico, del pasado árabe: «No madrugan en general, retirándose al anochecer a su casa, como los orientales. Excepto en la metrópoli, se ve muy poco movimiento en las calles después de las ocho o las nueve, a menos que sea en el calor del verano» (Cook, 1834: 279-280), así como otra singular anotación que anotaba la educación de las andaluzas:

---

9 Este modelo de mujer española y andaluza se siguió perpetuando en el tiempo, caso del comentario de Isabel Oyarzábal en 1918: «Altiva sin rigidez, coqueta sin liviandad, y cuyos ojos negros, tez morena, pies diminutos y blancos dientes cobraron fama mundial, más aún que por su belleza, por su gracia» (Oyarzábal, 1918b: 2).

10 El modo de andar de las andaluzas, y por extensión de las españolas, frente a las mujeres extranjeras, fue anotado —años después— por el británico Havelock Ellis: «Su paso [...] es el porte erguido y digno [...]. El andar de la española no exenta de alta dignidad humana, tiene en sí algo de la graciosa condición del animal felino, cuyo cuerpo todo es vivo y de movimientos mesurados, sin excesos ni superficialidad alguna [...]. La mujer española, como la diosa virgiliana, se reconoce en el andar» (Ellis, 1908: 97-98), así como por Carmen de Burgos (1916) e Isabel Oyarzábal (1918b).

> Las jóvenes son criadas en las mejores familias, enteramente con miras a convertirse en amas de casa, y poseen todos los talentos naturales de su sexo, en un grado superado por ningún otro. Su educación se gestiona casi en su totalidad en el hogar. Existen fuertes prejuicios contra los seminarios, y apenas existen sociedades religiosas al efecto, como en otros países católicos. Las niñas más jóvenes son enseñadas por las mayores, y se las puede ver constantemente, después de bailar toda la noche, trabajar todo el día incansablemente, sin languidez ni aburrimiento, en las labores del hogar o bordando, que es su ocupación constante (Cook, 1834: 278).

Cerramos, pues, estas notas sobre la visión que de los andaluces vertieron miradas nacionales y foráneas, en un juego de luces y sombras que perpetuaron el canon identitario. La imagen de una Andalucía soñada y soleada —en terminología de Kagan (2021)— se repitió una y otra vez en los textos extranjeros y españoles. Todos perpetuaron el tópico y si algunos españoles quisieron dar una imagen real, lo que hicieron fue redundar y reafirmar lo mismo que criticaban.

Bibliografía

Fuentes primarias:

Anónimo, (1814), *A Statistical and Geographical Survey of Spain and Portugal…*, París, Galignani.

Antillón, Isidoro de (1824), *Elementos de la geografía astronómica, natural y política de España y Portugal*, 3ª ed., Madrid, Imprenta de León Amarita.

Belmar, A. de (1853), «De la mujer del pueblo andaluz», *Semanario Pintoresco Español*, Madrid, 18-septiembre, n.º 38, pp. 303-04

Cerda Gariot, Emilio de la (1885), «Inguilis-Manguilis», en *Tipos de mi tierra*, Madrid, s. l., pp. 59-63.

Cook, Captain S. E. (1834), *Sketches in Spain during the years 1829-30-31, 32*, París, A. y W. Galignani, Baudry y London, T. and W. Boone, 2 vols.

Cruz y Bahamonde, Nicolás de la [conde de Maule] (1806), *Viaje de España, Francia e Italia*, Tomo I, Madrid, Imprenta de Sancha.

E. (1839), «Costumbres», *El Guadlahorce*, Málaga, 2-junio, n.º 13, pp. 97-98.

E. M. M. J. D. (1824), «Artículo IX. Ilustración del pueblo gaditano…», en *Compendio histórico descriptivo de la M. N., M. L. y M. H. ciudad de Cádiz*, Cádiz, Imprenta de Hércules, pp. 24-25.

Fernández, Cristóbal (1842), *Historia de Antequera desde su fundación hasta el año de 1800 y abraza las de Archidona, Valle de Abdalacis, Alora y otros pueblos comarcanos*, Málaga, Imprenta del Comercio.

GÓMEZ SANCHO, Pedro (1839), «El fatuo», *El Guadalhorce*, Málaga, 25-agosto, n.º 25, p. 198.

HERRERA DÁVILA, José y Alvear, A. (1829), *Colección de tratados breves y metódicos de Ciencias, Literatura y artes. Jeografía de España*, Sevilla, Imprenta de H. Dávila, Llera y Compañía.

JIMÉNEZ SERRANO, José (1848), «La andaluza y la manola», *Semanario Pintoresco Español*, Madrid, 24-septiembre, n.º 39, pp. 309-10.

LABORDE, Alexander (1826), *Itinerario descriptivo de las provincias de España*, Valencia, Imprenta de José Ferrer de Orga.

LAFUENTE ALCÁNTARA, Miguel (1843), «Capítulo IX. Civilización y carácter de los granadinos», en *El libro del viajero en Granada*, Granada, Imprenta y librería de Sanz, pp. 47-51.

LISKE, Javier (1878), *Viajes de extranjeros por España y Portugal en los siglos XV, XVI y XVII*, Madrid, Casa editorial de Medina.

MADRAZO, Francisco de Paula (1849), *Dos meses en Andalucía en el verano de 1849*, Madrid, Imprenta de la Biblioteca del Siglo.

MARZO, Ildefonso (1850-1851), *Historia de Málaga y su provincia*, Málaga, Imprenta Gil de Montes, 2 vols.

MELLADO, Francisco de Paula (1842), *Guía del viajero en España: comprende una noticia histórica, estadística y geográfica del reino*, Madrid, Est. Tip. calle del Sordo.

PEYRET Y BOSQUE, José (1846), «Episodios de un viaje de Alicante a Jibraltar», *El Rubí*, Málaga, 30-marzo, n.º 6, pp. 68-70.

PFENDLER D'OTTENSHEIM, G. Frank (1848), *Madera, Nice, Andalucia, La Sierra Nevada y los Pirineos considerados como locales los más interesantes y pintorescos para viajar, y más convenientes para curar ó conservar los tísicos y otros enfermos crónicos*, Sevilla, Imprenta de D. C. Santigosa.

PONZ, Antonio (1792), *Viaje de España, en que se da noticia de las cosas más apreciables y dignas de saberse que hay en ella*, Carta Cuarta, Tomo 17, Madrid, Imprenta de Viuda de Joaquín Ibarra.

RAMÍREZ Y DE LAS CASAS-DEZA, Luis María (1840), *Coreografía histórico-estadística de la provincia y obispado de Córdoba*, Córdoba, Imprenta de Noguér y Manté.

El tío Pedro y el tío Pablo (1858), «Las sillas de la Alameda. Diálogo tercero», *Álbum del Correo*, Málaga, julio, s. p.

Fuentes secundarias:

AA. VV. (1987), *La imagen de Andalucía en los viajeros románticos y homenaje a Gerald Brenan*, Málaga, Servicio de Publicaciones de la Diputación de Málaga.

ALBERICH, José (2001), *El cateto y el milord y otros ensayos angloespañoles*, Sevilla, Universidad de Sevilla.

ÁLVAREZ BARRIENTOS, Joaquín y ROMERO FERRER, Alberto (eds.) (1998), *Costumbrismo andaluz*, Sevilla, Universidad de Sevilla.

BURGOS, Carmen de (1916), «Femeninas. El saber andar», *El Heraldo de Madrid*, 8-marzo, p. 1.

CARO BAROJA, Julio (2004), *El mito del carácter nacional*, Madrid, Caro Raggio ed.

ELLIS, Havelock (1908), «Las mujeres españolas», *La España Moderna*, Madrid, agosto, pp. 97-98.

GÓMEZ DE AVELLANEDA, Gertrudis (1914), *Autobiografía y cartas (hasta ahora inéditas) de la ilustre poetisa Gertrudis Gómez de Avellaneda*, con un prólogo y una necrología por D. Lorenzo Cruz de Fuentes, Madrid, Imprenta Helénica y (2000), Alicante, Biblioteca Virtual Miguel de Cervantes. https://acortar.link/Oygqnb

GONZÁLEZ TROYANO, Alberto (2018), *La cara oscura de la imagen de Andalucía. Estereotipos y prejuicios*, Sevilla, Centro de Estudios Andaluces.

KAGAN, Richard L. (2021), *El embrujo de España. La cultura norteamericana y el mundo hispánico (1779-1939)*, Madrid, Fundación Jorge Juan y Marcial Pons.

MARTÍN, Gregorio G. (2001), «Querellas costumbristas: la mujer española a ambos lados del Atlántico», *Cuadernos de la Ilustración al Romanticismo*, n.º 9, pp. 79-87.

OYARZÁBAL, Isabel (1918a), «El cutis y el paseo», *El Sol*, Madrid, 4-enero, p. 2.

OYARZÁBAL, Isabel (1918b), «La mujer española y el homenaje a Zuloaga», *El Sol*, Madrid, 26-abril, p. 2.

VALERA, Juan (1868), «Sobre el concepto que hoy se forma de España», *Revista de España*, Madrid, n.º 1, pp. 46-70.

Marieta Cantos Casenave (Instituto de Estudios del Mundo
Hispánico-Universidad de Cádiz)

La representación de Andalucía en las *Romances y leyendas andaluzas. Cuadros de costumbres meridionales* de Manuel María de Santa Ana (1844): literatura, imagen y música[1]

RESUMEN: Los años 40 son fundamentales para entender la extensión del andalucismo en clave nacional. Este estudio trata de dar cuenta de cómo contribuye Manuel María de Santa Ana, poeta, dramaturgo y periodista sevillano a la difusión del imaginario andaluz a través de la conjunción de la palabra y los grabados y canciones que ilustraban sus Romances y leyendas andaluzas y qué resultados obtuvo con su propósito de promover el conocimiento de Andalucía y los andaluces «bajo su verdadero punto de vista». Para ello, después de analizar esta obra en su contexto político y cultural, se estudia la estructura y temática, se ofrece la lectura visual de la obra, se examinan los elementos musicales y

---

1   Este trabajo tiene como punto de partida la investigación llevada a cabo durante mi estancia en King's College (London), obtenida gracias a la beca Salvador Madariaga. Es uno de los resultados del Proyecto «Andalucía y lo andaluz ante el gran público: Textos fundamentales para su representación en los siglos XVIII y XIX» (P18-RT-2763). Programa de ayudas a proyectos de I+D+i, destinadas a las universidades y entidades públicas de investigación calificadas como Agentes del Sistema Andaluz del Conocimiento (PAIDI 2020). Modalidad Retos Consolidado. Financiado por la Consejería de Transformación Económica, Industria, Conocimiento y Universidades y cofinanciado en un 80% por la Unión Europea, en el marco del Programa Operativo FEDER Andalucía 2014-2020 y se vincula, asimismo, al proyecto PID2019-110208GB-I00/AEI/ 10.13039/501100011033; parte de las conclusiones alcanzadas en mi capítulo, «Moors and Christians in Washington Irving's *The Alhambra* and the imaginary of romantic Spain», en Marieta Cantos Casenave y Daniel Muñoz Sempere (eds.), *Españoles al margen. Alteridad y exclusión en los imaginarios nacionales / Spaniards on the margins: Otherness and exclusion in national imaginaries*, London, Brill, 2022, pp. 59-90 y de mi trabajo «En torno a la orientalización de España: la traducción de los *Cuentos de la alhambra* (1844) de Manuel María Santa Ana, editados por Mellado», en Marieta Cantos Casenave (ed.), *Mitos e imaginarios literarios de España (1831-1879)*, Madrid - Frankfurt am Main, Iberoamericana -Vervuert, pp. 225-254.

se realiza una somera comparación con la revisión que hizo Santa Ana en los Cuentos y romances andaluces de1869.

PALABRAS CLAVE: Manuel María Santa Ana, cultura visual, imaginario andaluz, literatura andaluza, cancionero andaluz.

Al año siguiente de dar al público la traducción de *Los cuentos de la Alhambra*, en el folletín del periódico *Omnibus de la Unión Comercial: Folletines curiosos, Novelas, caprichos, sátiras y discursos e inspiraciones* (2 de junio de 1843), editado por Francisco de Paula Mellado, Manuel María de Santa Ana dio a la imprenta sus *Romances y leyendas andaluzas. Cuadros de costumbres meridionales* (Cantos Casenave, 2022b: 250), una obra «ilustrada con sesenta grabados de vistas, trajes y costumbres de Andalucía, por los mejores artistas nacionales», en la madrileña Imprenta de Benito Lamparero, 1844.

Uno de estos romances, «A los toros», fue publicado en la «Parte literaria» de *El Heraldo*, algunos días antes de que viera la luz en forma de libro.

El citado romance fue publicado en *El Heraldo* el 16 de octubre de 1844, con una nota, al lado del título, donde se informa:

> Este romance del apreciable y joven poeta D. Manuel de Santa-Ana, forma parte de una colección que dentro de poco va a publicar, adornada con excelentes grabados, y embellecida con todo el lujo de la tipografía moderna. Llamamos la atención del público hacia ese género de poesía tan llena de originalidad y gracia.

La obra había sido publicitada ese mismo día, en la sección «Publicaciones nuevas, Libros españoles», por el *Boletín bibliográfico español y extranjero*, donde se anunciaba que estaban disponibles la entregas 1ª y 2ª a 2 reales cada una por suscripción y que la obra constaría de 15 entregas en 8º marquilla de 24 páginas con el número correspondiente de grabados. Asimismo, se indicaba que además de venderse en las librerías de Monier, Hidalgo, Castillo y Villa, se podía encontrar en la Sociedad lírico-dramática de la calle Fuencarral (vol. 5, n.º 20, 16-X-1844: 307-308).

Una gacetilla del periódico *La Posdata* añade una nueva información para comprender mejor el proceso de elaboración y de circulación de esta obra, cuando explica:

> Dentro de pocos días empezará a publicarse en esta corte, ilustrada con profusión de grabados de los mejores artistas nacionales, una colección de Romances y Leyendas andaluzas por el joven poeta D. Manuel M. de Santa Ana. Hemos oído alguna de estas bellísimas composiciones y tenemos motivos para creer que la poesía corresponderá al lujo de la edición (*La Posdata*, 12-X-1844, s. p. [4]).

«¡Ni la Trinidad te salva!» fue publicado en *El Laberinto*, el 1 de noviembre de 1844, bajo el marbete «Costumbres» y con el antetítulo de «Recuerdos de Andalucía». Es curioso porque esa expresión da título a otro romance del libro. También resulta de interés que los grabados sean diferentes a los que ilustran el libro.

El Laberinto era propiedad de Ignacio Boix, que publicaba las entregas del segundo tomo de *Los españoles pintados por sí mismos*, para el que Santa Ana había redactado «La maja» y «La doncella de labor».

El Heraldo, en su gacetilla del 1 de noviembre, incidía en el papel promotor de la sociedad madrileña: «La sociedad lírico dramática va a publicar una colección de romances y leyendas andaluzas producción del joven D. Manuel M. Santana. Esta obra irá ilustrada con grabados de vistas, trajes y costumbres de Andalucía».[2]

Como descubre otro anuncio de *El Clamor público*, posiblemente las entregas se repartieran de dos en dos y la Sociedad Lírico-Dramática participaba en la difusión y suscripción de la obra en las provincias: «Se han repartido las entregas 9 y 10 de esta publicación. —Se suscribe en Madrid en las librerías de Castillo, Monier, Hidalgo y Vila, y en las provincias en las casas de los corresponsales de la Sociedad Lírico-Dramática» (n.º 207, 28-XII-1844).

La Sociedad Lírico-Dramática, fundada en 1838 en Madrid por Félix López, sobrevivió poco a esta aventura, pues, después de abrir un teatro en su sede de la calle de Alcalá, la prensa no ofrece rastro alguno y, según Madoz, la decadencia de la sociedad llegó al punto de que en 1850 el local estaba ocupado por un teatro público (1847: 779). Este tipo de sociedades conoció verdadero auge en estas fechas, como puede comprobarse por las noticias de otras asociaciones que se abrieron en aquellos años. En 1847 se funda la denominada Nuevo Liceo,[3] a la que se añadirá otra en 1848, la Nueva Iberia, que representaba sus piezas en el local del Genio;[4] una nueva en 1849, El Pabellón español[5] y una más en 1856, Cervantes, Nueva Sociedad Lírico-dramática.[6] Dado el componente lírico y musical que acompaña a estos romances es posible que estas sociedades, y otras en

---

2   La misma será reproducida el día 2 por *El Espectador*, 10 de noviembre en la sección de «Noticias teatrales» de *El Andaluz*. Agradezco a Beatriz Sánchez Hita la localización de la misma.

3   *El Espectador*, n.º 240, 27-V-1847, s. p. [3].

4   *Diario oficial de avisos*, n.º 69, 8-I-1848, s. p. [8].

5   *El Clamor Público*, n.º 1614, 27-IX-1849.

6   *La Nación*, n.º 2563, 11-XI-1856, s. p. [3].

provincia, contribuyeran a la transmisión oral en estos y otros círculos más o menos reducidos y selectos, así como en tertulias.

Un anuncio de la Librería Gelabert, de Palma, en *El Genio de la Libertad*, que también antepone al título la referencia a la Sociedad Lírico-Dramática, avisa de la venta de los *Romances y leyendas andaluzas. Cuadros de costumbres meridionales* y añade otra nota sobre el «Sistema de producción», donde, junto a las reiteradas referencias a los grabados —«Esta obra constará de quince entregas, cada una contendrá 24 páginas y el número correspondiente de grabados»—, se alude a la calidad de la impresión: «La tipografía, papel y grabados serán iguales al prospecto que se reparte en dicha librería» (n.º 88, 9-XI-1844: 4).

Pero, además, este aviso contiene un jugoso Prospecto que ofrece más datos sobre su importancia musical y el imaginario andaluz que Santa Ana pretende proyectar:

> La obra que tenemos el honor de ofrecer al público, no es solo una producción lírica de puro pasatiempo; es también una obra de instrucción, para cuantos deseen conocer a fondo, y con su verdadero colorido, el lenguaje y las costumbres de la hermosa Andalucía, de esa tierra clásica de las gracias y los amores.
>
> Desde los bulliciosos bailes de candil hasta las silenciosas escenas de muerte entre dos hombres, tan valientes como generosos, nada se escapa al ojo del autor, todo lo describe con la más escrupulosa verdad, con los más ocultos y minuciosos detalles. Necesario es haber vivido, como él, en aquella atmósfera, entre aquellos hombres, respetando y adoptando tal vez aquellas costumbres, para bosquejar siquiera la fisonomía de un pueblo, árabe todavía, que canta bajo las ventanas, que rejonea toros y que muere contento por su honra y por su dama.
>
> Las ventas, los montes y las ferias de Andalucía abundan en curiosos misterios; y una cruz, un árbol por tierra o una mancha de sangre, dice una historia trágica y desconocida.
>
> Con los *Romances y Leyendas Andaluzas* en la mano, recorrerán los lectores las plazas y los ventorrillos; sorprenderán los secretos de los contrabandistas y ladrones; asistirán a las bodas y a los entierros de los gitanos andaluces; oirán las hazañas de Francisco Esteban y Diego Corriente, héroes casi fabulosos; y conocerán, por último, los trajes, el lenguaje, las costumbres, los encantos y las bellezas todas de nuestras provincias meridionales (*El Genio de la Libertad*, n.º 88, 9-XI-1844: 4).

Resulta cuando menos curioso que el prospecto aluda al carácter no solo recreativo, sino instructivo, y a la escrupulosa verdad de este imaginario, pues al mismo tiempo se declara como representación de un pueblo «árabe todavía», en el que tiene un papel fundamental las gestas de «héroes casi fabulosos» y en el que se concentran los primores paradisíacos que se le suponen a un pueblo sureño. Como señalaba Caro Baroja, las excelencias estéticas meridionales se compensaban con una «reputación menos que regular en otros órdenes», que venían a polarizar la belleza exótica en el Sur frente a la superioridad ética del Norte (Caro Baroja, 1990: 236). A este propósito llama la atención la insistencia en la singularidad meridional que aparece tanto en los *Romances y leyendas andaluzas* como en los *Cuentos y romances andaluces*, que no es tan frecuente en otros títulos similares. Quizás en el imaginario de Santa Ana aún pesa la influencia de los *Cuentos de la Alhambra* de Irving, que había traducido recientemente, pues no cabe duda que, con matices, en *The Alhambra*, el autor estadounidense proyecta la imagen del paraíso aún no arrasado por la modernidad (Cantos Casenave, 2022: 90).

De hecho, años más tarde, cuando publicaba los *Cuentos y romances andaluces* en 1869, ya no le parecía tan veraz aquella representación del imaginario andaluz y aseguraba: «Quise entonces expurgar mi obra de 1844 y sustituir una parte de su contenido con lo que la necesidad, mi buen humor o el deseo de complacer a mis amigos, me había hecho escribir algunos años después».

En las palabras del autor de los *Romances y leyendas andaluzas*, que siguen a la dedicatoria al Duque de Osuna, firmadas en Madrid el 1 de noviembre de 1844, establece el origen de la obra ocho años atrás, lo que la sitúa en torno a 1836, cuando Santa Ana vivía aún en Sevilla. Es posible que, al dedicar la obra al Duque, Santa Ana quisiera insistir en la veracidad y el color local de su obra, como modo de hacer valer más la utilidad de su creación:

> Yo no he tenido otro objeto al escribir esta obra, ni llevo otro fin al publicarla, que dar a conocer bajo su verdadero punto de vista y con su colorido propio, las costumbres especiales de mi encantadora patria, la hermosa Andalucía. ¿Habré llegado al fin que me propuse?… He aquí lo que el público sensato y la justa crítica decidirán (Santa Ana, 1844, s. p. [7]).

En este primer acercamiento, el objeto no es, desde luego, determinar si Santa Ana alcanzó su propósito, sino examinar de qué procedimientos se sirvió para construir lo que él consideraba la verdadera representación de Andalucía mediante las imágenes, la música y las palabras que se entrelazan en el libro y cuáles de estos elementos pervivieron en la edición de sus *Cuentos y romances andaluces. Cuadros y rasgos meridionales*, que publicaría en 1869.

De cualquier manera, Santa Ana sigue la estela de otros autores como Tomás Rodríguez Rubí que, además de algunos sainetes de temática andaluza, caso de *Las simpatías o El cortijo del Cristo* (1841), situado en las cercanías de Ronda, había dado a la imprenta en ese mismo año sus *Poesías andaluzas*, donde se incluían cuentos y romances en verso, con escenas costumbristas tales como la feria de Mairena en «La venta del jaco», el uso del lenguaje gitanesco en «La buena ventura» y canciones como «El Charrán», con música de Sebastián Iradier, sin que faltaran otros romances donde se recogían escenas y costumbres como la de «A los toros», tipos populares como el de «El bandolero» y cuentos como «Quien mal anda, mal acaba». Es decir, en las *Poesías* de Rubí se encontraban todos los ingredientes con que Santa Ana alimentaría el imaginario andaluz, aunque es cierto que los cuentos tradicionales abundan sobre todo en los *Cuentos y romances andaluces* de 1869 (Agúndez, 1997: 84). De cualquier forma, la deuda que Santa Ana tenía con Rodríguez Rubí la reconoció expresamente en la dedicatoria que puso a su romance «A los toros»,[7] que Santa Ana sitúa en Sevilla, mientras Rodríguez Rubí lo hace en Puerto Real en Cádiz.

Estructura y temática de los *Romances y leyendas andaluzas*

Un repaso al contenido de los *Romances y leyendas andaluzas* de 1844 muestra que domina el carácter narrativo entre estos romances, de los que «La Cruz del monte», «Ni la Trinidad te salva» y «Partida serrana», son presentados en su subtítulo como leyendas, condición que, al parecer, con la excepción de «Diego Corriente», las priva de pasar a la edición de 1869, tal como se anota al incluir este último «Este cuento es el único con forma de leyenda, que hemos trasladado a esta edición de la de 1844. Lo conservamos porque es una pintura más o menos exacta de la vida de los bandidos andaluces, y de su fin a manos de la Justicia» (Santa Ana, 1869: 161).

Además de este, se mantiene el grupo conformado por los romances que abordan la figura del bandolero. En unos casos personalizados en la figura de Francisco Esteban, como el que lleva el ampuloso título de «Nueva relación y curioso romance en que se da cuenta de los hechos y atrocidades», con una nota en que se declara «Imitación servil de los antiguos romances populares» (Santa Ana, 1844: 51).

La referencia remite efectivamente a obras muy conocidas en el siglo XVIII como la «Nueva relación y curioso romance en que se da cuenta de los hechos y atrocidades del valiente Francisco Estevan,[8] natural de la ciudad de Lucena»,

---

7 Esta dedicatoria no aparece cuando el romance se publicó en *El Heraldo*, de 16 de octubre de 1844. Sin embargo, se repite en los *Cuentos y romances andaluces. Cuadros y rasgos meridionales* de 1869, con una nota donde Santa Ana se complace en su amistad con Rodríguez: «Este romance dedicado en 1844 a mi querido amigo D. Tomás Rodríguez Rubí, vuelve a ser dedicado, con placer, al mismo en 1869. La política no ha logrado romper los lazos de mi amistad» (Santa Ana, 1869: 9). Agradezco a Alberto Ramos Santana la localización de este texto en *El Heraldo*.

8 Respeto la grafía, dado el interés del autor de conservar los usos antiguos en esta imitación.

que había sido publicada por la imprenta y librería de Andrés de Sotos en 1780. Algunos años antes, en 1764, dicha relación había sido impresa en 5 partes, de los que la primera se denominaba *Primera parte de los romances de Francisco Estevan, natural de la Ciudad de Lucena*, y la *Segunda parte*, incluye la «muerte, hechos y atrocidades del valiente Francisco Estevan», que fue publicada por la Imprenta de Cruzada en Casa de Andrés de Sotos. Ambas constituyen el germen de la historia, de las que las otras tres parecen secuelas (Inmaculada Casas, 2016). La obra fue muy famosa y existen otras ediciones por distintos impresores del siglo XVIII en Málaga, Valencia y Barcelona, entre otras capitales.

Otro bandolero de renombre será también protagonista del romance «Diego Corriente», que había sido también objeto del romancero tradicional. En la versión de Santa Ana, el romance se divide en 4 secuencias. En la primera I, titulada «Fray Diego», llega Diego Corrientes a una ermita y solicita colaboración «pa' un negosio», que consiste en obligar al marqués del Pino a que devuelva al jornalero Remigio, padre de seis hijos, su antiguo puesto de trabajo: «Mientras yo viva en el mundo/ pueden dormir descansaos / los probes… cuando yo caiga…» (Santa Ana, 1844: 194).

En la segunda secuencia, «La sorpresa», se produce el asalto a la carroza del marqués del Pino a fin de que Remigio sea readmitido: «y no creo que un bandido / cuyos crímenes asombran / tenga que enseñar virtudes / a un señor de ejecutoria» (Santa Ana, 1844: 202).

En la tercera, «Justicia de Dios», Corriente ordena que le traigan al marqués, que no ha cumplido su palabra con Remigio: «ninguno / más que yo, sobre su espalda / se echa vengar a los probes,[9] / de vuestras torpes infamias» (Santa Ana, 1844: 205).

En la cuarta «Justicia del hombre», no se le atribuye la ejecución directa del marqués, que muere a mano de otros hombres, pero sí es su voz la que clama venganza al conocer que Remigio murió en la horca, después de haberse hecho bandido para tratar de mantener a su familia y que también murieron su mujer y su hijo:

> ¡Venganza! (repitió Diego,
> con voz terrible…) Colmada
> la tendrán… si la justicia
> de los hombres no se para
> en tus crímenes, la ira

---

9 Respeto la representación autorial del lenguaje popular andaluz y gitano, que es una seña de identidad de este tipo de obras (Bastardín, 2015 y 2020).

> de Dios mi bravo levanta
> y para vengar los probes,
> a cada instante me salva
> […] Fueran vanas
> las súplicas… la justicia
> de Dios cumple cuando amaga (Santa Ana, 1844: 206).

Diego Corrientes se convierte en los versos de Santa Ana en instrumento de la Providencia y la justicia divina. Además, Santa Ana contribuye a la mitificación de Diego Corrientes como bandido generoso y se incluye la estrofa de una canción que se supone cantaba el bandido y que, según anota Santa Ana, «se canta todavía por los bandidos andaluces, que la han conservado por tradición». En la misma nota, Santa Ana explica que «Corriente es para ellos siempre un hombre respetable» (Santa Ana, 1844: 210). Pero, dado que la historia de Diego Corrientes termina con su ejecución en la plaza de San Francisco en Sevilla, el romance se mantiene fiel a este hecho. Nada más conocer la muerte del marqués, la justicia «dio en perseguir a Corriente, / sin tregua ni compasión» (Santa Ana, 1844: 210).

Efectivamente, Diego Corrientes es ajusticiado ante la vista de su amada, que en esta versión lleva el nombre de Teresa, de la que el bandido se despide con una mirada. El narrador rechaza la pena capital impuesta al bandido, condenado a subir: «al cadalso feroz/ que un hombre contra otro hombre / sin derecho levantó». Una parte de la opinión pública de los que asisten a la ejecución condena el acto como «una injusticia atroz» porque «Diego corriente era el padre / de los pobres», aunque para otros «Un ladrón / no merece otro destino» (Santa Ana, 1844: 213). De cualquier forma, la valentía con que Corrientes afronta la muerte y la profesión de fe en un amor que dura más allá de la muerte terminan por conformar la aureola romántica de este bandido generoso y la exaltación que ofrece el narrador. Años más tarde, el tema sería reelaborado en un drama de José María Gutiérrez de Alba, *Diego Corrientes o el Bandido generoso* (1848), a partir del que este personaje quedaría convertido «en una de las figuras emblemáticas del bandido generoso» (Botrel, 2006: 591).

Otro bandolero, Sebastián Conde, es el protagonista de «La venganza de un bandido», que tiene como asunto la revancha que se toma este bandolero, al conocer que su antigua enamorada, Pepa, se ha casado con otro hombre, Francisco López, por ser más rico. El romance está dividido en tres partes y se cierra no con la muerte de su rival sino con el perdón de este al darse cuenta de que Pepa no siente nada por él y que Francisco López ha sido testigo de que ella no se había inmutado cuando Conde se disponía a matar a su marido. El perdón es así una forma más sutil de venganza, al condenar a Francisco a vivir con una mujer que no le tiene ninguna ley. La ambición de Pepa también es denunciada y castigada al obligarla a convivir con un hombre al que no ama.

Además de la personalización del bandido en Corrientes, Tempranillo y Conde, se dibuja el delito del tráfico fraudulento en el primero de los romances, «Un contrabando», que cuenta las andanzas de Pedro La-Cambra, un contrabandista, autor y cantaor de seguidillas, cañas, polos y otras coplas flamencas, que vivó en el sevillano barrio de Triana, donde tenía una casa de comidas y bebidas (1865: 131). En la segunda de las secuencias Santa Ana incluye un par de coplas andaluzas que habla de este contrabandista, unas livianas que se harían famosas en el siglo XIX (Molina, 1971: 235) y cantadas en un teatrito de la calle Compañía de Cádiz, según publica el Diario mercantil de Cádiz el 5 de abril de 1822 (Núñez, 2018). De ellas se hizo eco José de Velilla en un artículo «Guapos y contrabandistas», publicado en *La Correspondencia de España*, donde entre otras coplas recoge una de las que trae Santa Ana:

> — ¿De quién son esas bestias
> con tanto rumbo?
> —Son de Pedro Lacambra,
> van a Bollullos. (*La Correspondencia de España*, n.º 6, 7-XII-1890, s. p. [1]).

Aunque los versos de Velilla presentan una variante respecto de los de Santa Ana, dada la vinculación de Santa Ana con *La Correspondencia de España*, no sería de extrañar que Velilla conociera los versos publicados por Santa Ana, puesto que el tomo de *Cuentos y romances andaluces. Cuadros y rasgos meridionales*, había visto la luz precisamente en la Imprenta de La Correspondencia de España en 1869.

A estas mismas coplas se había referido Benito Más y Prat en un artículo sobre los caballos, «Sport literario», publicado en *La Ilustración Española y Americana* XLIII, de 22 de noviembre de 1890.[10]

En cualquier caso, lo más interesante del romance no es tanto el retrato del contrabandista sino la denuncia del narrador que explica la pervivencia de este tipo de delincuencia por la complicidad de los oficiales del resguardo que aceptan los sobornos de los contrabandistas, como así ocurre cuando el comandante de la tropa va a detener a La-Cambra y llegan a un acuerdo por el que

> A las dos horas y cuarto
> se almacenaba en Gerena
> limpio de polvo y de paja

---

10 El artículo figura en la página 307.

> y en casa de la estanquera
> toda la hacienda de Pedro
> mientras del reino la hacienda
> gracias a sus servidores…
> Pero aquí detente, lengua;
> que en los tiempos que alcanzamos
> no faltará quien se ofenda (Santa Ana, 1844: 17).

Aunque el narrador parece querer denunciar la situación se inhibe por temor al alcance de las redes de información de los sobornados. Santa Ana, que sería miembro del Partido Progresista —una formación que en 1844 había optado por practicar el retraimiento y no presentarse a las elecciones— denuncia así la incapacidad del gobierno de Narváez, a pesar de que en ese mismo año se había creado la Guardia Civil, que no consiguió acabar con el contrabando, bien es cierto que se trata de una práctica que todavía persiste hoy.

Un desenlace trágico es el que espera al protagonista del romance «La muerte del mochilero», un contrabandista pobre, tal como se aclara en una nota al título. Al mochilero que también es de Triana, como otros bandoleros y contrabandistas, le sorprende la muerte cuando es rodeado por los miembros del resguardo.

De distinto tenor es el romance legendario «Ni la Trinidad te salva», que no pasa al libro de 1869. En él se narra el encuentro entre un violento bandido, el sevillano Perniles, conocido como Mal-Alma, con el hidalgo Alfonso Contreras, «veinticuatro de Sevilla», en una venta en el camino a Villafranca, donde el ventero Juan Araña tiene recogido a una «infeliz chiquilla». En la secuencia II los parroquianos beben y se enzarzan en quimeras, que la promesa de un cuento acalla. En la III parte el narrador da cuenta de la historia de Mal-Alma que formó parte de la partida de José María el Tempranillo y, deshecha esta, se refugió en Lebrija. En la IV, Perniles se jacta de haber violentado a una huérfana, Mariquilla, que le había sido encomendado por un sacerdote para conducirla a Sevilla a casa de sus abuelos. «Ni la Trinidad te salva» es el pensamiento que tuvo el Perniles al comprobar el atractivo de la muchacha. En la V y última secuencia el Perniles es ajusticiado por Alfonso Contreras que, tras una oportuna anagnórisis había resultado ser el padre de la joven. Más allá del tema del honor pisoteado y vengado, el narrador rechaza como acto vergonzoso del gobierno el indulto del Tempranillo «pues no supo acabar con un bandido / sino indultando su partida entera» (Santa Ana, 1844: 121). Cabe recordar que este hecho se había producido en 1832, pero lo que hizo Fernando VII fue sembrar la discordia entre los bandoleros, después de haber animado al Tempranillo a servir en sus filas.

Con escasa simpatía se retrata también a Miguel Rayo en el romance «El baratero», al que el narrador augura un final luctuoso. Este personaje es un malagueño pendenciero que, como anticipa el título, vive de quedarse con el dinero de los que apuestan al juego de cartas: «su regla / no admite medio, o le pagan, / o pincha y mata y saquea». Como el baratero conoce que su destino será la horca se da a todos los placeres, pues «el premio de estas hazañas / y otras distintas de aquestas, / será acabar Miguel Rayo / bailando sin castañuelas».

Entre las protagonistas femeninas, Anselma la Serrana, de «Partida serrana» es representativa de la maja sin corazón ni sin ley. Como se indica en nota el título hace referencia a una «mala acción», aunque quizás sería más claro decir una mala pasada, pues la jugarreta de Anselma culmina con la muerte de uno de los cortejos.

El romance, uno de los más largos, se divide en siete secuencias que terminan cada una de ellas en una copla. La primera secuencia se sitúa en «una estrecha calle / del barrio de los Humeros, / pobre arrabal de Sevilla», donde «hace ocho años» radicaba «un casucho pobre y viejo», en que vivía la protagonista. Esta referencia parece confirmarse con las palabras antes aludidas de 1869 y significaría que este romance sería uno de los más antiguos y se habría escrito en 1836, durante la juventud sevillana del escritor.

En la secuencia I Anselma es galanteada por varios pretendientes a través de la reja de su ventana, narración que termina con los versos «¡Bien haya, amén la costumbre, / que autoriza al galanteo / sin más luz que las estrellas, / ni otro testigo que el cielo» (Santa Ana, 1844: 268).

La segunda secuencia se sitúa en una noche de octubre, en que alguna vez se escuchaba el lúgubre «graznido de las cornejas» y una descripción de un rincón de la calle que recuerda a *El estudiante de Salamanca*, que aunque no se publicó hasta 1840 circulaba parcialmente desde años atrás.

Los versos que cierran esta parte dicen: «Que en las sombras de la noche/, ni del sol al claro fuego / al ojo de Dios se oculta, / cuanto abarcan tierra y cielo» (Santa Ana, 1844: 269).

La tercera secuencia es muy breve y solo da cuenta de cómo Manuel se acerca a la reja y Anselma sale a su encuentro y le asegura su amor, lo que pone en duda los versos siguientes: «¿Por qué mienten las mujeres/, tan cariñosos extremos? / ¡Necio del hombre que fía / en sus falsos juramentos!» (Santa Ana, 1844: 270).

En la cuarta Manuel se muestra desconfiado y celoso, a pesar de los juramentos de Anselma. De nuevo los versos parecen anticipar la muerte que amenaza a los confiados pretendientes de esta maja: «¡Palabras dulces que al alma /embriagan de contento! / Mentiras que el desengaño / de triaca hace veneno» (Santa Ana, 1844: 274).

La quinta constituye el nudo del relato pues Anselma escucha un ruido que le hace temer y la obliga a pedirle a Anselmo que entre: «que es el honor quebradiso

/ y andar en lenguas no quiero» (Santa Ana, 1844: 275). Pero los versos siguientes no dejan lugar a la duda: «¡Mal haya la hipocresía / mal haya el disfraz ratero / con que el sexo más hermoso / cubre sus vicios feos!» (Santa Ana, 1844: 275).

En la siguiente secuencia se acercan otros dos majos a pelar la pava y al encontrarse deciden reñir a navaja por hacerse con el amor de Anselma: «¡Infelices, ignoraban, / que este sacrificio inmenso, / una traición recibía / villanamente por premio!» (Santa Ana, 1844: 280).

En la séptima y última los majos combaten y Anselma acierta a escuchar el último aliento del moribundo que suplica confesión, pero cierra la reja y tranquiliza a su amante asegurándole que tan solo se trata de un borracho. El majo muere exclamando con indignación y tristeza: «Más que la muerte, el engaño / de una mujer rasga el pecho / ¡Necio del hombre que fía / en sus falsos juramentos!» (Santa Ana, 1844: 280).

El tipo de Anselma se repite en la maja «retrechera» que traiciona al protagonista de «La venganza de un bandido» y, en menor medida, en la maja caprichosa e interesada de «La fe de las hembras» que resume todo su credo en «Quien tiene y gasta, me agráa; / quien no aviyela me jiée. / Esta es mi fé señó majo, / y es la fe de toa mujé» (Santa Ana, 1844: 30). También tiene muy clara su voluntad y determinación la maja protagonista de la jácara dialogada «Amor y desdén», pues, a la oferta de halagarla que hace el majo, responde: «No señó que yo a pelgares / nunca audensia he consedío» (Santa Ana, 1844:)

El triángulo amoroso que da pie al enredo de muchos sainetes y piezas andaluzas está también en «La merienda». Su protagonista, la maja Tomasa Cascajo, tiene tanta «sandunga», que tiene prendado al juez que debe dirimir si el majo Sin Pelos fue solo a buscar camorra con el marido de Tomasa, porque fue su «chulo años ha» (Santa Ana, 1844: 154). Convencido el juez, determinará que Juan Sin Pelos vaya a prisión, mientras el juez, Tomasa y su marido celebran el triunfo dando cuenta de una bota de vino.

Majas con similar gracia aparecen en otros romances que representan costumbres como «Bodas y entierros», «La noche de San Juan» y «Un jaleo pobre».

El primero de estos es un curioso romance epistolar compuesto en dos partes a partir de las misivas que intercambia un compadre desde Sevilla con otro que se ha ido a vivir a Chiclana. El primero le participa de la muerte de Carmela, la gitanilla que lo tenía «lo mesmito que unas gachas / con su porte y su meneo / y su sandunga y su labia». La única salida que encuentra a su dolor es abrazarse a un barril de vino en la bodega de su primo.

En la segunda parte su corresponsal le cuenta su boda con la chiclanera Teresa, para envidia de la gente de este pueblo. No se omiten detalles sobre la riqueza de la boda ni tampoco sobre la costumbre de los gitanos de colgar de un clavo las ropas de la novia, tal como se explica en nota, aunque no se haga mención de que esta costumbre servía para demostrar su virginidad. Unas pocas palabras de consuelo para el amigo y la declaración del amor de los consortes constituyen el final del romance.

«Un jaleo pobre» sitúa la acción en el barrio gaditano de La Viña, donde también transcurren muchos sainetes de González del Castillo y piezas del género andaluz. A esa fiesta, uno de esos «bailes / de candil, guitarra y mosto» van convidadas Manuela Valero y Candelaria Meléndez, con sus majos Manolo y Victorio, sin que falten «Currillo, el *tocaor*» y, más tarde un barbero, Currillo, «*cantaor*», pero los celos de Manolo, que no soporta que Currillo piropee a Manuela le llevan a propinarle una bofetada y, al final, todos terminan riñendo y solo la llegada de la justicia y la detención de los majos y majas termina con la refriega, tal como sucede en muchos sainetes y piezas andaluzas.

Tampoco se fía ni se muestra complaciente Pablo, el marido de Ignacia, la protagonista de «Allá vamos todas», que no consiente que la vigile ni entiende por qué ella no puede salir a su antojo mientras su vecina pasea con su majo y lleva al marido detrás suya, con la sombrilla, el perro y el abanico. Por eso le espeta con burla: «¿qué encuentras Pablo de extraño / que hagamos rumbo distinto, / si unas tememos la solfa / de los agravios que hisimos, / y otras, con la luz del día, /puéen lusir su San-Benito?… (Santa Ana, 1844: 78)».

Los intereses del majo y la maja distan mucho de coincidir en «Un amor en tres jornadas», un breve romance dividido en tres secuencias. En la primera de ellas, titulada «Primer mes», el majo, que es un torero, se dispone a contentar a su reina cuando guste acudir a un jaleo, le demande vestidos y adornos, o se encandile con otro mozo. En «Segundo mes» ya no se muestra tan dispuesto y generoso y se muestra celoso. Al llegar el «Tercer mes», el mozo la amenaza con marcharse si sigue con sus demandas y con sus chicoleos (Santa Ana, 1844: 47-50).

Majos de rumbo, ricamente ataviados, protagonizan también romances que representan costumbres como «A los toros», en que Curra con su «vestido de alepín, pendientes de piedras de Francia, abanico de marfil se dirige a la plaza de toros de Sevilla, la tarde de un lunes con su novio, el barbero Juan Lanceta:

> vestido a la jerezana
> sobre humilde calesa
> con sombrerillo de alcuza
> inclinado hacia la oreja,
> pañuelo y faja celestes,
> calzón y chaqueta negra,
> chaleco color de caña, y
> blanco botín de suela (Santa Ana, 1844: 94).

Se trata, no obstante, de un romance en el que predomina el conocimiento que posee el autor del léxico taurino, como crítico que fue de esta fiesta, en expresiones como «el *diestro* tiende el capote» o «*el diestro se embroca largo*».

Otra costumbre es la romería que se describe en «Torrijos», que nace según aclara en nota de una curiosa tradición. Los devotos se pesan y entregan «por vía de limosna al Santo Cristo que se venera en la ermita, el equivalente de su peso en trigo y otras semillas semejantes» (Santa Ana, 1844: 175, n.).

Un uso curioso es el que se menciona en «El pago del piso» (Santa Ana, 1844: 2420), que consiste en pagar una especie de peaje cuando hombres de otros barrios se adentran en un territorio diferente para cortejar a una querida.

Menos festiva, pero sí ritual, es la costumbre, según Santa Ana, de que el reo cante la salve una vez suba al cadalso:

> Cuando llegó a la meseta,
> como es costumbre, entonó
> la Salve de despedida
> con firme y sonora voz;
> y un eco triste y lejano,
> que a su canto respondió,
> era de sus compañeros
> el triste y último adiós (1844: 212).

Un ritual este que no anula la crueldad que le sigue de descuartizar el cadáver y colocar la cabeza en una pica.

Frente a esta barbarie, en «Adelantos del siglo» el narrador apuesta por desterrar la «hipocresía y la falsa virtud», que solo conduce al cinismo:

> Adelantos del siglo, son lectores,
> el cinismo, la mofa y el descaro,
> con que hombres livianos y mujeres,
> tratan de los afectos más sagrados.
> ¡Pero, voto al demonio! quien se mete
> a dar lecciones de moral?... ¿Acaso
> porque mucho les digan, las mujeres
> serán constantes ni los hombres santos?
> Seguramente no. Pues de tal suerte
> haga cada uno de su capa un sayo,
> que si hoy vencida va la hipocresía,
> y hablan las niñas por fortuna claro
> quién sabe si mañana no echaremos,
> su virtud y amor constante, al diablo (Santa Ana, 1844: 247)

Pero, claro, el narrador solo plantea un hipotético futuro en el que, si los hombres no pueden ofrecer un comportamiento santo, tampoco exijan de las mujeres una virtud y constancia que ellos no están en condiciones de ofrecer.

La lectura visual de los *Romances y leyendas andaluzas*

Como he comentado ya, los anuncios y reseñas de la obra abundan en las 60 ilustraciones que acompañan al texto. Efectivamente, además del grabado de la cubierta, que reproduce la de «Alfonso de Contreras», incluido en la leyenda «Ni la Trinidad te salva», existen 40 grabados a los que se añaden una serie de filigranas que sirven para separar distintas secuencias o romances.

Desde las primeras noticias, se advierte que entre estas ilustraciones se hallarán de tres clases: «vistas, trajes y costumbres de Andalucía». Las vistas urbanas, en la tradición de las *vedutas*, se limitan en realidad a cuatro grabados, realizados a partir de otros muy populares, utilizados algunos de ellos en libros, y todos ellos abren cada uno de los romances que cito a continuación. Una vista de «Cádiz», con un barco a la derecha, una pareja paseando por la muralla a la altura del barrio San Carlos,[11] que se contempla al fondo a la izquierda, inaugura el romance «Despedida» (Santa Ana, 1844: 171); otra de Sevilla, con los barcos en el Guadalquivir en primer término, tras los que se dibuja la Torre del Oro y al fondo la Giralda, el de «Torrijos» (Santa Ana, 1844: 171); una vista de Málaga, con la playa y la catedral al fondo a la izquierda y a la derecha unos majos jugando a las cartas, abre «El baratero» (Santa Ana, 1844: 171); y otra de Granada, posiblemente vista desde la altura del Albaicín, con la imagen de la Alhambra al fondo,[12] sirve de entrada a los «Recuerdos de Andalucía» (Santa Ana, 1844: 281).

Por lo que respecta a los trajes, el de maja lo porta Anselma la Serrana (Santa Ana, 1844: 271), el de majo elegante está representado en el retrato de «Alfonso de Contreras» incluido en «Ni la Trinidad te salva» (Santa Ana, 1844: 129). La

---

11 Se trata de una ilustración realizada a partir del grabado de acero del *Custom House, Cadiz*, de Edward Hanke Locker. Este grabado es el n.º 59, datado en junio de 1811, que se incluye en el libro *Views in Spain*, J. Murray, 1824. Curiosamente, de Andalucía, solo aparece representada Cádiz, con esta imagen y otra de la plaza de San Antonio.

12 Parece corresponder a una imagen recortada —se han eliminado los grupos de majas y majos en el Albaicín, que se veían en primer plano— del grabado en plancha de acero de 1834, realizado a partir de un dibujo de David Roberts, grabado por E. Goodall *The Alhambra from the Albaycin*, de David Roberts, E. Goodman, grabador, incluido en *Jennings Landscape Annual, The Tourist in Spain, Granada, Thomas Roscoe*, 1835.

pareja de majo y maja aparece en escorzo en «La fe de las hembras», con el majo en segundo plano (Santa Ana, 1844: 28) y, otra pareja, con la maja ligeramente vuelta de espaldas, aparece en «Amor y desdén» (Santa Ana, 1844: 169); un pequeño grabado de majo y maja a caballo cierra el romance sobre la romería de «Torrijos» (Santa Ana, 1844: 187).

Para ilustrar la vida y muerte de bandoleros y contrabandistas se incluyen algunas estampas para las que los versos de Santa Ana se ajustan de forma bastante precisa, como en el grabado pequeño de un bandolero «con trabuco al hombro» (Santa Ana, 1844: 202), al fin de la primera parte de «Diego Corriente». En cambio, el grabado pequeño de un bandolero con su trabuco, que contempla la cabeza en la pica de Diego Corriente, al final de la última parte, hecho que no se relaciona en este romance, procede de un dibujo de Rafael Tejeo grabado por Fernández Castilla (Santa Ana, 1844: 216). A pesar de la posible voluntad aleccionadora de la pintura,[13] su inclusión al final de este romance es un tanto ambigua, pues pudiera interpretarse que el bandolero está rindiendo homenaje a su antiguo compañero. En «Un contrabando» hay también un grabado de dos hombres vestidos de contrabandistas a caballo, que se describe así en los primeros versos del poema:

> Con el chicote en la boca
> y el sombrero hacia la oreja, y
> el trabuco sobre el brazo,
> y el jaco bajo las piernas,
> gusto, regusto y gustazo
> de la gente Macarena
> iba Pedro de La-Cambra
> desde el Ronquillo a Gerena
> A su lado, y sobre un potro,
> cabalga Pedro Centella
> mozo de arrogante estampa,
> gran corazón, buena rienda (Santa Ana, 1844: 9).

El grabado está firmado por Zarza, es decir, Eusebio Zarza, dibujante, pintor y grabador de litografías y xilografías, que colaboró en la ilustración de periódicos como el *Semanario Pintoresco Español*, el *Museo de las Familias*, *La Ilustración* y novelas como *El cocinero de Su Majestad* (Ossorio y Bernard, 1868, II: 290).

---

13 Este cuadro de 1839 fue muy alabado por «la originalidad filosófica de su pensamiento» por el *Semanario Pintoresco español* (Andreu Miralles, 2016: 227-228).

«La muerte del mochilero» se abre con la imagen de un contrabandista a pie, sosteniendo su arma de fuego, grabado también por Fernández Castilla. Destaca también por lo ajustado de los versos a la ilustración:

> Al pie de un cerro elevado
> y entre dos encinas viejas,
> carcomidas por los años
> y por la intemperie negras,
> la vista fija en el monte,
> la planta fija en la tierra,
> colgada la brida al brazo
> y en el brazo la escopeta [...] (Santa Ana, 1844: 225).

En el mismo caso está el grabado de Manuel Rayo en la horca que cierra «El Baratero», con unos versos satíricos del autor (Santa Ana, 1844: 241).

El resto, es decir, la mayoría se corresponde con escenas que representan algunas costumbres festivas. Lógicamente en muchas de estas escenas aparecen tipos ataviados al uso como el majo que toca la guitarra del grabado que cierra el romance «La Ronda» (Santa Ana, 1844: 165). Uno de los más ilustrados es el romance «Torrijos» que narra el vaivén de majos y majas para celebrar la romería en esta localidad, donde existe la «ermita del Santo Cristo de Torrijos anexa a la hacienda del barón de Hoz» (Santa Ana, 1844: 174 n). En este romance se intercala un grabado al comienzo de la parte segunda, que ilustra la celebración de la fiesta, al representar «bajo un olivo» (Santa Ana, 1844: 182) a un majo elevando al cielo su caña de manzanilla, acompañado de su maja que observa embebida a otra pareja que baila al son de las castañuelas y otra estampa, al final del mismo, que representa al majo «con su prenda en las ancas» (Santa Ana, 1844: 187). El grabado es original y está firmado por Castilla.

Singular es la escena de «La cruz del Monte», en que aparece una mujer mayor rezando ante una cruz, con un dibujo de Fernando Miranda[14] y grabado por Fernández Castilla. Los mismos autores figuran en el grabado de la segunda parte de «Un contrabando», que sirve como ilustración a los versos en que La Cambra y sus secuaces hacen frente a los disparos de los servidores de la justicia.

Otras costumbres que aparecen ilustradas con grabados son «a la reja» (Santa Ana, 1844: 44), que ilustra la costumbre de «pelar la pava» y regalar dulces a su maja «La noche de San Juan». Igualmente festiva es la tradición de celebrar «El

---

14 Destacó como ilustrador para los periódicos *Semanario Pintoresco Español*, *El Siglo Pintoresco*, *El Cascabel*, *La risa* y novelas como *Doce españoles de brocha gorda* (Ossorio Bernard, 1869: 53).

día del Santo», que tiene lugar en un corral de Sevilla (Santa Ana, 1844: 65), pero lo que comenzó como una celebración termina en una pelea que se salda con una muerte y la intervención de la guardia, que persigue al asesino (Santa Ana, 1844: 72).

Asimismo «Bodas y entierros» incluye una ilustración de un entierro en la casa de un herrero en Sevilla (Santa Ana, 1844: 249) y la del coche que conduce a los novios y parientes que se disponen a celebrar el convite de una boda en Chiclana en la segunda parte (Santa Ana, 1844: 259).

Por último, la leyenda «Ni la trinidad te salva» está ilustrado con varios grabados como la venta pobre (Santa Ana, 1844: 111), en el camino a Sevilla, que encabeza el romance; el ya citado del hidalgo «Alfonso Contreras», un pequeño grabado del ventero sosteniendo el caballo de Contreras (Santa Ana, 1844: 115) y una pequeña escena con el cadáver de Mal-Alma tirado en el campo y los «trajineros» a caballo (Santa Ana, 1844: 135). «La última caña» se abre con una tienda de vinos (Santa Ana, 1844: 136), donde dos majos se juegan quién paga la copa y un pequeño grabado de los protagonistas del romance cogidos «del brazo, por no caerse» para «tomar la última caña» (Santa Ana, 1844: 142).

Un grabado con una figura grotesca, rodeada de una guitarra, una pandereta, unas castañuelas, un sombrero, un trabuco y una navaja ponen fin a la obra, con lo que lo andaluz queda bastante reducido a lo gitano y bandoleril, conforme a la demanda del público.

El elemento musical

Además de la conexión con coplas y canciones populares, como la que encabeza el romance «Despedida», «Adiós que me voy de Cádiz, / de sentimiento yo lloro / Adiós barrio de la Viña, / Plazuela de S. Antonio» (Santa Ana, 1844: 73), conviene recordar que tanto la recreación como la colección de canciones españolas y andaluzas ya estaba de moda en España y Europa. La prensa inserta anuncios que van desde «El caramba. Canción andaluza», de Ramón Carnicer, (Madrid, 1825) y los anuncios de canciones sueltas, como los de Fernando Sor, al *Regalo lírico: colección de boleras, seguidillas, tiranas y demás canciones españolas*, por los mejores autores de esta nación (París, 1831), la *Lira Española. Colección de seis canciones* andaluzas (1840) o *La Gachonada. Colección de seis canciones andaluzas* (1840).

Pero me interesa más analizar la diferente función que tiene la inclusión de las canciones en los *Romances* de Santa Ana. En algunos casos desempeña un puesto nuclear, pues «La noche de San Juan» parece que está montada sobre una seguidilla sevillana. La primera parte de este breve romance, encabezado por una cita de Lope de Vega, «La de San Juan es Sevilla / alegre a maravilla» y el romance comienza con una descripción de la verbena en la Alameda sevillana, mientras los majos y majas cantan rondeñas y tocan la guitarra al ritmo en que degustan manzanilla. En la segunda secuencia se sucede la escena de «pelar la pava». Anselma despide a su majo porque no le ha traído regalo alguno y al escuchar a otro majo cantar la seguidilla sevillana se vuelve hacia este y se muestra deseosa de escuchar sus requiebros.

La canción que comienza con los versos «Prenda adorada. Si un sultán te desprecia / prenda adorada / yo te ofrezco un esclavo/ con vida y alma» se encuentra registrada en el tomo I de *Ecos de España* (1874), una colección de seguidillas realizada por José Inzenga, que se encuentra en la Biblioteca Nacional (Romero Márquez, 2013: 197-198).

La canción n.º 2, que aparece también con su correspondiente partitura, es una rondeña que se canta en el romance titulado «Un jaleo pobre» (Santa Ana, 1844: 97). El romance, situado en Cádiz, desarrolla una escena de fiesta. Tanto por la designación de la fiesta popular con el nombre de «jaleo» como por el desarrollo de la escena costumbrista, recuerda al ambiente y a la estructura de los sainetes de Juan Ignacio González del Castillo, pero también al género andaluz que cultivara con gran éxito José Sanz Pérez y otros gaditanos como Francisco Sánchez del Arco o José Sánchez Albarrán. Hay que tener en cuenta que en esta década triunfa en la escena madrileña este tipo de juguete cómico en uno o dos actos, que suele incluir número de cante y baile, en el que algunas actrices como Curra Vargas y otras estaban especializadas. En este sentido varios romances como este tienen el aire de pasillos cómicos, de los que solían representarse también en tertulias y veladas, ya caseras o ya de liceos y otros espacios de sociabilidad en los que la escenificación de algunas piezas cómicas suponía un aliciente asegurado para los asistentes.

La rondeña dice «por más que tu mare riña y aunque se oponga el infierno / tengo de ser tu querío y tú mi prenda salero» (Santa Ana: 1844: 102-103), pero el cantaor no cuenta con los celos de su rival y el enfrentamiento termina en riña y sus protagonistas en el calabozo, lo que incide en la estructura sainetesca.

De 1844 a 1869

Algunos de los romances tuvieron vida antes de pasar a la edición de 1869. Es el caso de «Un jaleo pobre», «Bodas y entierros», «Allá vamos todas», «Pruebas de amor», «Venganza de un bandido», «Torrijos» y «Un amor en tres jornadas», que formaron parte del *Album poético: colección de las poesías más selectas, intercaladas de algunas otras andaluzas*, publicado en Sevilla en 1848, junto con otras de Quevedo, Fray Luis de León, Meléndez Valdés, Iglesias, Quintana, Gallego, Lamartine, Martínez de la Rosa, Zorrrilla, Rubí, la Avellaneda, Balmes, Ribot y Fontseré, Cea y Villergas, entre otros.

Lo mismo sucede con la primera de las coplas de los machos de La Cambra que sería incluida por José Olona en *Recuerdos de Andalucía, costumbres, tipos, trajes: romances* (Barcelona, 1852). Poco después Gutiérrez de Alba publicaría *El Pueblo Andaluz: sus tipos, sus costumbres, sus cantares. Obra selecta, redactada en verso y prosa por nuestros primeros literatos*: compilada por D. José María Gutiérrez de Alba, que tendría una reedición aumentada por D. José Martín y Santiago en 1877, donde entre los romances añadidos por Martín se incluye «La feria de Mairena».

No extraña, pues que el propio Santa Ana quisiera aprovechar este impulso editorial y diera a la luz sus *Cuentos y romances andaluces* en 1869. De las 91 piezas que se incluyen, 20 se reproducen en la edición de 1869. No se contienen las leyendas «La Cruz del monte», «Ni la Trinidad te salva» y «Partida serrana», así como los romances «La fe de las hembras», «Allá vamos todas», «La venganza de un bandido», «Amor y desdén, «Adelantos del siglo» y «Recuerdos de Andalucía», que quizás fueran demasiados personales. Además, se incluyen 30 cuentos tradicionales (Agúndez, 1997).

Algunas consideraciones finales

Aunque Santa Ana recoge algunas de las imágenes tópicas de Andalucía, no siempre las reduce al estereotipo,[15] no obstante, la tipificación inmovilizadora sí predomina en romances de estructura sainetesca como «El día del Santo», «Un jaleo pobre», «La última caña» y «La merienda», que representaban a una Andalucía sumamente festiva pero al mismo tiempo dominada por cuestiones de honra y celos, que la justicia se encargaba de doblegar.

Algunos de sus personajes se abren a las posibilidades del cambio, aunque otros como «Pruebas de amor» se apegan al pasado. Bandidos, como Diego Corriente, son generosos, como indica la tradición, pero el romance, además, acusa al sistema de su actuación injusta, tanto por la actuación de los nobles

---

15 En su ensayo sobre la imagen ambivalente de Andalucía, González Troyano realiza un recorrido por la construcción y extensión de los estereotipos que han pesado sobre los andaluces. En particular, para el análisis de la obra de Santa Ana es interesante su análisis del majismo, las gitanerías y el flamenquismo (González Troyano, 2018: 43-45 y 94-95).

como por la del rey, cuyo gobierno permite que un criminal como Perniles siga actuando. En otros romances, se añade que este mal funcionamiento de la justicia da lugar a la venganza, de modo que a través de estas composiciones el autor muestra su discrepancia con el gobierno de Bravo Murillo.

El caso es que, cuando Santa Ana diera a la luz el volumen de *Cuentos y romances andaluces* en 1869, decidiría suprimir las leyendas por no considerarlas dignas de la verdad del imaginario meridional y andaluz que quería proyectar, si bien, no parece que ni los *Romances* ni los *Cuentos* quisieran situarse al margen de los estereotipos sobre Andalucía, al contrario, incluso en el caso de los gitanos se refuerzan los tópicos sobre los usos y tradiciones, que los hace más diferentes al resto de los andaluces, como las mencionadas en «Bodas y entierros». En general, aunque no deja de justificar ciertos rasgos de Andalucía por el comportamiento de algunos señoritos andaluces y la falta de justicia para una inmensa mayoría, Santa Ana ofrece un imaginario andaluz apegado a los tópicos meridionales que hacían de esta tierra y sus habitantes una suerte de paraíso de fiestas y pasiones, que lo anclaban a la imagen oriental y atrasada que habían difundido los viajeros del Romanticismo europeo. Quizás el mercado favorecía el mantenimiento de los prejuicios y estereotipos y Santa Ana no quiso quedar al margen.

Bibliografía

AGUNDEZ GARCÍA, José Luis (1997), «Los cuentos tradicionales en Los cuentos y romances andaluces, cuadros y rasgos meridionales (1844-1869) de Manuel María de Santa Ana (1820-1894) (Parte I)» *Revista de Folklore*, tomo 17a, n.º 195, 83-89 y 90-98; versión digitalizada, Alicante, Biblioteca Virtual Miguel de Cervantes,

http://www.cervantesvirtual.com/nd/ark:/59851/bmcwq1v1 y http://www.cerva ntesvirtual.com/nd/ark:/59851/bmcm34n3

AGÚNDEZ GARCÍA, Juan Luis (2017), «La narrativa popular en Andalucía», *Boletín de Literatura Oral*, pp. 637-671. doi: 10.17561/blo.vextrai1.30.

ANDREU MIRALLES, Xavier (2016), *El descubrimiento de España. Mito romántico e identidad nacional*, Barcelona, Taurus.

BASTARDÍN CANDÓN, Teresa (2015), *Las comedias de José Sanz Pérez: entre tópicos lingüísticos y la representación dialectal*, Cádiz, Editorial UCA.

BASTARDÍN CANDÓN, Teresa (2015), «Creencias y actitudes lingüísticas sobre las hablas andaluzas en la prensa de mediados del siglo XIX», *Boletín de filología. (Universidad de Chile)*, Vol. 55, n.º 2, pp. 285-310

BOTREL, Jean François (2006), «El que a los ricos robaba…: Diego Corrientes, el bandido generoso y la opinión pública», en Marieta Cantos Casenave (coord.), *Redes y espacios de opinión pública: XII Encuentros de la Ilustración al Romanticismo: Cádiz, América y Europa ante la Modernidad: 1750- 1850*, Cádiz, Servicio de Publicaciones de la Universidad de Cádiz, pp. 585-599.

Cantos Casenave, Marieta (2022a), «En torno a la orientalización de España: la traducción de los *Cuentos de la alhambra* (1844) de Manuel María Santa Ana, editados por Mellado», en Marieta Cantos Casenave (ed.), Mitos e imaginarios literarios de España (1831-1879), Madrid - Frankfurt am Main, Iberoamericana -Vervuert, pp. 225-254.

Cantos Casenave, Marieta (2022b), «Moors and Christians in Washington Irving's *The Alhambra* and the imaginary of romantic Spain», en Marieta Cantos Casenave y Daniel Muñoz Sempere (eds.), *Españoles al margen. Alteridad y exclusión en los imaginarios nacionales / Spaniards on the margins: Otherness and exclusion in national imaginaries*, Leiden, Brill, pp. 59-90.

Caro Baroja, Julio (1990), *Ensayo sobre literatura de cordel*, Madrid, Istmo.

Casas Delgado, Inmaculada (2016), «La pervivencia del bandido generoso. Del asesino nato a la víctima de las injusticias sociales», *Cuadernos de Ilustración al Romanticismo*, n.º 22, pp. 35-56. https://doi.org/10.25267/Cuad_Ilus_Romant.2016.i22.03

«La Correspondencia de España y su propietario don Manuel María de Santana», en *La Ilustración Española y Americana*, X, 10 de mayo de 1870, pp. 151-153.

Depping, C. Bernard (1825), *Colección de los más célebres romances antiguos españoles históricos y caballerescos*, publicada por C. B. Depping y ahora considerablemente enmendada por un español refugiado, Londres, Vicente Salvá.

González Troyano, Alberto (2018), *La cara oscura de la imagen de Andalucía: estereotipos y prejuicios*, Sevilla, Centro de Estudios Andaluces, Junta de Andalucía, Consejería de la Presidencia, Administración Local y Memoria Democrática.

Hidalgo, Dionisio (1844), *Boletín bibliográfico español y extranjero*, Madrid, Imprenta de Hidalgo.

Madoz, Pascual (1847), *Diccionario geográfico-estadístico-histórico de España y sus posesiones de ultramar*, tomo X, Madrid, Est. Literario-Tipográfico de P. Madoz y L. *Sagasti*.

Molina, Ricardo y Antonio Mairena, (1971), *Mundo y formas del cante flamenco*, Sevilla, Librería Al-Andalus.

Nombela, Julio, *Impresiones y recuerdos*, Madrid, Imprenta particular La Última Moda, 1908-1912.

Núñez, Faustino (2018), *El Afinador de Noticias. Crónicas flamencas en la prensa de siglos pasados*, Sevilla, La Droguería Music.

OLONA, José (1852), *Recuerdos de Andalucía, costumbres, tipos, trajes: romances*, Barcelona, Librería de Salvador Manero.

OSSORIO Y BERNARD, Manuel (1868), *Galería biográfica de artistas españoles del siglo XIX*, 2 tomos, Madrid, imprenta de Ramon Moreno.

RODRÍGUEZ ALMODÓVAR, Antonio (1986), *Cuentos maravillosos (Cuentos populares andaluces y cuentos maravillosos españoles)*, Sevilla, Andaluzas Unidas «Biblioteca de la Cultura Andaluza».

ROMERO MÁRQUEZ, Lidia (2013), «El paso de la seguidilla. Las transformaciones de la seguidilla en España y México», Tesis de Maestría, Universidad Nacional Autónoma de México.

SANTA ANA, Manuel María (1844), *Romances y leyendas andaluzas. Cuadros de costumbres meridionales. Obra ilustrada con sesenta grabados de vistas, trajes y costumbres de Andalucía, por los mejores artistas nacionales*, Madrid, Imprenta de Benito Lamparero.

SANTA ANA, Manuel María (1869), *Cuentos y romances andaluces. Cuadros y rasgos meridionales*, Madrid, Imprenta de La Correspondencia de España.

SANTA ANA, Manuel María (1999), *Cuentos y romances andaluces. Cuadros de costumbres*, Sevilla, Signatura ediciones.

UN ANDALUZ AFICIONADO AL GÉNERO, [Z., J. de] (1865), *Pepitoria, mescolanza, o recolección de cuentos anécdotas, consejas, chascarros, dicharachos, ocurrencias Agudas o necias, sucedidos, epigramas, etc., inéditos los más y rebuscados otros en diferentes y variadas producciones españolas y extranjeras*, Madrid, imprenta de R. Labajos.

VELILLA, José, «Guapos y contrabandistas», *La Correspondencia de España*, n.º 6, 7 de diciembre de 1890, s. p. [p. 1.]

Joaquín Álvarez Barrientos (CSIC, Madrid)

Lo pintoresco y lo político en *El Pueblo Andaluz. Sus tipos, sus costumbres, sus cantares*[1]

RESUMEN: En este trabajo se estudia la obra costumbrista *El pueblo andaluz. Sus tipos, sus costumbres, sus cantares*. Se hace considerando que es un ejemplo importante del uso político del folklore, en años en los que los procesos de regionalismo y federalismo están pujantes, pues la obra se publica en 1877. Sus autores son plenamente conscientes de ello, y aluden en los paratextos a esa situación nacional. El acercamiento a esta obra colectiva se hace, así mismo, desde la perspectiva de lo pintoresco y del uso que se hizo de ella, tanto al mirar la realidad cotidiana, y andaluza en particular, como al interpretar crítica e históricamente las obras a que dio lugar.

PALABRAS CLAVE: Andalucía, pintoresco, folklore, costumbres, política.

Lo pintoresco y lo político

«Pintoresco» es uno de los conceptos asociados al costumbrismo y a la imagen de Andalucía. Paisajes, tipos, escenas, costumbres, comportamientos, se calificaron de pintorescos. Es una obviedad, pero quizá convenga recordar que lo pintoresco, como tantas otras percepciones, está en el observador y que es este el que considera que algo es o no raro, bonito, pintoresco. Dependerá de sus gustos y de la amplitud de su experiencia. Teniendo esto en consideración, pintoresca no fue solo esa región de España, sino todas aquellas en las que el mirón encontraba algo que salía de su contemplar habitual.

---

1 Este capítulo forma parte de los resultados del Proyecto I+D+i del Ministerio de Ciencia e Innovación: «Idea de Andalucía e idea de España en los siglos XVIII-XIX. De la prensa crítica al artículo de costumbres y aledaños» (PID2019-110208GB-I00/AEI/ 10.13039/501100011033) y del Proyecto: «Andalucía y lo andaluz ante el gran público. Textos fundamentales para su representación en los siglos XVIII y XIX» (P18-RT-2763). Programa de ayudas a proyectos de I+D+i, destinadas a las universidades y entidades públicas de investigación calificadas como Agentes del Sistema Andaluz del Conocimiento (PAIDI 2020). Modalidad Retos Consolidado. Financiado por la Consejería de Transformación Económica, Industria, Conocimiento y Universidades y cofinanciado en un 80% por la Unión Europea, en el marco del Programa Operativo FEDER Andalucía 2014-2020.

Pintoresco, que procede de «pintor», y remitía en principio a algo que podía ser pintado, se asimiló a lo curioso, peculiar, estrafalario, así como a lo propio y excepcional. Andalucía, por sus características, por los individuos que la poblaban y por cómo se conducían, se convirtió en una región pintoresca para los extranjeros, y no solo para ellos; en una invención a la que propios y extraños dieron pábulo, considerándose los primeros, por lo general, bien representados en las imágenes que se reproducían. Con el tiempo, lo pintoresco se ajustó a unas convenciones, necesarias para colmar «lo andaluz» y satisfacer el deseo de algo distinto.

Como se sabe, lo pintoresco fue, en origen, un concepto asociado a la pintura y a los paisajes, originado en la Inglaterra del siglo XVIII, aplicado pronto al diseño de parques y jardines, emparentado con la idea de que pintoresco era lo digno de ser reproducido, pero de modo que produjera un efecto nuevo, diferente, sobre el espectador, alejado de la regularidad clasicista. La noción, vinculada a la aparición del nuevo sistema estético que incluyó categorías como la de sublime, se empleó para caracterizar lo que era singular y diferente. Tras la teorización de Joseph Addison en *Los placeres de la imaginación* (1712), otros le dedicaron tratados, como William Gilpin, *Ensayo sobre lo pintoresco* (1792), o Richard Payne Knight, *An Analytical Enquiry into the Principles of Taste* (1805), que, a lo expuesto por Gilpin, añadía que lo pintoresco derivaba de lo irregular, de lo variado y de lo rudo. Era una manifestación más del ascenso y del peso que lo visual alcanzaba en la cultura, refrendado pronto también en el costumbrismo, que se valió de la terminología pictórica para explicar su actividad, hasta el punto de que Mesonero Romanos reclamaba para sí la condición de pintor —*anch'io sono pittore*— en «La exposición de pintura», de las *Escenas matritenses*.

La nueva estética, derivada del empirismo escocés (Pérez Carreño, 1996), se centró sobre todo en el modo de representar lo considerado extravagante, irregular, original, alejado, según se anticipó, de la regularidad y la serenidad clasicistas, lo que se percibió de forma especial en los ámbitos de la arquitectura y la jardinería. La manera pintoresca elegía unos elementos del paisaje, por lo general llamativos, dejando trabajar a la imaginación más que a la razón, de modo que lo extraño tuviera cierta armonía dentro de la atractiva variedad. Gilpin teorizó y codificó lo que era un paisaje pintoresco, para lo que dividió el cuadro en tres partes. El fondo, que contenía montañas y lagos; el plano medio, con valles, bosques y ríos, y el primer plano, con rocas, cascadas, terrenos accidentados, ruinas y personajes. Pero estos elementos (que podían o no estar siempre presentes), habían de aparecer de determinada manera para producir el efecto. Así, por ejemplo, las montañas debían tener forma piramidal y una línea irregular, por eso Gilpin también atendió al color y al modo de representarlo para producir determinadas atmósferas. El plano medio debía ser suave y el primero más fuerte y variado, y para ello las ruinas eran excelentes, lo mismo que personajes como los bandidos.

Unas convenciones venían a sustituir a otras. La representación pintoresca entraba en conflicto no solo con la estética clasicista, sino también con su ética, según se percibe en la selección de tipos que Gilpin consideraba oportunos para el primer término. Tipos y estructuras pictóricas que, en parte, aparecieron en las imágenes pintorescas andaluzas y que se trasladaron también a lo escrito. Desde la moral, quizá era más adecuado presentar a un industrial o a un ser útil a la sociedad; desde la perspectiva pintoresca, el primer plano habían de ocuparlo personajes alternativos o desocupados. Así Gilpin prefirió a los campesinos que descansaban sobre una roca, por ejemplo, aunque los que le parecían más adecuados eran los gitanos, los bandidos y los soldados (Hussey, 2013: 176), en especial cuando estaban perdidos o solos, es decir, con una carga emocional más fuerte. Lo pintoresco, como lo clásico, se dotaba de una teórica, de unas convenciones necesarias para producir el objeto artístico que se ajustara a su nueva estética: imaginativa, fuerte, descriptiva. Así, pues, lo pintoresco era una construcción más, una reelaboración más del entorno.

Los viajeros extranjeros, los británicos en especial, encontraron en la naturaleza andaluza, convertida en paisaje, y en sus habitantes, ejemplos de la teoría que habían aprendido sobre lo pintoresco, y los artistas pudieron reproducirla según las convenciones que someramente se han expuesto. Esas imágenes, que apelaban a lo visual, a lo imaginativo y emocional —como provenientes de lo empírico—, más que a lo mental, tenían algo de nostálgico, de mundo desconocido, perdido o en decadencia, rasgo que compartió también la estética costumbrista, en la que el variado tipismo apeló al pasado que se perdía ante un futuro incierto. Lo pintoresco, por tanto, no tardó tampoco en tener su variante política en tanto que imagen identificadora, o en contribuir al proyecto conservador que se amparaba en la reflexión casticista sobre las costumbres para reivindicarse como guardián de la auténtica España.

Lo castizo y lo pintoresco serían, pues, dos caras de la misma moneda, no necesariamente con usos sociales y lectores diferentes (González Troyano, 1992). Y lo cierto es que podían tanto servir como formas defensivas de lo propio frente a las miradas críticas, como ser utilizadas para desacreditar el constructo conservador. La reivindicación nacionalista y la curiosidad por lo peculiar no se excluyen.

Lo pintoresco reformulaba, por tanto, en lo político, así como en lo estético, la idea clasicista de la belleza ordenada, equilibrada y bien relacionada en sus diferentes partes, así como las conductas asociadas al buen gusto, y tuvo manifestaciones en casi todos los ámbitos artísticos y sociales. En cualquier caso, la teoría de lo pintoresco supuso la posibilidad de apreciar otras formas de belleza, más allá de las establecidas por la regularidad y la proporción. Si esto se aplicó a las expresiones artísticas y literarias, teatrales y paisajísticas, también llegó a la consideración antropológica. Los viajeros que llegaron a España y se encontraron con paisajes abruptos y, en ellos, con individuos que les parecían exóticos por su rudeza y franqueza, por su indumentaria, apreciaron esa estética y esas maneras gracias a lo lejos que estaban de los modelos clásicos y a su conocimiento teórico de manifestaciones similares o cercanas.

La naturaleza escarpada, los árboles retorcidos, cuanto se asimilaba a lo rugoso e irregular, la áspera tierra andaluza en la que se encontraban hombres tremendos (los bandoleros), lo que a algunos parecían brujas y mujeres fuertes, con sus correspondientes actitudes; todo ello pareció pintoresco, pues la palabra saltó de su ámbito estético, pictórico, a otros campos y a denominar comportamientos e indumentarias. Al abrirse a calificar experiencias y a cuanto no se ajustara a lo regular, el concepto pasó a dar cuenta de experiencias tenidas por extrañas o peculiares. Lo exótico se asimiló asimismo a lo pintoresco, del mismo modo que las ruinas, lo oriental y lo chinesco, lo extraño o que causaba extrañeza, en general. La palabra abandonó su perspectiva teórica originaria para responder, de forma vaga y ambigua, a cuanto pareciera «raro» o curioso.

Pero este ámbito de referencias, este trasfondo estético, no se encuentra en la definición que del término dio la Real Academia Española, que de lo meramente pictórico pasó pronto a entenderlo como aquello que era agradable a los ojos, dejando fuera todo lo referente a lo irregular, a lo especial y extraño. El *Diccionario de Autoridades*, en 1737, definía la palabra como «lo que toca y pertenece a la pintura o a los pintores», caracterización que persistió hasta la edición de 1803: «adjetivo que se aplica a las cosas que presentan una imagen bizarra y digna de ser pintada». Por su parte, *bizarro* en su segunda acepción era lo «lucido, muy galán, espléndido y adornado». La explicación de pintoresco en 1822 volvió a variar, siendo esta vez pintorescas aquellas «cosas que presentan una imagen agradable, deliciosa y digna de ser pintada». Ya se ve que, siempre, se remite al arte pictórico y que el término, según la Corporación, no se aplicaría a otros ámbitos, pero se ha incorporado lo agradable como elemento característico. Salvá en 1846 recuperaba parte de la caracterización que Terreros había hecho de la palabra, y añadía que era «lo que está pintado con buen manejo». Las definiciones de los diccionarios no recogieron, por tanto, el sentido señalado más arriba. Es más, desterraron ese rasgo referido a lo extraño y a lo irregular para priorizar lo agradable y delicioso, casi cercano al *locus amoenus*, lo que quizá no esté tan lejos de la realidad, pues el cuadro pintoresco produce una agradable sensación, armónica en su novedad y en la conjunción de sus partes. En posteriores definiciones, se identificará lo pintoresco con un modo vivo y animado de representar la realidad.

Pero este giro de lo pintoresco hacia lo agradable y lo pictórico amable recogía la realidad entorno, como se verifica en obras contemporáneas de las ediciones del léxico académico. Así, el *Semanario Pintoresco Español*, iniciado por Ramón de Mesonero Romanos en 1836, dedicó pronto la sección «España pintoresca», a cargo de Valentín Carderera, en la que daba cuenta de lugares de la geografía nacional con encanto. Lo pintoresco, por tanto, abandonó su primera caracterización (rugosa y áspera) para dar paso a esa más amable e identificadora. Los paisajes, los monumentos, los tipos pintorescos, se mostraban, en dimensión política, como propios de lugares, y servían para identificarlos (Dorca, 2008).

Pero, si lo pintoresco era aceptado por muchos, para otros, sujetos a la estética clasicista, era una forma bastarda de representación, identificada con el llamado «color local». Uno de los lugares donde más clara queda esta postura es en la carta que Anton Mengs envió a Antonio Ponz tratando de los diferentes estilos en pintura. En ella se refiere al «estilo vicioso», modo empleado por los que quieren agradar al público. ¿Y en qué consiste ese estilo? En servirse de «las tintas locales» (1780: 211). José Nicolás Azara, el editor de las obras de Mengs, aclara en nota que «color local es el propio y natural de las cosas, que las distingue entre sí». Así pues, el color local, lo característico y pintoresco, sería una expresión artística negativa, propia del estilo vicioso y de los que deseaban captar fácilmente el favor del público. Frente a la belleza universal y abstracta, lo concreto de lo local, dando paso a una nueva época. No fueron los franceses del siglo XIX los que inventaron el término (Caro, 1990: 96), al vincularlo con cierta noción de exotismo, como hacía el mismo Merimée.

La imagen de Andalucía derivaría de la extravagancia de sus personajes (cigarreras, toreros, bandoleros), de lo original y singular de su paisaje, en tanto que disidencias de su entorno conocido para los observadores, que luego ponían por escrito o en pintura lo que veían. Por tanto, lo pintoresco dependía de la percepción de aquellos que se acercaban al territorio, y dependía así mismo de la complejidad de su mundo referencial para poder establecer semejanzas y diferencias; para extrañarse o no y para, una vez establecidos los tópicos, reconocerlos y reproducirlos. Los observadores extranjeros, como es bien sabido, construyeron una imagen, pocas veces ajustada a la real, y más a sus deseos de visitar y experimentar en un país y una región que tenían por exóticos.

Si lo pintoresco define la imagen de Andalucía, también explica bastantes características del costumbrismo, pues pintoresco es lo digno de pintarse, aquello que sorprende o puede caracterizar, lo que es variado y tiene contrastes.

Aquello que se acabaría llamando lo típico. De nuevo, lo contrario de la uniformidad clasicista, lo que puede animar la imagen contemplada. Que lo pintoresco venga del ámbito artístico explica que a los artículos se les llamara cuadros, que se hablara de escenas y que se empleara principalmente el léxico de las artes, de lo visual, para referirse a la literatura de costumbres. Y, seguramente, aclara que los autores reiteren que pintan pero no retratan, aunque esta actitud no se compadezca con el prurito que muchos tuvieron de ser realistas y verdaderos. Como señaló Fernández Montesinos (1965), estamos ante el «redescubrimiento de la realidad española», una realidad compleja.

Por otro lado, pintar y no retratar eludía los problemas, tan generalizados, que tenían que ver con denunciar al sentirse aludidos por las «personalidades» o ataques personales (Fernández Montesinos, 1965: 51). Al pintar tipos y usos se evitaba la singularidad del individuo retratado. «Nadie podrá quejarse de ser el objeto directo de mis discursos, pues deben tener entendido que cuando pinto, no retrato», señalaba Mesonero (1993: 130). Argumento harto repetido entre los cultores del costumbrismo, que solían juzgar usos y comportamientos mediante la sátira.

Por tanto, se trataba de explicar el nuevo tiempo. Encontrar y valerse de lo pintoresco, en relación con lo que se perdía en una época de cambio, dio los resultados que todos conocemos, y en relación con Andalucía una manipulación de su realidad, aceptada por no pocos, según observó tempranamente Caro Baroja (1969), a pesar de que una de las primeras consignas costumbristas fue corregir la imagen que de España tenían los extranjeros. Pero todo se concitaba para creer y aceptar el retrato que se proponía: el objetivo de veracidad y corrección, la aceptación por parte de los autóctonos, la condición realista asignada a la literatura. Pintar podía ser, por tanto, signo y medio para la exactitud y la fidelidad, como se observa en prácticamente todas las declaraciones que en el XIX tienen que ver con esta literatura, pues, aunque haya quien distinga pintar de retratar, llega un momento en que los términos se usan con el mismo sentido, ya se hable de pintar, retratar, daguerrotipar, etc. Así se constata en *Los españoles pintados por sí mismos* (1843), título en el que ser retratados o pintados los españoles «por sí mismos» es todo un aval de credibilidad (Ferrer Martínez, 1996: 147) frente a las imágenes externas, pretensión mimética que se arrastra al menos desde la traducción francesa de las *Heads of the People, or Portraits of the English*, aparecida en 1839 como *Les anglais peints par eux-mêmes*.[2] *Les français*

---

2   Quizá sea interesante destacar que esos retratos de tipos ingleses se escribieron para comentar las imágenes, es decir, estas fueron previas a los textos, y no a la inversa, como sucedió más habitualmente.

peints par eux mêmes aparecieron en 1840, tras cambiar su título, que originariamente era *Les français, moeurs contemporaines* (Ucelay da Cal, 1951: 69-71).

El interés por parecer fidedignos se trasluce en todos los textos, objetivo que seguramente tenga que ver, tanto con motivos mercantiles —conseguir más ventas—, como con el impacto de la aparición de nuevos métodos que reproducían la realidad de forma realista, como fue el mismo daguerrotipo, surgido en 1839 y pronto difundido por Europa, ya como medio de reproducción, ya como símbolo o metáfora para reflexionar sobre la actividad artística y literaria, según se hizo también con los panoramas y antes con las linternas mágicas, por ejemplo.[3]

A este respecto, puede ser útil recordar que, aunque los cultores del costumbrismo literario utilizaron de manera deliberada y constante la terminología artística para referirse a su labor (cuadro, escena, pintura, retrato, bosquejo, boceto, copia, panorama, etc.), esta práctica contaba con una larga tradición que se remonta a los tiempos grecorromanos.[4] Como otras veces, los escritores de finales del XVIII y comienzos del XIX intentaron diferenciarse de los anteriores y mostrar su actividad como novedosa, de modo que atrajeran al público con la idea de que se encontraban ante algo nuevo, como así sucedía, pues la realidad y los medios empleados para representarla lo eran. Esos nuevos instrumentos se insertaban en una tradición que se actualizaba.

Lo pintoresco andaluz está, por tanto, en el origen del andalucismo y del género andaluz, y ese «pintoresco», que daba más espacio a la imaginación y a la fantasía que a la reproducción de lo «real», hizo que la mayoría de las imágenes que se tienen de Andalucía (y no solo de ella) en ese periodo, sean más ideales que reales, como bien se comprueba con los paisajes y las vistas de ciudades de David Roberts, uno de los culpables de la asimilación de España a lo árabe, al publicar en 1835 su libro *The Tourist in Spain and Morocco*. Identificación que creció a lo largo del siglo y después, de modo especial cuando en las exposiciones universales los pabellones españoles se construían según patrones «morunos» o «alhambristas», y mientras esa estética se difundía triunfante gracias al

---

3   Los costumbristas insistieron una y otra vez en ese afán de veracidad, que se ha señalado a menudo en Fernán Caballero, puesto que ella reivindicó su condición de observadora atenta y creíble, pero esa observación la llevó a «poetizar la verdad», como indicó Caldera (1988), a crear y ajustarse a las mencionadas convenciones. En este sentido, Fernández Montesinos (1961: 51) observó que tuvo «el prejuicio romántico de [...] una Andalucía envidiablemente idílica», negando todo cuanto no se correspondiera con su «idea *poética* preconcebida» (la cursiva es suya).

4   Véase, por ejemplo, García Berrio y Hernández Fernández (1988); Ferrer Martínez (1996).

«Alhambra Court» de Owen Jones, a decorados domésticos nacionales y extranjeros y a personajes como Pascual de Gayangos y Rafael Contreras, maquetista, decorador y conservador de la Alhambra (Viera, 2020; Álvarez Barrientos, 2022).

Con el costumbrismo de la Edad Moderna se trataba de redescubrir la realidad de la nueva España que surgía, tanto del entorno de los monarcas borbones como de la transición al liberalismo, y en ese proceso nacionalizador y nacionalista, lo pintoresco desempeñó un destacado papel como forma de mirar para crear identidades e inventar la tradición. José Bergamín (1974: 115- 120) comentaba que el papel de la literatura en «la invención del pasado» consistía en hacer contemporáneo lo que era histórico y a la inversa, presentar como historia lo contemporáneo. Los costumbristas trabajaron en ese doble sentido: hicieron pasado, historia, su presente, y dotaron a este de un pasado adecuado desde las convenciones de su tiempo. Esta reescritura de la historia muestra la imposibilidad de ser «verdadero», a pesar de las apelaciones a la credibilidad de los escritores costumbristas.

El pueblo andaluz

Según señalaron estudiosos como Caro Baroja y González Troyano, la apreciación de Andalucía como un espacio privilegiado y con identidad propia es muy antigua y se mantiene pujante a lo largo del tiempo. Esa apreciación sufrió un cambio o, si se prefiere, un redescubrimiento cuando la sociedad entró en la nueva etapa que nace con el siglo XVIII; tiempo de ruptura con el pasado que aún se resiste a desaparecer y que otros procuran mantener como seña de identidad. En momentos de cambio como esos se mira para atrás en un intento de entender las transformaciones y ante el miedo al futuro incierto —una modernidad que no gusta tanto cuando se ve en los ejemplos europeos—, y se establecen tópicos y conceptos que puedan servir tanto para argumentar los cambios, como las resistencias a ellos. La literatura y el arte se emplearon como estrategias defensivas y en ellas lo andaluz tuvo un papel predominante.

El llamado «género andaluz» es el constructo ideado para defender una imagen de la región (y, por extensión, de España) en la que se dieron cita políticos, hombres de letras y artistas para seleccionar rasgos lingüísticos, de modales y conducta, de indumentaria, así como de escenarios (paisajes, rejas, tabernas, músicas) y personajes (cantaores, toreros, bandoleros), que dieran realidad al imaginario ideológico y estético que estaba detrás, y que parecía pintoresco, distinto del resto de la Península. Los cultores de ese género, que también se desempeñaron en otros, se ajustaron a las características y convenciones, como se adaptaban a las de los otros géneros que pudieran practicar.

Ese «género andaluz» sirvió para asentar la identidad política y social que se manifestaba en esa estética. Era resultado de la idealización, del pintoresquismo, y, a partir de un momento, del ajuste a las convenciones musicales, lingüísticas, de indumentaria y comportamiento que se le suponían al pueblo andaluz, como se constata en tantas piezas cómicas (y paródicas) y en no pocas colecciones costumbristas de la segunda mitad del siglo XIX, que ya no remiten tanto a un modelo vivo cuanto al ejemplo literario conocido.[5] La elaboración de esta manera de trabajar se documenta, por ejemplo, en el discurso de ingreso en la Academia Española pronunciado por Tomás Rodríguez Rubí en 1847, que versó sobre «la excelencia, importancia y estado presente del teatro». Aunque se adapta a la poética tradicional al sostener que este es reflejo de las costumbres, se muestra contemporáneo al reflexionar sobre el modo en que debe «retratar» esas costumbres, o ser «retratista», porque es cuando apela al pintoresquismo, al color local. El teatro «debe usar los colores que la sociedad misma le sirve [en su] paleta» (1860: 432).

La tipificación de lo andaluz corrió pareja con procesos similares en otras regiones, a medida que el panorama administrativo y político nacional cambiaba. En 1833, en pleno auge del artículo de costumbres, se implantaba la nueva distribución en provincias propuesta por el ministro Javier de Burgos, de manera que la estética costumbrista se ponía al servicio del provincialismo, como luego lo estuvo al del regionalismo (Mainer, 1989). A una nueva estructura administrativa y política se respondía con una literatura y un arte que daban cuenta de ella. Las provincias y las regiones se caracterizaban, y en el caso de Andalucía el proceso se vio favorecido por algunas razones más, que sintetiza Romero Tobar:

> El asombrado descubrimiento que hicieron los románticos de las variedades de la cultura popular que pervivían en los viejos reinos españoles y, singularmente, la paulatina aclimatación de la teoría historicista que privilegiaba el estudio del Derecho a partir de los usos y costumbres tradicionales fueron, sin lugar a dudas, estímulos decisivos para la divulgación de la peculiaridad cultural andaluza. Motivos de fondo estos, a los que debemos sumar el cuantioso número de personajes meridionales —políticos, empresarios editoriales, escritores, periodistas, pintores, actores, cantaores, bailarinas...— que, cada uno en la esfera de su influencia, contribuyeron al desarrollo de la empresa (1998: 150).

Y, aunque toda esa codificación de lo andaluz caló y se aceptó, también hubo críticas al modelo y a la imagen que se promocionaba. Es el caso de Luis Eguilaz

---

5   Sobre el género andaluz, véanse los trabajos de Cantos Casenave (1996), Romero Ferrer (1998) y Romero Tobar (1998).

en 1856, quien rechazaba el retrato de una Andalucía fanfarrona, viciosa y graciosa hasta la bufonada, pero que asumía su papel como defensora de valores tradicionales. La defensa que hace de sus coterráneos y el rechazo de las pinturas que los presentaban como vagos no es contradictoria, y en parte encaja con la admiración del sistema industrial británico y con las propuestas emitidas por Larra en artículos de los años treinta en los que abogaba por defender el patrimonio, al tiempo que se hacía la revolución moderna. El escrito de Eguilaz se incluye en su «drama de costumbres populares» *La vida de Juan Soldado* y, si rechaza esa visión, asume otra no menos tópica, activa en el horizonte de expectativas de todos los viajeros y de casi todos los que viven en Occidente, en la que lo pintoresco es esencial:

> El pueblo andaluz, medio africano medio europeo, […] en su modo de pensar, en sus costumbres, en su música, en su poesía, en su lenguaje pintoresco y figurado, en todo, en fin, conserva el ardiente y melancólico espíritu de su padre, el pueblo nómada del desierto […]. ¿Queréis ver las poéticas costumbres, las hermosas creencias de nuestros galanes y valientes caballeros de la corte de los Felipes? Id allí y hallaréis los sentidos y discretos coloquios en las rejas, los duelos nocturnos, las fantásticas supersticiones que pueblan los espacios de seres sobrenaturales, las creencias religiosas en un grado que raya el fanatismo (1864: 79-80; cit. por Romero Ferrer, 1998: 136).

Su objetivo fue «pintar esas creencias, esas ternuras, ese sentimiento y esas supersticiones que, aunque comunes a todos los pueblos de España, tienen un sello más marcado en Andalucía por lo ardiente de la imaginación de sus hijos». De modo que su crítica de los retratos tópicos se centró en rechazar la imagen del andaluz improductivo, pero no la que lo mostraba como una pervivencia del pasado medieval, aceptando sus orígenes africanos, en lo que estaría conforme con Kant cuando, en sintonía con otros, retrató a los españoles como «producto de la mezcla de la sangre europea con la árabe (morisca)» (1991: 269). Andalucía sería la reserva de una esencia nacional que se pierde en otras zonas del territorio debido al efecto de las novedades. Eguilaz, como casi todos, acepta la existencia de un tipo andaluz que se refleja en diferentes espejos literarios y artísticos.

Esta imagen tuvo su lectura política, que no tuvo que ver con la ideología conservadora o liberal, puesto que prácticamente todos la asumieron como rasgo identificador. Así, algunos años después, se puede entender la publicación del libro *El pueblo andaluz. Sus tipos, sus costumbres, sus cantares*, como una estrategia para consolidar y afirmar esa imagen. El libro es la suma de trabajos anteriores de varios literatos y de otros compuestos para la ocasión, recopilados por José Mª Gutiérrez de Alba antes de irse a Colombia en misión política en 1870, y aumentados por José Martín y Santiago, que se encargó de su publicación.

Gutiérrez de Alba perteneció al Partido Liberal, participó en las revoluciones de 1866 y 1868 y desde sus primeros trabajos literarios mostró el sesgo de su pensamiento. Gracias a la nueva situación pudo publicar en 1869 su *Teatro político-social (colección de textos dramáticos)* y ese mismo año fue nombrado por el gobierno agente confidencial (espía) en Colombia, a donde pasó al año siguiente. El propósito de su misión era conocer la situación de los inmigrantes españoles en la zona y la del comercio indirecto que la república hacía con la Península, vía Cuba y Puerto Rico, así como investigar las razones por las que la antigua posesión no había pedido el reconocimiento de España. Importaba recuperar la influencia perdida, carrera en la que otras potencias aventajaban al gobierno español, establecer mejores condiciones comerciales y potenciar el mercado del libro (Campos Díaz, 2017). Su dedicación a las letras fue continua, en España y en América, en especial al periodismo, a los libros de viaje y al teatro, siendo considerado como el creador de la crítica «revista teatral» (Rubio Jiménez, 1998).

De José Martín y Santiago, el otro implicado en la publicación de *El pueblo andaluz*, se sabe poco. Oriundo de Sevilla, publicó folletos como *Un viaje al Escorial. Descripción ordenada del monasterio y palacio erigidos por Felipe II, y de las modernas casitas del Infante y del Príncipe* (1868), y *Giro mutuo por telégrafo* (1869), sobre el establecimiento de este servicio en España, además de poemas, cuentos, leyendas y algunas obras de teatro breve, como *Con canas y polleando*, comedia en un acto y en verso (1862), *El hijo de su padre*, juguete cómico en un acto y en prosa (1872) y otras como la loa en un acto y en verso, *El trabajo da la felicidad*, pieza moral que aconseja trabajar, acatar los valores católicos y sociales que contribuyen al beneficio de todos, y alejarse de las tentaciones, la disipación y la vagancia. Se publicó en 1870, tras su estreno en Andújar en 1867, localidad en la que se encontraba su autor, y reponerse en 1868. Martín y Santiago la dedica a sus amigos de aquel lugar y recuerda con orgullo que su representación significó «el alivio de la desgracia, cuando con nuestras aplaudidas funciones del teatro, a beneficio de los pobres, sostuvimos diariamente, por dos meses largos, a más de quinientos infelices» (1870: 5).

El pueblo andaluz. Sus tipos, sus costumbres, sus cantares, «elegante tomo», se anunciaba el 11 de mayo de 1877 en *La Correspondencia de España* (Campos Díaz, 2017: 179). Según se adelantó, Gutiérrez de Alba lo recopiló y Martín y Santiago lo aumentó y se ocupó de su impresión. Está redactado en verso y prosa por Fernán Caballero, José Zorrilla, Eduardo Asquerino, Enrique de Cisneros, Eugenio Sánchez de Fuentes, Ramón Franquelo, Manuel María de Santa Ana, César Aguilera y Porta, Isidoro Hernández y los editores.

En el prólogo, Gutiérrez de Alba, ajustándose a las convenciones, aceptaba la existencia de un «carácter andaluz, con sus tipos y costumbres originales, en que se refleja todavía algo del tinte caballeresco de la Edad Media, que conserva no pocos recuerdos de la dominación de los árabes» (1877: 5), y continuaba haciendo suyos los otros tópicos acerca del paisaje, el clima, los «pintorescos trajes» y otros extremos que se pueden ver en el apéndice. Incorporaba incluso —si bien, como consecuencia de su gran actividad mental— la indolencia como característica que años atrás había rechazado enérgicamente Eguilaz. El recopilador decía recoger lo más notable de «la poesía popular de aquellas provincias», pues retrataba a sus habitantes, y fechaba la aparición de estos «cuadros de costumbres andaluzas» cuarenta años antes, es decir, antes de 1830, si consideramos que abandonó España en 1870. Por tanto, para «dar idea acabada del pueblo andaluz bajo todos sus aspectos» (1877: 7), formó esta, a su parecer, completa colección, ya que sus cuadros, indudablemente, eran el verdadero y fiel retrato de los andaluces. Y era así porque esos cantares y poemas nacían, según Gutiérrez, de forma espontánea de los propios indígenas. Después se verá que Martín copiaba los cantares mientras hacía trabajo de campo.

Si pensamos que la literatura es invención y ajuste a convenciones, hay que concluir que, esos cuadros, lo que representaban bien era dichas convenciones y no el carácter y el ser andaluces, pero que la literatura era reflejo de la sociedad, en tiempo imbuidos por la «sicología de los pueblos», no se ponía en duda, como tampoco hoy en determinados ambientes. Además, la literatura española, como ya se señaló, era «realista», según habían declarado sus historiadores y, desde el movimiento realista, se reflejaba o expresaba la realidad. Para saber cómo eran los andaluces, por tanto, había que acudir a estas piezas seleccionadas y reunidas con intención militante. Por sus páginas desfilan el esquilador, el chiclanero, el contrabandista, el regatón, el torero, el «mosito er barrio», «el sordao andaluz», el baile de candil y otras escenas y personajes no siempre específicos de la tierra, pero a los que se da su perfil local.

A las intenciones de Gutiérrez de Alba añadía Martín y Santiago un componente político al situar la recolección de esos cuadros y esa literatura sobre lo local en el movimiento de recuperación regionalista que se estaba dando en toda España. Hay que recordar que en 1835 se creó en Andújar (donde Martín residió al menos entre 1867 y 1868) la Junta Suprema de esa ciudad, que disponía de ejército propio y pretendía negociar con el gobierno central los asuntos relativos a Andalucía. Durante la Primera Republica esos movimientos recobraron fuerza, aunque no tanta en el Sur, pero a ellos hace referencia el adicionador en su epílogo, en el marco de un «nacionalismo andaluz», primero cultural y luego político, que se fue construyendo desde el arte pero también desde la atención al folklore, gracias a las recopilaciones de romances, canciones y bailes realizadas por Iza Zamácola, Agustín Durán, Bartolomé José Gallardo, Machado Núñez, Machado Álvarez y Joaquín Guichot, entre otros.

Tras la Primera República, en 1873 Andalucía también se hizo eco del movimiento cantonalista mediante el *Manifiesto de los federales andaluces*, que declaró en Despeñaperros la independencia de la región. Ciudades como Andújar, Sevilla, Cádiz y Málaga se habían declarado autónomas. Al rebufo de esta corriente que, aunque abortada, iba más allá del cantonalismo, se despertaba lo andaluz y la necesidad de contar con signos culturales que sustentaran la identidad pretendida tras los movimientos políticos. Martín y Santiago publicó *El pueblo andaluz* en 1877, cuatro años después de aquella declaración. En esa tendencia reivindicativa de las identidades propias, cuyo alcance y consecuencias no se veían con claridad, «la oportunidad de su publicación es evidente»:

> Cuando Cataluña, evocando la memoria de sus más faustos días, y anhelando reconstruir su venerable idioma, reanuda su cultivo y el de su poesía y su literatura; cuando Galicia parece tender al mismo objeto, con mejor deseo que fortuna; cuando en toda la Península se verifica el gran desenvolvimiento crítico y literario a que estamos todos asistiendo, no debe extrañarnos que de los cuadros de costumbres y de las canciones andaluzas hayan intentado algunos escritores modernos hacer un género especial, cual lo apunta en su prólogo el señor Gutiérrez de Alba.
>
> No creemos nosotros que de este inesperado movimiento intelectual tenga nada que temer ni recelar la España moderna, porque según ha dicho un eminente crítico —el señor Amador de los Ríos—, «nunca será más grande, más fuerte y poderosa la unidad de un gran pueblo, que cuando se muestra en ella más enérgica y vividora la rica variedad que la constituya», ni pensamos que entraña la importancia que se le supone, y particularmente en Andalucía, donde se habla el castellano, que al fin Galicia y Cataluña tienen sus dialectos especiales (1877: 258).

Que Martín y Santiago quite importancia a ese movimiento para no parecer sospechoso —«ni pensamos que entraña la importancia que se le supone»— es, cuando menos, llamativo, sobre todo si se lee a continuación otra de las razones que da para publicar el libro: lo imprime para dotarse de identidad frente (y junto) a esa corriente regionalista que pretende recuperar las que cree raíces literarias y culturales que personalizan. Lo político y lo literario se suman y confunden en el objetivo señalado, a medias expuesto en su epílogo:

> los cuadros de costumbres andaluzas, que estaban en el olvido, se buscan y se leen con cierta avidez [...]; ello es que las canciones andaluzas se cantan de nuevo en todas las tertulias, y que sus editores hacen en Madrid o encargan en Barcelona, apresuradamente, largas tiradas de ellas, cuando hace poco las tenían relegadas al último rincón de sus establecimientos.

En tales instantes, la publicación de libros como este no puede ser más oportuna (258).

[…] nos ha guiado la idea […] de aprovechar el movimiento literario andaluz que notábamos, para rendir un tributo de admiración, de respeto y de entusiasta cariño al país que es nuestro país; a las costumbres, a los tipos, a las canciones, a los cantares, a la viva imaginación, al despejado ingenio de nuestros paisanos y hermosísimas paisanas; y sobre todo, a nuestra querida patria, la noble, la leal, la fidelísima matrona, la reina del Guadalquivir, la sin par Sevilla (1877: 259).

Se sumaba con orgullo a un «movimiento literario andaluz», puesto en marcha para reivindicar al «país», es decir, a su territorio. Actitud que completaba los motivos expuestos unas páginas antes. El libro era un ejemplo de cómo las letras y la cultura, en su versión pintoresca, se ponían al servicio de tendencias políticas, algo sobradamente frecuente, pero no siempre destacado o señalado al hablar de costumbrismo, que estaría ahora en favor del regionalismo.

Los tipos que transitan las páginas de *El pueblo andaluz* son fisiologías de individuos y conductas. En ellos se confirman sus rasgos, actitudes y valores. En este sentido, el epílogo (incluido en el apéndice), es, entre otras cosas, una buena fisiología del andaluz, un análisis de su carácter, al que ve de forma dinámica y en relación de oposición con la sociedad moderna. Así, si Martín y Santiago considera que la selección hecha es valiosa porque presenta «las alteraciones que la esencia del pueblo andaluz ha experimentado con las modernas ideas, como las ha sufrido todo cuanto vive, alienta y gira» (1877: 252-253), también expone que el andaluz, al menos los tipos que presenta, existe aislado y como en una burbuja, de lo que es culpable la sociedad contemporánea. Esos individuos son una «pobre raza de seres desgraciados, que vive aislada e indiferente en medio de una sociedad, a quien solo debe aborrecimiento o desprecio» (257), que revelan en lo que cantan y componen: esos textos que él ha recogido en continuo trabajo de campo, como si fuera uno de los folkloristas que, con mayor o menor fidelidad, recababan ese patrimonio.[6] El conjunto apela tanto a lo rural como a lo urbano, aunque más a lo primero, en la idea de que la esencia de los pueblos se encuentra

---

6   «¡Cuántas veces, a corta distancia de estas agradables reuniones, o confundidos entre alguno de sus grupos, hemos tenido que recurrir al lápiz y al papel, para consignar una bellísima redondilla improvisada por un poeta, sin más arte que su corazón, sin más reglas que su instinto! ¡Cuántas otras, al retirarnos de noche a nuestra morada, nos hemos detenido en una esquina, escuchando suspensos la […] voz de un amante, que entonaba una malagueña, o una playera […], y nos hemos separado de aquellos sitios, repitiendo mil veces la copla para escribirla luego, apenas llegados a nuestro domicilio!» (1877: 255- 256).

en esos grupos y zonas y no en lo urbano ni en la clase media, que se parecerían más de un país a otro.

El pueblo andaluz. Sus tipos, sus costumbres, sus cantares, es el resultado de utilizar, una situación política compleja, las convenciones y los tópicos que desde el pintoresquismo habían conformado la idea del individuo andaluz. Ese retrato, esa pintura, se asume, y se emplea para justificar y fortalecer una identidad regional, en el marco reivindicativo que estaba en marcha en la Península. Como señaló Martín y Santiago, la publicación del libro era «oportuna» en dichas circunstancias, aprovechaba la coyuntura. Y, en medio de tales reivindicaciones, cuando regiones como Cataluña y Galicia llevaban la delantera, fue un aldabonazo para mostrar que Andalucía también existía y tenía las mismas ambiciones que los otros territorios.

Bibliografía

ADDISON, Joseph (1991), *Los placeres de la imaginación y otros ensayos de The Spectator,* ed. Tonia Raquejo, Madrid, Visor.

ÁLVAREZ BARRIENTOS, Joaquín (2022), *Maquetista y artillero. León Gil de Palacio (1778-1849), entre ciudad y patrimonio,* Zaragoza, Publicaciones de la Universidad de Zaragoza.

BERGAMÍN, José (1974), «La invención del pasado», en *Antes de ayer y pasado mañana,* Barcelona, Seix Barral, pp. 115-120.

CALDERA, Ermanno (1988), «'Poetizas la verdad' en Fernán Caballero», en *Romanticismo 3- 4: La narrativa romántica,* Roma, Bulzoni, pp. 17-22.

CAMPOS DÍAZ, José Manuel (2017), *José María Gutiérrez de Alba, 1822- 1897: biografía de un escritor viajero,* Sevilla, Diputación de Sevilla.

CANTOS CASENAVE, Marieta (1996), «'Gitanofilia': de algunos rasgos costumbristas del 'género andaluz'», en *Romanticismo 6. El costumbrismo romántico,* Roma, Bulzoni, pp. 65-70.

CARO BAROJA, Julio (1969), *Ensayo sobre la literatura de cordel,* Madrid, Revista de Occidente.

CARO BAROJA, Julio (1990), *Arte visoria y otras lucubraciones pictóricas,* Barcelona, Tusquets.

DORCA, Toni (2008), «*Ut pictura poesis,* o breve esbozo de una poética de lo pintoresco», en Jean- François Botrel y otros (eds.), *La literatura del siglo XIX y las artes,* Barcelona, Universitat de Barcelona, pp. 91- 97.

EGUILAZ, Luis de (1864), *Obras dramáticas de don...,* Paris, Baudry, Librería Europea.

FERNÁNDEZ MONTESINOS, José (1961), *Fernán Caballero. Ensayo de justificación*, México, El Colegio de México.

FERNÁNDEZ MONTESINOS, José (1965), *Costumbrismo y novela. Ensayo sobre el redescubrimiento de la realidad española*, Madrid, Castalia.

FERRER MARTÍNEZ, Antonio (1996), «Pintar, retratar, daguerreotipar», en *Romanticismo 6. El costumbrismo romántico*, Roma, Bulzoni, pp. 143-154.

GARCÍA BERRIO, Antonio y HERNÁNDEZ FERNÁNDEZ, Teresa (1988), *Ut poesis pictura. Poética del arte visual*, Madrid, Tecnos.

GILPIN, William (2004), *Tres ensayos sobre la belleza pintoresca*, ed. Javier Maderuelo, Madrid, Abada editores.

GONZÁLEZ TROYANO, Alberto (1992), «Del casticismo a lo pintoresco», en Ana Sofía Pérez- Bustamante Mourier y Alberto Romero Ferrer (eds.), Cádiz, Universidad, pp. 119-121.

GUTIÉRREZ DE ALBA, José Mª y José MARTÍN Y SANTIAGO (1877), *El pueblo andaluz, sus tipos, sus costumbres, sus cantares*, compilado por don… y aumentado por don…, Madrid, Imprenta de Gaspar editores.

HUSSEY, Christopher (2013), *Lo pintoresco. Estudios desde un punto de vista*, ed. Javier Maderuelo, Madrid, Biblioteca Nueva.

KANT, Immanuel (1991), *Antropología, en sentido pragmático*, versión de José Gaos, Madrid, Alianza Editorial.

MAINER, José-Carlos (1989), «Costumbrismo, regionalismo, provincianismo en las letras europeas y españolas del siglo XIX», en *Hacia la literatura vasca*, Madrid, Castalia, pp. 193-210.

MARTÍN Y SANTIAGO, José (1870), *El trabajo da la felicidad. Loa en un acto y en verso*, Madrid, Imprenta de José Rodríguez, Calvario 15.

MENGS, Antonio Rafael (1780), *Obras de don…, primer pintor de cámara del rey, publicadas por don José Nicolás de Azara*, Madrid, Imprenta Real de la Gaceta.

MESONERO ROMANOS, Ramón (1993), *Escenas y tipos matritenses*, ed. Enrique Rubio Cremades, Madrid, Cátedra.

PÉREZ CARREÑO, Francisca (1996), «La estética empirista», en Valeriano Bozal (ed.), *Historia de las ideas estéticas y de las teorías artísticas contemporáneas*, I, Madrid, Visor, pp. 30-45.

ROMERO FERRER, Alberto (1998), «En torno al costumbrismo del 'género andaluz' (1839-1861): cuadros de costumbres, tipos y escenas», en Joaquín Álvarez Barrientos y Alberto Romero Ferrer (eds.), *Costumbrismo andaluz*, Sevilla, Universidad de Sevilla, pp. 125-148.

ROMERO TOBAR, Leonardo (1998), «Teatralidad y andalucismo en el Madrid de mediados del siglo XIX: el 'género andaluz'», en Joaquín Álvarez Barrientos y Alberto Romero Ferrer (eds.), *Costumbrismo andaluz*, Sevilla, Universidad de Sevilla, pp. 149-168.

Rodríguez Rubí, Tomás (1860), *Discurso acerca de la excelencia, importancia y estado presente del teatro (1847)*, Madrid, Imprenta Nacional.

Rubio Jiménez, Jesús (1998), «José María Gutiérrez de Alba: creador de la revista teatral política», en *Actas del Simposio Nacional. Literatura y política en el siglo XIX: José María Gutiérrez de Alba*, Sevilla, Centro Andaluz del Libro, pp. 83-101.

Viera, Manuel (2020), *El imaginario español en las Exposiciones Universales del siglo XIX. Exotismo y modernidad*, Madrid, Cátedra.

Apéndice

Prólogo

El carácter andaluz, con sus tipos y costumbres originales, en que se refleja todavía algo del tinte caballeresco de la Edad Media; que conserva no pocos recuerdos de la dominación de los árabes, ha sido objeto de constante estudio para nacionales y extranjeros. Los vistosos y pintorescos trajes de aquel país meridional han ejercitado el pincel de muchos y acreditados artistas, que han adquirido una justa celebridad trasladando al lienzo las escenas más notables de sus costumbres, los tipos más bellos de aquel país privilegiado. Su templado clima, su atmósfera trasparente y diáfana, su vegetación vigorosa y llena de perfumes, sus feraces y risueñas campiñas, han hecho de aquel suelo meridional un paraíso. Sus habitantes, poetas de intuición, usan un lenguaje de metáforas y enigmas lleno de atrevidas imágenes y salpicado de chistes y agudezas que brotan sin estudio en los labios de sus pobladores, llegando a ser en algunos un manantial inagotable de poesía.

Desarróllanse allí las pasiones con un vigor extraordinario desde la edad más tierna. La mujer, flor celestial de aquellos encantados vergeles, comparte la vida entre el amor y las flores; ama hasta la idolatría; exige y tributa un culto supersticioso al objeto de sus adoraciones y es impresionable como la sensitiva. El hombre ama también con desvarío o aborrece hasta la exaltación, pero sus impresiones son más pasajeras.

Como pueblo muy dado a lo maravilloso, es crédulo hasta el fanatismo y entusiasta hasta la locura.

Rodeado de una naturaleza pródiga y sobrio por temperamento, el fondo de su carácter es la indolencia física, efecto necesario de la grande actividad de su inteligencia. De esta reunión de circunstancias nacen sus costumbres, de las que muchos escritores se han aprovechado para trazar cuadros bellísimos, que algunos han intentado erigir en un género especial de literatura.

Como pueblo poeta, no podía menos de ser músico, y el andaluz canta siempre sus placeres y sus dolores. Nada por consiguiente puede dar una idea más acabada de su carácter que esos cantos sublimes hijos del corazón que llevan un sello de espontaneidad admirable. Esa es la razón que nos ha movido a hacer esta recopilación, donde encontrarán nuestros lectores todo lo más notable de la poesía popular de aquellas provincias.

Hay otra especie de poesía que ha recibido del arte cierto pulimento, sin que por eso deje de pertenecer en el fondo y en la esencia al mismo género. Conócese ésta con el nombre de canciones andaluzas, donde por lo general se presenta un tipo del país con sus accidentes y sus afectos. La música ha embellecido estas creaciones y algunas han llegado a hacerse muy populares en España y en el extranjero.

Muchos cuadros de costumbres andaluzas se han escrito de cuarenta años a esta parte; pero se hallan diseminados en diferentes obras, razón por la cual era casi imposible reunirlos. Faltaba, pues, formar una colección completa que, abrazando los tres géneros, pudiese dar idea acabada del pueblo andaluz bajo todos sus aspectos. He aquí nuestro trabajo. Dichosos nosotros si conseguimos satisfacer a nuestros lectores.

José María Gutiérrez de Alba

Epílogo

Hemos llegado al final de este libro; y, para cerrarlo, lícito nos será hacer algunas consideraciones generales respecto de su contenido.

Con el propósito de formar una obra, que pudiese dar completa idea del pueblo andaluz, bajo todos sus aspectos —así lo dice en su PRÓLOGO— compiló, hace algún tiempo, el señor Gutiérrez de Alba, sobre la base de varios de sus trabajos, a los que agregó algunos de Fernán-Caballero (doña Cecilia Bolh de Fáber) y de los señores Franquelo y Sánchez de Fuentes, esta pintoresca colección. Inspirándose en iguales fines, hala procurado aumentar y completar el autor de estas líneas: para ello a las pocas y humildes producciones suyas que figuran en el texto, ha añadido otras más notables de la mencionada ilustre escritora, y de los señores Sánchez de Fuentes, Zorrilla, Asquerino, Cisneros, Santa Ana, Aguilera y Porta, y Hernández, acrecentando notablemente el caudal primitivo.

Interrumpiendo la habitual costumbre de compiladores y coleccionistas, quienes se limitan a tomar de aquí y de allí los trabajos que más cuadran a su objeto, sin tener para nada en cuenta la voluntad o los intereses de sus autores, ha cuidado, el nuevo colector de este libro, de recabar de todos los escritores, cuyas autorizadas firmas le honran, o de los propietarios de sus obras, el correspondiente permiso para comprender en estas páginas cuanto queda coleccionado. Concedidos por escrito estos permisos, que guardan en su poder los editores de la obra señores Gaspar, nos complacemos en tributar aquí a sus donantes las más expresivas gracias; debiendo significar que esta noble conducta ha sido imitada por los antiguos redactores del libro, y por sus editores o herederos; así como también que muchos trabajos de los ahora añadidos, han sido escritos expresamente en nuestro obsequio, para secundar nuestros deseos.

Hemos logrado así dos objetos: 1° Guardar a los autores las consideraciones debidas, respetando su propiedad y halagando su bien entendido amor propio: 2° Acentuar el carácter del libro. A los artículos, a las poesías, a las canciones que, siendo ya muy populares en España y en el extranjero, han dado a conocer en todas partes los graciosos tipos, las originales costumbres, y los vistosos y pintorescos trajes de Andalucía, con ese dulce y melodioso lenguaje, lleno de enigmas y metáforas, salpicado de agudos chistes y de atrevidas poéticas imágenes, que brota naturalmente, como inagotable manantial—por la actividad de las inteligencias— en los risueños labios de los pobladores de aquel privilegiado país (forma especial de expresarse que constituye sus ponderadas exageraciones); a todas estas riquezas, hemos añadido canciones, poesías y artículos que, con el exorno de iguales bellezas y con no menor valer literario y artístico, comunican a la colección el aliciente de la novedad; la frescura, digámoslo así, de los juveniles ingenios del día, y las alteraciones que la esencia del pueblo andaluz ha experimentado con las modernas ideas, como las ha sufrido todo cuanto vive, alienta y gira a nuestro alrededor.

¿Responde el libro, en su PRIMERA y SEGUNDA PARTE —a las cuales hasta ahora nos hemos únicamente referido— a la idea y a los propósitos que tuvo el señor Gutiérrez de Alba al emprender su compilación, y que han servido de pauta a nuestros aumentos?...

Creemos que sí; pero en todo caso, al público y a la crítica corresponde el galardonarnos o el mostrarnos nuestro engaño; y aguardamos su imparcial e inapelable fallo con toda humildad. Respecto de la TERCERA PARTE, tenemos algo que añadir.

Constitúyenla, formando vistoso ramo de muy diversas y pintadas flores, esos cantos sublimes, tristes o alegres, picarescos o filosóficos, hijos del corazón, concebidos y nacidos en un momento de admirable espontaneidad —porque en Andalucía hombres y mujeres todos son poetas, todos improvisadores— con los cuales el andaluz pregona sus placeres y revela sus penas, llora sus melancolías y ríe sus burlas.

Y esa es la poesía popular, los CANTARES DEL PUEBLO, en aquellas deliciosas provincias.

El origen de la poesía popular es tan remoto, que en vano lo han buscado los hombres, afanándose por penetrar en la oscura noche de los primitivos tiempos. Mas, en todas las civilizaciones, en todas las lenguas, en todas las épocas, las acciones heroicas, los grandes afectos del corazón, han sido cantados por los poetas. Y no parece, sino que la voz humana se ha complacido siempre en buscar la armonía, sin la cual se juzgaba débil, para expresar ciertos conceptos, encontrando en la forma poética, en la cadencia del metro, las condiciones necesarias para dar vida a ciertos hechos, para manifestar los más profundos y los más delicados sentimientos. Los países orientales y del mediodía, cuyo clima suave, cuya naturaleza risueña y fecunda, y cuyo sol ardiente, ejercen cierta influencia sobre sus habitantes, son los que más se han distinguido siempre por sus trovadores. Y entre los pueblos de más poético instinto no puede menos de contarse la Andalucía, ese florido vergel, cuyas campiñas riegan entre otros ríos el Genil y el Darro, de arenas de oro y de cristalina y rápida corriente, y el caudaloso Guadalquivir, que deposita en el mar las linfas de sus cien tributarios; ese paraíso, cuyas costas están bañadas por dos mares, cuyas montañas elevan sus crestas hasta ocultarlas en el seno de las vagarosas nubes, cuyos prados están siempre cubiertos de verdor y de flores, y cuyos habitantes están dotados de una imaginación viva y fecunda.

Consérvanse todavía entre sus naturales muchas de las costumbres heredadas de los árabes, de sus dominadores de largos siglos. Allí, el hombre de instinto galanteador hace una divinidad de su dama, a la que procura rendir en público el tributo de sus adoraciones. Para él es una necesidad el cantar sus amorosas ansias al pie de la reja, en que su amada le escucha siempre con el corazón palpitante de emociones. En el silencio de la noche, el enamorado galán, acompañado de una guitarra, su peculiar instrumento, legado que, con el pandero y los palillos, recibió de los moriscos, improvisa esos cantares hijos, como hemos dicho, del corazón; cantares en que, adivinando por instinto el arte y expresando atrevidos conceptos, derrama a veces verdaderos torrentes de armonía.

Sea cualquiera el afecto de que su corazón esté poseído, el amante no puede menos de expresarlo al compás de la guitarra. Si aspira a conquistar el afecto de la mujer que adora, sus cantares se reducen a publicar sus ansias y a celebrar las perfecciones del objeto amado; si está ya en posesión de su cariño, revela en sus cantos la satisfacción que le embriaga, hace juramentos de amor eterno, o pide en ellos al cielo mil desventuras para el inconstante; si un rival le es preferido o si su amor es desdeñado, canta en tristes endechas su desgracia; y si, por último, se ve libre de algún falaz y pérfido lazo, sus coplas alegres y festivas celebran la ruptura de sus cadenas.

Y no es solo el hombre el que suele expresar sus sentimientos por medio del canto en ocasiones determinadas. También la mujer, que, lo repetimos, poetiza como el hombre, improvisa sus cantares en las alegres fiestas que en ciertos días celebra el pueblo, y en las ferias, y en las romerías, y en los bailes al aire libre, y en esos otros llamados de candil, que tan gráficamente ha descrito en uno de sus lindos artículos de la primera parte el señor Gutiérrez de Alba. Allí suelen entablarse luchas de ingenio, tan interesantes, como que, por medio de las coplas, se exigen y dan satisfacciones, se echan en cara defectos, se hacen declaraciones de amor, y aun se provocan duelos y riñas, no siempre de felices desenlaces.

¡Cuántas veces, a corta distancia de estas agradables reuniones, o confundidos entre alguno de sus grupos, hemos tenido que recurrir al lápiz y al papel, para consignar una bellísima redondilla improvisada por un poeta, sin más arte que su corazón, sin más reglas que su instinto!

¡Cuántas otras, al retirarnos de noche a nuestra morada, nos hemos detenido en una esquina, escuchando suspensos la varonil y, sin embargo, agradable voz de un amante, que entonaba una malagueña, o una playera, encerrando en breves frases un delicado poema de sentimiento, y nos hemos separado de aquellos sitios, repitiendo mil veces la copla para escribirla luego, apenas llegados a nuestro domicilio!

Pues de esta manera, u otras semejantes, ha sido recogida por nosotros y por el señor Gutiérrez de Alba (por este principalmente) toda la tercera parte de este libro.

A incluir en ella todos los cantares que, desde que pudimos comprender sus bellezas, han excitado nuestra admiración, habríamos formado ciertamente un tomo de excesivas dimensiones. No siendo este nuestro exclusivo objeto, nos hemos contentado con insertar los más notables, bien que por sí solos dan ya una idea de la imaginación brillante y de los vivos instintos poéticos del pueblo que, sin educación, adivina el arte y produce tantas ignoradas bellezas.

Creemos haber hecho con este trabajo —y hablamos por nosotros y por el señor Gutiérrez de Alba— un servicio importante a las letras españolas, dando representación literaria a esas dulces emanaciones del corazón de un pueblo rico de inspiración, y en cuyo seno no se extingue jamás la savia purísima del sentimiento.

Los hombres, que todo lo sacrifican a la forma; los eruditos indigestos, mirarán acaso con desdén este precioso ramillete formado de las más delicadas flores de un campo sin cultivo. Los verdaderos amantes de la belleza, los que comprenden el alma humana en cualquiera de sus manifestaciones, darán en cambio a esta compilación su verdadera importancia, y nos agradecerán tal vez los afanes que hemos consagrado ambos colectores a tan útil como ímproba tarea.

Tan varia es la índole de estos cantares, como varios son los afectos que los han inspirado. Encuéntranse en ellos rasgos bellísimos de galantería, declaraciones y juramentos de amor, de confianza, y de firmeza; y pasando a otro orden de sentimientos, se hallan perfectamente expresadas la súplica, la sospecha, los celos, la amenaza, la reconvención, el dolor, la amargura, la compasión, el consejo, el desengaño, el despecho, el odio, la imprecación, el desprecio, la indiferencia y el olvido. Hállanse también muchos cantares sentenciosos y epigramáticos; y son, por último, notables y de grande interés, bajo el punto de vista sentimental, y quizá bajo el artístico, los conocidos en el país con el nombre de CARCELERAS, ayes dolorosísimos que se exhalan en lo más profundo de los calabozos, y las PLAYERAS o SEGUIDILLAS GITANAS, que tienen, en medio de una melodía hasta cierto punto monótona, y un metro irregular y extraño, cierto variado colorido, difícil de ser apreciado por los que no son *inteligentes*, ni conocen las costumbres y el carácter de esa pobre raza de seres desgraciados, que vive aislada e indiferente en medio de una sociedad, a quien solo debe aborrecimiento o desprecio, y a la que rinde el tributo de esas inapreciables canciones en que se exhalan los sentimientos más puros del corazón, con la misma espontaneidad que esparcen las flores sus nativos aromas.

Tal es, en sus *tres partes*, el libro que los ilustrados editores señores Gaspar han presentado, o mejor dicho, presentan al público. La oportunidad de su publicación es evidente.

Cuando Cataluña, evocando la memoria de sus más faustos días, y anhelando reconstruir su venerable idioma, reanuda su cultivo y el de su poesía y su literatura; cuando Galicia, parece tender al mismo objeto, con mejor deseo que fortuna; cuando en toda la Península se verifica el gran desenvolvimiento crítico y literario a que estamos todos asistiendo, no debe extrañarnos que de los cuadros de costumbres y de las canciones andaluzas hayan intentado algunos escritores modernos hacer un género especial, cual lo apunta en su PRÓLOGO el señor Gutiérrez de Alba.

No creemos nosotros que de este inesperado movimiento intelectual, tenga nada que temer ni recelar la España moderna; porque, según ha dicho un eminente crítico —el señor Amador de los Ríos— «nunca será más grande, más fuerte y poderosa la unidad de un gran pueblo, que cuando se muestre en ella más enérgica y vividora la rica variedad que la constituya»; ni pensamos que entraña la importancia que se le supone, y particularmente en Andalucía, donde se habla el castellano; que al fin Galicia y Cataluña tienen sus dialectos especiales.

Pero ello es, que el fenómeno se verifica; ello es, que los cuadros de costumbres andaluzas, que estaban en el olvido, se buscan y se leen con cierta avidez, y se escriben con cierto esmero; ello es, que las canciones típicas del país se cantan de nuevo en todas las tertulias, y que sus editores hacen en Madrid, o encargan en Barcelona, apresuradamente, largas tiradas de ellas, cuando hace poco tiempo las tenían relegadas al último rincón de sus establecimientos.

En tales instantes, la publicación de libros como el presente no puede ser más oportuna, y al emprenderla los señores Gaspar, editores, no pueden estar más acertados. Y si la crítica y el público recibiesen bondadosamente, como nos atrevemos a esperar, aunque no sin algún temor, nacido de nuestra modestia, el humilde trabajo que les ofrecemos, tal vez nos decidiríamos a emprender la compilación de un segundo tomo, (y ahora habla por sí solo el que suscribe este EPÍLOGO), si por acaso alcanzáramos la dicha de hallar para él, como para éste, editor ilustrado. Y quizá osaríamos, animados por el éxito, formar colecciones análogas y relativas a cada uno de nuestros antiguos reinos.

De todos modos, y bien que afirmándonos en las creencias que hemos expuesto arriba, queremos dejar consignado, para terminar, que en el trabajo que hemos realizado sobre el que tenía hecho el señor Gutiérrez de Alba, nos ha guiado la idea, además de las ya expresadas, de aprovechar el movimiento literario andaluz que notábamos, para rendir un tributo de admiración, de respeto y de entusiasta cariño al país que es nuestro país; a las costumbres, a los tipos, a las canciones, a los cantares, a la viva imaginación, al despejado ingenio de nuestros paisanos y hermosísimas paisanas; y sobre todo, a nuestra querida patria, la noble, la leal, la fidelísima matrona, la reina del Guadalquivir, la sin par Sevilla, dentro de cuyos amados muros exhalamos el primer soplo de la vida, y donde recibió nuestra cuna el primer rayo que hirió nuestros ojos del esplendente sol de nuestra adorada España.

José Martín y Santiago

Alberto Romero Ferrer (Universidad de Cádiz)

'Una sombra hecha de luz': Imágenes y estereotipos andaluces en el teatro español de los siglos XVIII y XIX[1]

RESUMEN: El teatro juega un papel fundamental en la construcción, consolidación y divulgación de un determinado imaginario peninsular asociado al Sur, muy significativamente en los siglos XVIII y XIX. Desde todos los registros dramáticos, siempre nos vamos a encontrar con una serie de situaciones y personajes que, por distintas razones relacionadas con el color meridional, cuestiones étnicas, socioculturales y de pasado histórico, otorgaban mucha verosimilitud literaria al escenario andaluz. Una fuerte tradición donde conviven la tonadilla escénica y el sainete dieciochesco, el género andaluz romántico, el regionalismo meridional del drama rural y el andalucismo cómico del género chico. Una imagen siempre polarizada entre el tremendismo de lo trágico y la vis cómica de la parodia.

PALABRAS CLAVE: Teatro, costumbrismo, sainete, drama rural, zarzuela.

> *Andalucía, ya se sabe, es el Norte de España;*
> *pero no la busquéis en parte alguna, porque no estará*
> *allí. Andalucía es un sueño que varios andaluces llevamos*
> *dentro.*
> Luis Cernuda, «José Moreno Villa o los andaluces en
> España», 1931.

---

1   Este trabajo forma parte de los resultados de investigación del Proyecto I+D+i del Ministerio de Ciencia e Innovación: «Idea de Andalucía e idea de España en los siglos XVIII-XIX. De la prensa crítica al artículo de costumbres y aledaños» (PID2019-110208GB-I00/AEI/10.13039/501100011033) y del Proyecto: «Andalucía y lo andaluz ante el gran público. Textos fundamentales para su representación en los siglos XVIII y XIX» (P18-RT-2763). Programa de ayudas a proyectos de I+D+i, destinadas a las universidades y entidades públicas de investigación calificadas como Agentes del Sistema Andaluz del Conocimiento (PAIDI 2020). Modalidad Retos Consolidado. Financiado por la Consejería de Transformación Económica, Industria, Conocimiento y Universidades y cofinanciado en un 80% por la Unión Europea, en el marco del Programa Operativo FEDER Andalucía 2014-2020.

De la Ilustración al Romanticismo: El descubrimiento cultural de Andalucía

La expectación por lo andaluz, sus estereotipos e imágenes no resultaba nada ajena a la irrupción controlada de las clases populares en la vida política y social asociada al relato «populista» de la Revolución Francesa. Una ilusión revolucionaria que pronto habrá que acotar desde una mentalidad burguesa donde prevalecerán las ideas de paz y orden, y que relegan a ese mismo pueblo a un papel de cierto atrezo costumbrista-pintoresquista a caballo entre los nuevos ideales románticos y las mitomanías nacionalistas que sacuden todo el siglo XIX, y que en el caso español conllevaba mancomunada una visión muy peculiar del sur del sur de Europa.

En este sentido, el papel del artista resultará esencial, que incorpora a su creación —poesía, teatro, pintura, música— un vasto repertorio de convenciones, iconografías, textos y sonidos hasta entonces muy denostados desde las mentalidades elitistas de la Ilustración. Se produce así una especie de *re-descubrimiento* de la cultura popular, pero desde la emergente mirada burguesa. Burke escribe al respecto: «tanto los artesanos como los campesinos se vieron sorprendidos cuando vieron sus casas invadidas por hombres y mujeres con trajes y hablas de clase media, quienes les insistían para que cantasen sus canciones, o les narrasen sus cuentos tradicionales» (1991: 35).

En todo ello, Andalucía tendrá mucho que decir, tanto dentro como fuera de nuestras fronteras por distintas razones que convergen en tiempo y forma. Circunstancias sociales, económicas y culturales que favorecen la construcción de una poderosa narrativa imaginada en torno a su territorio, observado en cuanto puerta meridional hacia África y Oriente, donde las costumbres y usos de esos «artesanos» y «campesinos» competían con el mundo de los gitanos y las herencias moriscas de su pasado; unos imaginarios de los que, aunque de manera moderada, ya había dado cuenta el teatro barroco, pero que ahora se entronizan como partes fuertes de la escena, hasta llegar a eclipsar la comedia, o configurar un relato autónomo como eran los casos de la tonadilla y el sainete gitanescos —para el siglo XVIII— o el género andaluz y el drama lírico andalucista —para el XIX—.

Un fenómeno que también va a salpicar la escena europea y los salones decimonónicos donde se escuchará, por ejemplo, la guitarra española de Sor y Aguado, y en cuyos teatros triunfarán peculiares artistas españolas —Pepita de Oliva, Petra Cámara, Manuela Perea, Josefa Vargas—, gracias a sus atrevidos y sensuales boleros y castañuelas. Una fecunda línea estética en la que todo lo español, equiparado a lo andaluz, muy pronto inundará determinadas modas de la cultura romántica europea: libros de viajes, teatro, música, poesía, y que desembocará en la famosa *Carmen* de Merimée, después llevada a la ópera por Bizet.

Esta Andalucía entre bambalinas supone una de las vetas estéticas más densas y originales del teatro español de los siglos XVIII y XIX. Primero las tonadillas aflamencadas, luego los sainetes andaluces de Juan Ignacio González del Castillo, siempre a la sombra del sainetero de Madrid, Ramón de la Cruz que, sin embargo, consiguen traspasar los estrechos límites cronológicos del último tercio del XVIII para adentrarse, a veces de manera completamente anónima —como nos señala Caro Baroja (1990: 315-317)— en los repertorios dramáticos de la centuria decimonónica. La fuerza teatral de su adelantado costumbrismo andaluz, la exagerada comicidad de las situaciones que nos presenta, a veces mucho más radical que la del madrileño —como en su día apuntó el maestro Caldera (1981: 79-94)—, o el feliz hallazgo de unos tipos sumamente populares consiguen que su teatro «menos» culto, en contraste con el resto de su polifacética producción dramática y poética, se convierta en uno de los cauces más fructíferos de la escena española del XIX: del sainete andaluz y a la gran zarzuela y el género chico, de Tomás Rodríguez Rubí a Javier de Burgos. Después, ya en el XX: la comedia los hermanos Joaquín y Serafín Álvarez Quintero, Pedro Muñoz Seca, los hermanos Manuel y Antonio Machado; el drama rural de Federico Oliver y José López Pinillos *Parmeno*; el teatro de ballet de Gregorio Martínez Sierra, María de la O Lejárraga y Cipriano de Rivas Cherif; la comedia flamenca de Antonio Quintero y Pascual Guillén; la tragedia clásica de Federico García Lorca; las fantasías líricas de Quintero, León y Quiroga; y tras el franquismo otros rumbos de la mano del teatro comprometido de Salvador Távora y el Nuevo Teatro Andaluz o la mejor tradición flamenca heredada por Antonio Gades. Pero esto es otra historia.

La Andalucía del sainete y la tonadilla escénica: entre el rechazo y la asimilación

Como cabe intuir, la escena pronto se hará eco de esta efervescencia o redescubrimiento de lo popular andaluz y su flamenquismo, anteriormente aludidos. En primer lugar, por la fuerza de la tradición del teatro breve barroco que se nutría de personajes y situaciones de ascendencia meridional, especialmente en la jácara, y en segundo lugar por la eliminación de los antiguos entremeses de Trullo, que desaparecen de los teatros dc la Corte en 1780, para ser sustituidos por la tonadilla escénica y el nuevo sainete dieciochesco, donde los modos, bailes y músicas del Sur tendrán un protagonismo singular, gracias también a la procedencia meridional de muchos de los cómicos y cómicas más sobresalientes del período: los sevillanos Manuel García y María del Rosario Fernández, *la Tirana*, son dos buenos ejemplos. Un proceso de cambios de gustos y prácticas escénicas que supone una de las facetas más complejas y polémicas de la batalla teatral de la Ilustración y su vasto programa de modernización cultural, donde no encajaba en modo alguno el mundo popular que refrendaban estos talantes teatrales, y mucho menos si ese mundo popular se asociaba a la parte más baja de la Península: Andalucía.

Entre los numerosos testimonios que refrendan esta dialéctica, que en el caso del teatro alcanza momentos de mucha tensión, para comprender el alcance de este rechazo basta con traer a colación la carta VII de *Cartas Marruecas* de José Cadalso cuando, para referirse a una fiesta popular en un cortijo entre Sevilla y Cádiz —posiblemente la primera referencia a una juerga flamenca—, lo hace en los siguientes términos bastantes despectivos:

> Dándome cuenta del carácter del tío Gregorio y otros iguales personajes, llegamos al cortijo. Presentome a los que allí se hallaban, que eran amigos o parientes suyos de la misma edad, clase y crianza; se habían juntado para ir a una cacería; y esperando la hora competente, pasaban la noche jugando, cenando, cantando y hablando; para todo lo cual se hallaban muy bien provistos, porque habían concurrido algunas gitanas con sus venerables padres, dignos esposos y preciosos hijos. Allí tuve la dicha de conocer al señor tío Gregorio. A su voz ronca y hueca, patilla larga, vientre redondo, modales ásperos, frecuentes juramentos y trato familiar, se distinguía entre todos. Su oficio era hacer cigarros, dándolos ya encendidos de su boca a los caballeritos, atizar los velones, decir el nombre y mérito de cada gitana, llevar el compás con las palmas de las manos cuando bailaba alguno de sus más apasionados protectores, y brindar a sus saludes con medios cántaros de vino. Conociendo que venía cansado, me hicieron cenar luego y me llevaron a un cuarto algo apartado para dormir, destinando un mozo del cortijo que me llamase y condujese al camino. Contarte los dichos y hechos de aquella academia fuera imposible, o tal vez indecente; sólo diré que el humo de los cigarros, los gritos y palmadas del tío Gregorio, la bulla de todas las voces, el ruido de las castañuelas, lo destemplado de la guitarra, el chillido de las gitanas sobre cuál había de tocar el polo para que lo bailase Preciosilla, el ladrido de los perros y el desentono de los que cantaban, no me dejaron pegar los ojos en toda la noche. Llegada la hora de marchar, monté a caballo, diciéndome a mí mismo en voz baja: ¡Así se cría una juventud que pudiera ser tan útil si fuera la educación igual al talento! Y un hombre serio, que al parecer estaba de mal humor con aquel género de vida, oyéndome, me dijo con lágrimas en los ojos: —Sí, señor (Caldalso, 2000: 34).

Por este tipo de prejuicios, desde la cultura oficial de la Ilustración, sainete y tonadilla escénica —que habían incorporado «la bulla de todas las voces, el ruido de las castañuelas, lo destemplado de la guitarra, el chillido de las gitanas»— a pesar del proceso de refinamiento estilístico, de contenidos y de personajes —del abate al currutaco, del majo/a al petimetre/a— que habían sufrido respecto a sus ascendientes del siglo XVII y principios del XVIII, sin embargo, resultaban a todas luces un teatro anti-estético, poco adecuado e inmoral que, por tanto, debía desterrarse, debía civilizarse, pues significaban lo más degradado culturalmente. Una dialéctica que no hará sino otorgar a estas formas escénicas un fuerte carácter de combate y reacción frente al repertorio serio-oficial, que se traduce en una radicalización de sus propuestas estéticas, situaciones y lenguajes de la mano de la parodia, tanto en los niveles del texto dramático, la música y el baile como en los de la misma puesta en escena.

El reflejo de lo popular y de Andalucía en particular, y por tanto de sus rasgos más diferenciales desde el punto de vista diatópico y diastrático, además de razones que tenían que ver con sus raíces en la tradición del entremés antiguo, había que relacionarlo con las mutaciones que se estaban produciendo en lo referente a la percepción de la realidad y su traslación a los más diversos ámbitos artísticos; una situación que desde la literatura se traduce en lo que se denomina como «mimesis costumbrista», cuyo objeto «es la sociedad, referente cultural e ideológico de la literatura surgida al amparo institucional de la vida pública burguesa que Jürgen Habermas ha denominado *«bürgerliche Öffentlichkeit (Strukturwandel der Öffentlichkeit, 1984)»* (Escobar, 1988: 261-262). Un enfoque que expondrá Ramón de la Cruz para reivindicar el carácter moderno y civilizado de su teatro:

> Pintura exacta de la vida civil y de las costumbres españolas [...] No hay ni hubo más invención en la dramática que copiar lo que se ve, esto es, retratar los hombres, sus palabras, sus acciones y sus costumbres. Y queda convencido que yo invento cuando retrato los payos y los hidalgos extravagantes de las provincias de mi Nación, y los majos baladrones, las petimetras caprichosas y los usías casquivanos de mi lugar [...] Los que han paseado el día de San Isidro su pradera, los que han visitado el Rastro por la mañana, la Plaza Mayor de Madrid la víspera de Navidad, el Prado antiguo por la noche (1786: liv-lvi).

Esta perspectiva convierte al sainete y la tonadilla en dos de los soportes más importantes en la configuración del imaginario en relación con la realidad nacional que, frente a la comedia, que centraba sus focos de atención en los intereses de la burguesía, se mostraba ahora en su diversidad más diatópica, al dar cuenta de situaciones, espacios y personajes que debían interpretarse —como de hecho ocurrió— como espejos más o menos fidedignosde la vida periférica del país (periferia respecto a las grandes ciudades y periferia respecto a la centralidad de Madrid), como «una pintura exacta de la vida civil». Por esta razón sus referencias tenían que estar en la vida cotidiana, en la vida de la calle. Este es uno de sus rasgos más significativos: su estrecha relación con la actualidad popular de la época.

En otro orden, también había que traer a colación las posibilidades que para el costumbrismo ofrecía la renovación de la escenografía teatral a partir fundamentalmente de las reformas introducidas en 1767 por el conde de Aranda, quien ordena a la Junta de Teatros «que se retiren los paños o cortinas de la escena y se sustituyan por decoraciones pintadas» (Arias de Cossío, 1991: 30), señalando la necesidad de que intervengan los pintores en la realización de los decorados. Ello redundará en un evidente progreso técnico y material de la escenografía, mediante la incorporación de decorados y telones que van a permitir otorgar un mayor realismo al espacio escénico, una circunstancia que no escapa a autores como Ramón de la Cruz, quien así podía llevar el mundo real a sus sainetes de una manera mucho más convincente.

Y de todo ese mundo real de «los hombres, sus palabras, sus acciones y sus costumbres» (Cruz, 1786: liv), destacan dos. Se trata del majismo y plebeyismo andaluz y el madrileño (Sala Valldaura, 1988), sin descartarse tampoco otras ascendencias regionales, como es el caso de la galería de personajes de otras procedencias: gallegos, vizcaínos, montañeses, murcianos con sus peculiaridades lingüísticas, profesionales y de indumentaria, como se observa en la zarzuela *Las labradoras de Murcia* (1769) o en su fin de fiesta *Las provincias españolas unidas por el placer* (1789).

No obstante, junto con el majismo madrileño, destaca el colorido andaluz. Ambos van a acaparar la mayor atención, como correlatos teatrales de un curioso proceso de aplebeyamiento cultural que se observa entre los sectores más aristocráticos de la sociedad española (Martín Gaite, 1972), quienes van a adoptar como propios modas, comportamientos y patrones lingüísticos supuestamente populares, en un complejo proceso de travestismo social y transculturalización andaluza que tiende a ofrecernos una idealizada imagen de dichos sectores —los barrios de los alrededores, los gremios artesanales, las ferias agrícolas y de ganado, el mundo de los gitanos— sometidos a las claves del majismo dieciochesco.

Las razones de esta singladura, y significativamente de su ubicación andaluza, hay que buscarlas en sus respectivos contextos económicos y sociales, al estar referidos de manera muy exclusiva a las ciudades de Madrid y Cádiz. Las dos ciudades más expuestas a la contaminación cosmopolita y, por tanto, también más proclives a mimetizar lo foráneo, por razones muy dispares: Madrid es la capital del reino y Cádiz es la urbe cosmopolita que ostenta el monopolio comercial con Ultramar. Todo ello unido a una fuerte actividad teatral que consigue que sus coliseos se transformen en trasuntos de sus respectivos entornos sociales y urbanos, que aparecían así retratados en la escenografía y los tipos. Debido a ello, era normal que sainete y tonadilla alcanzaran aquí una mayor difusión y continuidad, repitiendo en clave cómica la dialéctica social del petimetre y del majo, sobre la base de una coartada jocosa que «se fundamenta en la condenable pobreza intelectual y en la frivolidad moral de ciertos sectores de clase media y alta urbana, en las nocivas consecuencias económicas de la inutilidad de unos y el capricho de otras» (Sala Valldaura, 2009: 450).

Esto es lo que sucede en las obras de Ramón de la Cruz y en las del gaditano Juan Ignacio González del Castillo —los dos saineteros más profesionalizados de la época—, así como en muchas de las tonadillas madrileñas de un músico como Blas Laserna, frente a las piezas andaluzas de otro importante autor —también actor, músico e intérprete— como era Manuel García.

El caso es que en numerosos sainetes de Cruz como de Castillo se van a utilizar los contrastes entre la petimetría —trasunto de la modernidad— y el majismo —trasunto de lo antiguo—, dentro de un juego de oposiciones más básicas entre el mundo más «civilizado» de la ciudad enfrentado sistemáticamente con el del payo. Una oposición que se acentúa por el contraste entre currutacos y andaluces, y el complejo de superioridad de los primeros frente a la rusticidad y simpleza de los segundos: campesinos y artesanos, lugareños de aldea, taberneros, caseras, majos y majas de la periferia. La mirada teatral, que opta siempre por la perspectiva positiva del lugareño o la del majo, se centrará en la ridiculización de lo cursi, lo afectado de los comportamientos, las maneras de hablar, vestir o actuar, y la consecuente supremacía del «brío» o la «bizarría» como equivalentes de honradez y naturalidad, rasgos que se atribuían como propios de ese pueblo, que ahora se pone en escena, y que en el caso de Andalucía sus atributos de «no civilizado» resultaban aún más verosímiles y convincentes.

Ambos dramaturgos tratan este asunto de la confrontación entre petimetres y payos/majos, de manera muy intensa en las últimas décadas del XVIII, bien mediante la recreación de un escenario rural (La Mancha, una feria de ganado), o bien directamente desde la teatralización de lo urbano. Es lo se observa en las piezas *La civilización* y *Las usías y las payas* de Cruz, o en *Un lugareño en Cádiz* y *La feria del Puerto* de Castillo. En todas ellas, la censura se centra en la frivolidad de las costumbres de la gran ciudad, el exceso del lujo y la importancia de la apariencia, frente a una identidad básica cuyas raíces se encontraban en aquellos otros sectores de la sociedad que no se habían dejado contaminar por la invasión de lo moderno, como algo ajeno a lo autóctono.

Surgían así en el teatro las primeras hechuras costumbristas de la vida peninsular, a caballo entre la idealización del mundo rústico y la condena moral de la petimetría, asociada a los ámbitos urbanos. Unas imágenes que se proyectan desde la perspectiva ilustrada de la ciudad, para marcar el diseño de la supuesta diversidad cultural peninsular. Por esta razón, se escribía en *El Censor* que «Madrid daba implacablemente la pauta a las provincias, y muchos de los lugareños que visitaban la corte se sentían intrusos en ella y se quejaban de ser puestos continuamente en evidencia a causa de su *rusticidad*» (Martín Gaite, 1972: 54).

Pero este costumbrismo, en el caso de Castillo, resultaba más agudo, algo así como un espejo cóncavo y deformador, que exagera los perfiles y que resulta poco preciso para la individualización. Pero que enseña la variopinta realidad gaditana, desde «una dimensione comicamente hiperbólica», «un mondo turbinoso, non di rado caotico e privo di inibizioni, percorso da sentimenti elementari e da passione esplosive che si manifestano in tutta la loro corpulenza», «una vita confusa e afanosa» (Caldera, 1981: 80-81), donde las situaciones, las entradas y salidas de la escena, los gestos y los diálogos, se suceden con mayor rapidez, gracias también a un lenguaje verbal que se enfatiza con la acción y el lenguaje de los gestos.

Lo cierto es que, frente al esquematismo de la práctica entremesil, mediante las acotaciones precisas del sainetero se configuraba así una visualización mimética y costumbrista de Andalucía a través de una serie de sainetes de carácter panorámico que pintan las calles, plazas y ambientes de Cádiz, Chiclana o El Puerto de Santa María, como complemento de la comedia de costumbres. Como consecuencia se conseguía en estas piezas una fuerte verosimilitud literaria ambiental, que corre en paralelo con los elementos propios del decoro, una mayor atención por el vestuario y el lenguaje coetáneos y una mayor precisión cronotópica (Sala Valldaura, 1988: 146-148), gracias a la política teatral del conde de Aranda. Como subraya Sala Valldaura;

> Las reformas del conde de Aranda, extendidas por todos los teatros españoles, facilitaron esa mayor precisión cronotópica del teatro breve a partir del siglo XVIII, pero no cabe olvidar las nuevas necesidades del diálogo teatral como consecuencia de la cultura de la conversación y de la dignificación de la condición humana, necesidades que favorecerán tanto un teatro del llanto como un teatro de la sonrisa. Incluso el lugar escénico rural se beneficia de tal acercamiento a la realidad, que tiene en cuenta el espacio sugerido, el decorado sonoro, las referencias diegéticas o narrativas del diálogo, etc., pero al seguir cumpliendo las tradicionales funciones de marco para reírse del bobo rústico (ya sea el alcalde de lugar o el payo) no requiere de grandes precisiones escenotécnicas; tampoco cuando el ambiente rural sirve para denunciar por contraste la inmoralidad de quienes viven en la ciudad y adoptan los nuevos comportamientos (González del Castillo, 2008: XLVII).

Un costumbrismo que se ve reforzado, además, por una estructura tradicional de desfile de personajes tipos:

pobres, ciegos, borrachos, chuchumecos, currutacos, pisaverdes, monicacos, oficiales, sargentos, cabos, tambores, marineros, notarios, jueces, escribanos, alcaldes, alguaciles, regidores, ministros, maestros de escuela, médicos, cirujanos, boticarios, pintores, caseros, peluqueros, sastres, prenderas, zapateros, barberos, herreros, silleros, tenderos, toneleros, taberneros, vendedores ambulantes, buñoleros, aguadores, caleseros, lacayos, sacristanes, toreros… Todos relacionados con la realidad social andaluza de esos años (Cañas Murillo, 1996, I: 222-223).

Esas piezas dramáticas —*El café de Cádiz, El día de todos en Cádiz, La feria del Puerto, El robo de la pupila en la feria del Puerto*— ilustran este carácter descriptivo y pictórico, que ya han señalado en los escenarios dieciochescos muchos historiadores, desde Arthur Hamilton y Clifford Marvin Montgomery hasta José Escobar pues, como se comprueba en *Un lugareño en Cádiz*:

> La escena se representa en la plaza de San Juan de Dios con puestos, vendedores, etc. A izquierda, tienda de mercader, con TENDERO. El POBRE MENDIGO tendrá delante del pecho dos manos postizas. El SARGENTO y los SOLDADOS estarán paseándose. El CIEGO, a un lado, con su guitarra. El CALESERO se paseará con su látigo en la mano; el AGUADOR, con su cántaro y vasos (González del Castillo, 2008: 314).

Asimismo, dentro de esta misma línea meridional se debía mencionar la obra del sevillano Manuel García, cuya estancia en los teatros de Cádiz entre 1791 y 1797 no había que perder de vista en lo que respecta a la construcción de los modelos lírico-teatrales meridionales que encontramos en sus tonadillas *El majo y la maja* (1798) y *La declaración* (1779), las operetas *El seductor arrepentido* (1802) y *El criado fingido* (1804), o la ópera monólogo *El poeta calculista* (1805) (Subirá, 1928-1930), dentro de un amplísimo catálogo mayor de constantes referencias y recreaciones de personajes —la gitana, el bandido, el majo andaluz—, situaciones —el requiebro amoroso y el desplante—, ambientes —la fiesta, el baile, el flamenco—, espacios —Cádiz, Córdoba, La Janda, Málaga, Sevilla, Triana—, músicas —polos, cañas, boleros, fandangos— (Núñez, 2021: 309-331). Ahí quedaban ejemplos como los que siguen: de *El genio de los hombres* (s.a.), de Blas Laserna, una tirana enquistada en las seguidillas finales que dicen:

> Como de cosas finas
> soy enemiga,
> cantaros ahora quiero
> la tiranilla.
> Oídla atentos,
> que es graciosilla,
> recién venida
> de Andalucía.
> Todos oíd,

> que empieza así:
>   No parece la tirana.
> Nadie de ella razón da.
> Avergonzada de ver
> el mal pago que la dan.
> Tiranita mía,
> qué infeliz estás.
> Pobre, abandonada
> y harta de llorar.
> ¡Ay, ay, tiraní, tiraní!
> Pero así son ellas.
> ¡Ay, tiraní, tiraní!
> Sin chiste y sin sal.
> Porque son de Amberes,
> Londres, París o Amsterdam.
>   Sí, sí, tiranita, es verdad.
> ¡Ay, ay, cierto que es verdad! (Subirá, 1928, t. I: 436).

De *Los andaluces* (1761), tonadilla a dúo, de Félix López, interpretada por Coronado y Rosa, un fragmento donde cantan el majo y la maja:

> El.– De la Jandalucía
>   soy, mosqueteros,
>   y traigo tonadilla
>   que es mucho cuento.
>   ¡Eh! ¡Eh! Sal, mi chusca.
>   ¡Eh! ¡Eh! Sal, mi alma.
>   ¡Vaya! ¡Digo! ¡Mira!
>   Sal, y verás, mi cielo,
>   quién te idolatra.
> Ella.– Coronado del alma,
>   sí, yo te quiero,
>   porque los andaluces
>   son mi contento.
> El.– ¡Ay Rosí, sísí sí!
>   ¡Ay mi vi, chi chi chí.
>   Coronado se muere por ti.
> Ella.– ¡Ay! (Subirá, 1928, t. I: 392-393).

El temprano piropo a estas tierras del Sur, en detrimento del centralismo de Madrid, en la tonadilla a dúo de Pablo Esteve *La maja disfrazada* (1777):

> Andalucía mía
> de toda el alma,
> tú eres el paraíso

de buenas caras,
y no que aquí se pintan
las más madamas,
y dan gato por liebre
a lo que tratan,
muchos perejiles
y mucho jollín,
y es todo una peste
de don Crispín,
huele a licores
espliego y olor,
y a pescado rancio
por el interior (Núñez, 2021: 314).

O la parola final de *El majo y la maja* (1798) de García, donde se hacía apología de la ascendencia sureña:

El.– Dispón y manda, chuscona,
   pues tienes más calidad
   que todas las andaluzas
   de Cádiz y Puerto Real (Subirá, t. III: 1930).

Como lo corrobora el amplio volumen de textos tonadillescos, a este escenario literario llegaban «no pocos personajes provincianos o lugareños» donde «Andalucía suministró un caudal importante de asuntos, porque tanto la mujer como la música de esta región parecían adecuadas para la obtención de fáciles éxitos (Subirá, 1929, t. II: 99).

Lo cierto es que esta obsesión por el retrato de la vida civil otorgaba, tanto al sainete andaluz como a la tonadilla gitanesca, además, un valor añadido como testimonió al reflejarse en ellos de manera bastante minuciosa muchos aspectos de la intrahistoria: dichos, atuendos, trajes, comidas y bebidas, adornos y muebles, lo que, unido a las peculiaridades lingüísticas de sus protagonistas, le confería una extraordinaria capacidad mimética de la realidad. El propósito no era otro que el de mostrarnos las escenas de la vida cotidiana, cercanas a los espectadores, y transmitirnos una ilusión de realidad, que empezaba a construirse como el imaginario costumbrista de la Península Ibérica.

El costumbrismo meridional a escena: Romanticismo y pintoresquismo

Pero si el XVIII había inaugurado esta veta casticista, es en la centuria decimonónica, con el mayor protagonismo social de la burguesía, cuando se va a asistir a un auténtico desarrollo teatral de la configuración costumbrista de la realidad española. Un amplio proceso estético que, desde los estilos acuñados por la tradición sainetera anterior, se transforma en uno de los ejes que estructuran la historia literaria y teatral de todo el periodo. El resultado último será un extenso y variado catálogo de estampas literarias de fuertes implicaciones en el orden político, administrativo y moral: en 1822 se divide el Estado en 52 provincias, y en 1833 se agrupaban en 15 regiones.

El primer peldaño de este proceso lo encontramos en el costumbrismo romántico y sus propósitos redescubridores para con la realidad española, de preservar y testimoniar un mundo, según la mentalidad burguesa, en peligro de extinción. Había que redescubrir España, y muy en especial Andalucía, gracias a la confluencia de una serie de excepcionalidades históricas y etnográficas: sus raíces musulmanas, sus asentamientos gitanos y el flamenquismo cultural. Un conjunto de factores que la convierte en la «última frontera entre dos mundos irreconciliables»; una frontera que oscila entre «la tierra prometida del romanticismo europeo y la esencia de una nación, la española, concebida así como marginal a Europa y a la civilización» (Andreu Miralles, 2006). Por esta razón, la literatura y el teatro se llena en palabras de Fernández Montesinos de «tipos populares, vistos en Madrid o en las diferentes provincias; gente que no viste a la europea, que habite en cuchitriles; alguna vez, tipos extrasociales o francamente fuera de la ley» (1965: 120). Un universo compuesto, en esencia, por:

> el torero, el barbero, la criada, la nodriza, el aguador, la lavandera, el alguacil, la gitana, el mendigo, el cochero, el calesero, el cartero, la celestina, la comadre, el sereno, la posadera, la cigarrera, el celador de barrio, los buhoneros, el portero, el ciego; en cierto modo, la doncella de labor (Fernández Montesinos, 1965: 120-121).

No obstante, para el caso del teatro, no todos los personajes, ubicaciones o situaciones van a servir. Así, de manera preferente, solo Andalucía va a generar como escenario literario una intensa corriente en torno a lo que se llega a denominar como «género andaluz» dentro de las carteleras (Romero Ferrer, 1998), aunque también encontramos algunos de sus estereotipos más dinámicos en el mismo drama romántico, como era el caso de la gitana Preciosilla, del *Don Álvaro o la fuerza del signo*, del duque de Rivas. Un personaje, aunque secundario, que en parte nos recordaba la Preciosa cervantina, en parte las majas andaluzas de Juan Ignacio González del Castillo con ciertos ribetes costumbristas asociados a su condición de adivina de la buenaventura: «Señorito, no sea su merced tan súpito. Déme antes esa mano, y le diré la buenaventura» (Rivas, 1994: 82) —requiere Preciosilla a un oficial, en la costumbrista *«entrada del antiguo puente de barcas de Triana»* (Rivas, 1994: 81), según la acotación del drama.

En cualquier caso, es en el género andaluz donde encontramos una original forma dramática, de breve extensión de tiempo que recogía el testigo de González del Castillo, pero que incorporaba las aportaciones técnicas e intencionales del artículo de costumbres, que Montesinos define «narración dramática» (1965: 14), y donde predominaban las escenas y los tipos de ascendencia meridional. Se puede afirmar, por tanto, que la moda andaluza se instaura en la tradición escénica con un repertorio de obras que, bien en clave cómica o melodramática, testimoniaban la garra teatral de Sur, como ese espacio descubierto por los viajeros románticos —Mérimée, Dumas, Scribe, Lord Byron, Washington Irvin, Gautier, Davillier y Doré o Richard Ford— y que, gracias a sus peculiaridades históricas, geográficas, lingüísticas y sociales se trasmutaba por esos años en el paradigma cultural de toda la Península Ibérica. Una situación que, en relación con el teatro, tenía que ver también con la incorporación y el desarrollo del baile y el cante meridionales, sin olvidar el peso considerable del articulismo y la prensa contemporánea donde por esos mismos años se estaban entronizando determinados estereotipos narrativos cuyo canon establece Serafín Estébanez Calderón en sus *Escenas Andaluzas* (1847). Como ha contrastado González Troyano:

> el resultado fue que con los costumbristas románticos se impuso una imagen literaria de Andalucía que alcanzó gran resonancia que, mejor lograda o más degradada, se transmitió a la posteridad. A Estébanez la tradición literaria le ha asignado el papel de iniciador, de desvelador del atractivo literario de unos tipos y unas escenas que estaban en consonancia con su sensibilidad y con el gusto de la época en que las escribió (Estébanez Calderón, 1985: 39).

Aquí un ejemplo de todo ello:

> En tanto, hallándome en Sevilla, y habiéndoseme encarecido sobremanera la destreza de ciertos cantadores, la habilidad de unas bailadoras y, sobre todo, teniendo entendido que podría oír algunos de estos romances desconocidos, dispuse asistir a una de estas fiestas. El *Planeta*, el *Fillo*, Juan de Dios, María de las Nieves, la *Perla*, y otras notabilidades, así de canto como de baile, tomaban parte en la función. Era por la tarde, y en un mes de mayo fresco y florido. Atravesé con mi comitiva de aficionados el puente famoso de barcas para pasar a Triana, y a poco nos vimos en una casa, que por su talle y traza recordaba la época de la conquista de Sevilla por San Fernando. El río bañaba las cercas de espacioso patio, cubiertas de madreselvas, arreboleras y mirabeles, con algún naranjero o limonero en medio de aquel cerco de olorosa verdura. La fiesta tenía su lugar y plaza en uno como zaguán que daba al patio (Estébanez Calderón, 1985: 253).

En conclusión, el género andaluz resultaba una especie de sincretismo mestizo entre el sainete, el baile dramático y la tonadilla escénica, en alternancia con la obra principal de la función.

Nos encontramos ahora con un repertorio, entre 1839 y 1861, que va desde el étnico «cuadro de costumbres gitanas» hasta la «escena andaluza» o el pintoresco «entremés lírico-taurino», de acuerdo con las apreciaciones de Caro Baroja (1969) en torno a la fuerza del pasillo andaluz a partir fundamentalmente del modelo neoclásico y su aclimatización a los procedimientos de la literatura de cordel, muy anclada durante el XIX en los estereotipos que le ofrecía la parte más salvaje de la Península, y por tanto más romántica. Frente al periodo anterior, donde prima lo genéricamente andaluz, gracias a la acentuación del pintoresquismo entre otros factores, se puede observar una mayor agitanización cultural:

> En la primera [etapa], desde finales del XVIII hasta la década de los treinta del XIX, prima genéricamente lo andaluz, mientras los personajes gitanos aparecen de manera secundaria. Estas obras suelen calificarse como comedias andaluzas o comedias de costumbres andaluzas. En la segunda etapa, a partir de la década de los cuarenta, el mundo gitano será el centro de atención. Los calés asumen los papeles protagonistas en las obras y los andaluces se agitanan hasta el punto de que resulta complicado saber si los personajes son payos o no (Del Campo y Cáceres, 2013: 380).

Un interesante discurso-obsesión en torno al «popular racialism» (Todorov, 1993: 106) que sacude toda Europa, entre cuyos resultados prácticos es la concreción de la raza gitana y la aparición de la identidad romaní, cuyo testigo literario lo tenemos en la larga estirpe de Azucenas, Cármenes y Esmeraldas que sacuden la ficción romántica europea, en especial la francesa (Charnon-Deutsch, 2004: 57): *Notre Dame de Paris* (1831) de Victor Hugo, *Voyage en Espagne* (1840) de Théophile Gautier, *Carmen* (1846) de Mérimée. Un grupo social cuyo imaginario animal, emocional y pasional quedaba fuera de lo normativo, una especie de «hombres [y mujeres] arcaicos en tiempos modernos» (Sierra Alonso, 2019: 51), de acuerdo con aquellos atributos únicos que había establecido Argullol en *El héroe y el único* (1982) en su interpretación del Romanticismo.

Entre los autores que se acercaron al formato con bastante éxito encontramos los siguientes: José Sánchez Albarrán (*Al llegar a Madrid*, juguete cómico en un acto, Madrid, Imprenta de José Rodríguez, 1835; *La cigarrera de Cádiz*, 1846; *La velada de San Juan en Sevilla. Cuadro de costumbres andaluzas*, Cádiz, 1847; *El torero de Madrid*, 1847; *La fábrica de tabacos de Sevilla*, ópera cómica con música de Mariano Soriano Fuertes, Sevilla, 1850; *El calesero y la maja*, música de Luis María Arche, Madrid, 1855); José Velázquez y Sánchez (*Una noche de trueno*, paso cómico, Sevilla, 1866; *La venta del Guadiana*, Madrid, 1874; *José Rivera*, 1875; *Regalitos*, comedia, Madrid, 1876); Fernando Gómez de Bedoya (*De Cádiz al Puerto*, 1847; *Soy... mu bonito*, 1847; *La perla sevillana*, 1848; *Rocío la buñolera*, 1848; *Jerónimo el albañil*, 1849; *El contrabandista sevillano*, 1851; *Los boleros en Londres*, 1854); José María Gutiérrez de Alba (*El zapatero de Jerez*, comedia, Madrid, 1850; *Diego Corrientes o el bandido generoso*, drama, 2ª ed. Madrid, 1850; *El tío Zaratán*, parodia de *Guzmán el Bueno*, Madrid, 1850; *Diego Corrientes*, zarzuela, música de Ramón de Sousa, Madrid, 1856; *La flor de la serranía*, zarzuela, música de Cristóbal de Oudrid, Madrid, 1856; *Un jaleo en Triana*, cuadro cómico-lírico, música de Isidoro García Rossetti, Madrid, 1861); José Sanz Pérez (*La flor de la canela. Pieza andaluza*, Cádiz, 1846; *Too es jasta que me enfae*, Madrid, 1847; *En toas partes cuecen habas*, Cádiz, 1848; *Los celos del Tío Macaco*, Madrid, 1849; *El tío Caniyitas o el mundo nuevo de Cádiz*, ópera cómica, Cádiz, 1849; *¡Andújar!*, comedia, Cádiz, 1850; *Tío Pilili en el infierno*, ópera fantástica, Cádiz, 1851; *Don Crispín y la comadre*, melodrama, Cádiz, 1858); o los prolíficos e incansables hermanos Sánchez del Arco (de Francisco Sánchez del Arco son: *¡¡Es la chachi!!*, zarzuela andaluza, música de Soriano Fuertes, Cádiz, 1845; *Los toros del Puerto*, zarzuela, Cádiz, 1847; *El rayo de Andalucía o el guapo Francispo Esteban*, drama, Cádiz, 1848; *La serrana*, juguete lírico, música de Soriano Fuertes, Cádiz, 1850; *Lola la gaditana*, zarzuela andaluza, música de Soriano Fuertes, Madrid, 1875).

A este respecto también convenía destacar la incursión en este tipo de teatro de Antonio García Gutiérrez con su autoparodia de *El trovador*, *Los hijos del tío Tronera* (1847), así como la de Manuel Tamayo y Baus con su drama andalucista *Venganza de un andaluz* (1848). Mención especial merece el sanluqueño Luis Eguilaz, con sus obras *Por dinero baila el perro* (1844), la parodia *Mariana La Barlú* (1852) «cuadro de costumbres gitanas» donde se satirizan los escesos de Scribe a partir de su *Adriana Lecouveur*, y su drama en tres actos *La vida de Juan Soldado* (1856). En la línea zarzuelística Hartzenbusch cultivaría el género con su «zarzuela andaluza» *La alcaldesa de Zamarramala* —de ecos calderonianos—, estrenada con escaso éxito en 1846. Podemos también incluir la temprana zarzuela en un acto *El novio y el concierto* (1839) de Bretón de los Herreros.

La preferencia por el escenario andaluz también se explica desde las posibilidades que ofrecía esta Puerta de Oriente, de acuerdo con el programa estético del Romanticismo, donde la marginalidad se vivía como uno de los atributos más principales del personaje literario. Es decir, los tipos de la gitana, el proscrito, el bandolero, el pícaro, todos ellos encontraban en Andalucía una escenografía muy verosímil, acorde con sus necesidades literarias, pero también una referencialidad nada ajena a determinadas realidades sociales de la geografía meridional. Andalucía resultaba un espacio teatral muy visual, lo que también venía avalado por el prestigio artístico del Sur respaldado desde los diferentes sectores del mundo gráfico, la estampa y la pintura.

La escena se puebla ahora de romerías, ferias y bailes que, por sí solos, constituyen los motivos dramáticos. Los contextos y espacios elegidos por el dramaturgo le servían para traernos a la vista y al oído fragmentos de realidad. Se echaba mano de situaciones marcadas por la incidencia de lo autóctono, pero siempre desde la expectación o asombro ante lo expuesto. A su vez, también se podía optar por distintos motivos, la ciudad o el campo; y dentro de aquella, una taberna, una calle o la fábrica de tabacos, podían ser los hábitats más adecuados para desarrollar la acción del «cada día»: *La fábrica de tabacos de Sevilla* (1850) de José Sánchez Albarrán, o *Un jaleo en Triana* (1861) de Gutiérrez de Alba, sirven para ilustrar este aspecto.

Como modelos textuales se pueden tomar las piezas de Tomás Rodríguez Rubí, quien además publicaría su colección de *Poesías Andaluzas* (1841) antes aparecidas en el *Semanario Pintoresco Español*, y sus dos colaboraciones andalucistas de *Los españoles pintados por sí mismos*. Entre sus títulos tenemos: *Toros y cañas* (1840), *El contrabandista* —con música de Basilio Basili— (1841), *La simpatía o el cortijo de Cristo* (1842), *La venta de Cárdenas* (1842) o *La feria de Mairena* (1843), un «cuadro de costumbres andaluzas» donde emerge la singularidad de un entorno rural meridional marcadamente agrario y muy reticente a todos los cambios que sacuden el siglo. Así se indica en su escenografía:

> Vista del campo de Mairena: varios puestos repartidos convenientemente de fruteros, aguaduchos, buñolerías, etc., etc., Concurrencia de gente de todas clases: algazara que se confunde con las voces de los que venden y con el ruido de las guitarras, castañuelas y panderos de una fiesta (Rodríguez Rubí, 1857: 3).

Una descripción donde encontramos una obsesión por retratar el campo andaluz que destila un sospechoso ensimismamiento, una absoluta ausencia de conflictos y un abigarrado casticismo, que se perpetuaría con mucha facilidad como la imagen más contemporánea de Andalucía, y a veces incluso como el perfil de todo lo español.

Otras ubicaciones preferidas son las ventas y tabernas, como ocurre en *El tío Zaratán*, de Gutiérrez de Alba. Una parodia de la trágica historia de Guzmán el Bueno, de cierto recorrido en el teatro español —Vélez de Guevara, Antonio de Zamora, Nicolás Fernández de Moratín, Tomás de Iriarte, Félix María de Samaniego, Antonio Gil y Zárate— cuya acción, frente al relato canónico del héroe del sitio de Tarifa, se desarrolla en un ventorrillo popular de las periferias de Sevilla:

> El teatro representa el patio de la venta de Eritaña, junto a Sevilla. En el fondo hay una tapia como de tres caras de alto con una puerta en el centro. A la izquierda del espectador están las habitaciones interiores, de las cuales la primera es la cocina, con la parte exterior ennegrecida por el humo. A la derecha se ve un banco rústico, debajo de

un emparrado, y junto a él una mesa tosca con jarros, vasos y botellas. En el ángulo de la izquierda hay una escalera de mano y varias sillas repartidas por la escena (Gutiérrez de Alba, 1850: 5).

Todo ello dentro también del mismo marco teórico anterior. Pues como indica el malagueño Rodríguez Rubí:

> Es, pues, el teatro, según mi leal entender, y de estos ejemplos se desprende, escuela, porque advierte, enseña, ilustra; y «reflejo de costumbres», porque las modela, dibuja o retrata: una institución que, aunque de naturaleza compleja, es, en el mejor ejercicio de sus funciones, uniforme, concreta, indivisible.
>
> [...]
>
> ¿qué ha de hacer el teatro al desempeñar su papel de "retratista", si no usar los colores que la sociedad misma le sirve de paleta? (Rodríguez Rubí, 1860: 430-432).

Una perspectiva que también se observa en los aspectos lingüísticos de los personajes, puestos al servicio de la deformidad cómica, tal y como se ejemplifica en la transformación paródica del famoso monólogo del Manrique de *El trovador* (jornada IV), ahora trasfigurado en su *alter ego* paródico, Manolo —ahí estaba la tradición de Ramón de la Cruz—, de *Los hijos del tío Tronera*, la parodia del chiclanero Antonio García Gutiérrez:

> INESILLA. — ¿Pero qué has visto, *Manué*,
>   *pa* ponerte en ese empeño?
> MANUEL. — ¡Un sueño!
> INESILLA. —¿Y era...?
> MANUEL. — Voy *ayá* con él.
>   Óyeme: la otra noche yo soñaba
>   que junto *ar mesmo* río *catraviesa*
>   *er vesino Arcalá*, contigo estaba.
>   *Ná* se movía *ayí*; tan solamente
>   *er* perro guardián de *argún* molino
>   ladraba tristemente.
>   Del agua turbia entre el raudal travieso
>   la luna aquí y *ayí* se *rebuyía*
>   *reonda* como un queso.
>   *Ayí* sobre la yerba *recostao*
>   y con tu *durse* vista *enagenao*,
>   cantaba en la guitarra mis amores,
>   y *er* viento que en los aires se *sernía*,
>   como quien jase burla, mis clamores
>   por la tierra y los *sielos* repetía.
>   Pero de pronto, entre *er vapó* del agua

> *aparesió* un candil, que *relusiente*
> como chispa de fragua,
> con triste *lus resplandesió* en tu frente.
> Yo vi una vieja... aquí me *maraviyo*,
> de cara *atrós*, descomunal joroba,
> *rusio cabeyo* y cara de *membriyo*,
> *cabayera* en *er* mango de una escoba.
> Ya *jasiendo* pucheros y visiones,
> los *clisos* con *doló* nos *deregía*,
> y a veces y a ocasiones
> abriendo tanta boca, se reía.
> Pero yo no sé cómo, *sarmó* un tango
> de rayos y *troná*, que hasta *er castiyo*
> con la *sacuisión* bailó *er* fandango,
> *regorviéndose* más que un *moliniyo*.
> Y la vieja subióse a una tronera,
> y huyó, las *baes jasia* mi *estendiendo*:
> «*¡Nájate!*» me gritó, y con rabia fiera
> se *gorpeó* la dura *calabera*.
> «*¡Nájate!*», por los aires repitiendo.
> Frío y sin *movisión*, como una *estauta*
> *ar* punto me *queé*: *gorví* a mirarte
> por una y otra parte,
> y solo *ayé* a mi *lao*
> una *armasón* de *güesos* y *peyejo*,
> que me dejó *toitico espirrabao*.
> Dando diente con diente
> *ar* punto me *isperté*: *gorví* los ojos...
> y ¿qué vi? ¡*Er* garrafón del aguardiente!
> Le di un beso, y *ar* punto y de repente
> sus *carisias carmaron* mis enojos (García Gutiérrez, 1979: 303-304).

La trágica escena del drama se reducía ahora a un entramado de sainete, acentuado por las distorsiones lingüísticas entre los vulgarismos, gitanismos y otros usos dialectales del Sur. *Una* impostura cómica que aceptaba los tipos andaluces asociados el mundo extravagante de los gitanos, de acuerdo asimismo con una tradición que se movía dentro de los ámbitos del teatro breve peninsular de los pasos, entremeses, jácaras y bailes dramáticos, pero también en los ámbitos de la comedia y el drama, cuyos graciosos y/o personajes marginales también se retrataban como tipos del hampa.

En síntesis, un teatro con unas:

marcas formales y temáticas de manera abrumadora: inverosimilitud de las situaciones, reiteración de caracteres y escenarios, disposición de la estructura dramática en un esquemático juego de oposiciones binarias (payos frente a gitanos, personaje andaluz frente a personaje extranjero, amante leal y amante equivocado, ricos contra pobres, espacio público contrapuesto a espacio privado, corte o cortijo), y, en fin, una jerga peculiar que nos hace pensar en otras formaciones artificiosas del lenguaje teatral como fue el sayagués o la jerga de negros en la comedia del Siglo de Oro (Romero Tobar, 1998: 158).

Del regionalismo del drama rural a la fiesta del género chico

Hasta mediados del XIX, el imaginario peninsular, en lo que respecta a su proyección en el mundo del teatro, había oscilado fundamentalmente entre las opciones madrileñista y andaluza de manera casi exclusiva y relegado a una función muy secundaria las otras realidades regionales —los tipos del sereno de origen gallego, el maño rústico o el montañés del sainete—. Sin embargo, a partir de la segunda mitad de la centuria la situación va a cambiar de manera muy considerable. A tenor de la labor desarrollada en las colecciones costumbristas románticas, como *Los españoles pintados por sí mismos* o el *Semanario Pintoresco Español*, la diversidad cultural —artificial o no— que se había dibujado sobre la realidad peninsular, además de los modelos andaluces y madrileños, se intentará trasladar al teatro en relación siempre con las corrientes y los gustos teatrales de cada momento, aunque con resultados muy desiguales.

Una vez calmada la eclosión del drama romántico, la escena española busca nuevos derroteros para el teatro serio. El realismo y sus sucedáneos estéticos, del costumbrismo al ruralismo, que en la novela ya habían cosechado algunos éxitos, también se incorporan al teatro, aunque con ciertas reticencias. Como comenta Yxart (1894-1896), el realismo escénico tendrá poco que hacer en un medio teatral como el español, muy reticente a este tipo de perspectivas, al menos en los géneros de declamación.

Las razones para explicar estas circunstancias hay que buscarlas en el hecho de que dichas perspectivas en el ámbito dramático se estaban materializando a través del teatro musical, de acuerdo con el debate acerca del diseño y consolidación de una ópera nacional autóctona, frente a los modelos italianos y franceses. El realismo escénico parecía refugiarse en la zarzuela, gracias a las alternativas casticistas que había introducido Ramón de la Cruz. Es lo que encontramos, básicamente, en zarzuelas como *Marina* (1855) —después ópera en 1871— de Arrieta, o *Pan y toros* (1864) de Barbieri (Cotarelo, 1934).

Sin embargo, en el último tercio del XIX, al calor del agitado panorama político, cuyo régimen liberal había ya mostrado evidencias de fracaso como proyecto de construcción nacional, y las nuevas reivindicaciones nacionalistas de la periferia, las otras realidades culturales de la Península —la *renaixença* catalana, el federalismo y *rexionalismo* gallego, el problema vasco, el regionalismo aragonés— surge la necesidad de trasladar dichas inquietudes al ámbito más público de la escena: renace así el sainete catalán y valenciano, y aparece el *enxebrismo* gallego, la zarzuela vasca, la zarzuela regionalista, el ruralismo escénico y, fundamentalmente, el género chico. Formas teatrales que en las que se va a intentar ofrecer una visión diferencial de la realidad española, vista ahora como el conjunto de las diferentes tradiciones culturales y lingüísticas de la Península Ibérica. Un nuevo proceso de deconstrucción/construcción del imaginario peninsular.

En el último tercio del XIX se observa en el teatro español una intensa escuela de pintura teatral de corte regionalista, con una gran cantidad de títulos, donde abundan las zarzuelas de este signo, junto con el resurgir de la poesía dialectal y la novela regionalista. Toda una proliferación de costumbrismos aragoneses, valencianos, murcianos, gallegos, manchegos, catalanes y andaluces que venían a coincidir con un importante momento de cierto despegue económico regional, especialmente de las periferias, y una reivindicación de las emergentes burguesías de provincias afanosas de identificarse con sus tradiciones más peculiares (Mainer, 1972).

Dentro de este nuevo contexto vamos a encontrar dos fenómenos teatrales de signo bien distinto, pero que convergen en potenciar una imagen peninsular basada en el hecho diferencial. El primero de estos fenómenos es el género chico. Una dramaturgia que surge al amparo del teatro por horas (Romero Ferrer, 1994; Versteeg, 2000), un sistema de producción escénica que se impone en los teatros de Madrid a partir de 1870. Se trata de piezas cortas en un acto, con música o sin ella, que se representaban de continuo con entrada independiente cada una ellas. El objetivo era abaratar el precio de la localidad, con lo que el teatro se abría a otros sectores sociales con menor poder adquisitivo (Membrez, 1987).

Uno de sus aspectos más interesantes va a consistir precisamente en sus parentescos con el costumbrismo romántico. Se puede hablar, incluso, de una continuidad literaria, ya observada desde la crónica teatral de la época. Nos encontramos con unas piezas dramáticas en las que la fábula es un mero pretexto con el que hilar una serie de escenas en las que, sobre un escenario fácilmente reconocible, aparecían situados con cierta precisión unos tipos que constituyen parte inseparable de ese mismo espacio. Es un teatro que se basa en la sucesión de una serie más o menos breve de cuadros de costumbres. Es lo que sucede en títulos tan explícitos como el sainete —sin música— *Cuadros al fresco* (1870) de Tomás Luceño, cuya acción se desarrolla «en Madrid: época, la actual» (AA.

VV., 2005: 268), y que consiste en el desfile de los tipos de «la viuda, la cuca, la verdulera, la criada, el cesante, el jornalero, el cafetero, el barbero, el ciego, el inválido, el agente de policía, el sereno, el jugador: gente del pueblo» (2005: 268). Desde esta perspectiva, los conceptos de tipo y escena del artículo de costumbres coinciden con las perspectivas que utiliza el sainete moderno.

Sobre este esquema básico, las piezas del género chico detendrán su mirada en la misma España popular de los barrios periféricos de Madrid o los medios rurales de la Península, donde parecía concentrarse el hecho diferencial hispánico, así como sus claves más autóctonas, donde nuevamente los escenarios, los tipos, las músicas y ritmos andaluces tendrán un protagonismo de excepción. Un entramado estético en el que se van a sintetizar paisajes, vestuarios, canciones, bailes, costumbres y lenguas, que solía incorporar músicas y ritmos que se apoyaban en materiales populares y folclóricos, y donde colaboran escenógrafos como Augusto Ferri, Giorgio Busato, Bernardo Bonardi, Luis Muriel o Amalio Fernández.

Como ya había ocurrido en el XVIII, uno de sus espacios geográficos más determinantes va a ser Madrid, de acuerdo con las modas casticistas que sacuden la sociedad española de finales de siglo. Es lo que vamos a ver en los sainetes líricos en un acto *La verbena de la Paloma* (1894), de Ricardo de la Vega, y *La Revoltosa* (1897), de José López Silva y Carlos Fernández Shaw, o el pasillo *Agua, azucarillos y aguardiente*, de Miguel Ramos Carrión. En todos ellos, se asiste una sucesión de diferentes estampas y tipos «genuinos» de la vida popular. Unas escenas madrileñas en las que, sin embargo, a pesar de su *madrileñismo*, se incorporan bailes, ritmos y canciones de raíces, al menos en apariencia, gitanas, siguiendo la tradición decimonónica de la tonadilla escénica y el género andaluz, y repitiendo el modelo que con éxito se había actualizado en la popular soleá flamenca «En Chiclana me crié» que había escrito Bretón para *La verbena de la Paloma* (cuadro primero, escena II) y que sería imitada en zarzuelas y sainetes gracias a su calado popular, dentro del andalucismo y el flamenquismo que sacuden de manera muy intensa las letras y la pintura españolas finiseculares. Así quedaba dicha recreación:

Mutación

Una calle de barrio de la Latina. Dos casas ocupan todo el escenario. La de la izquierda del espectador es pobre y muy antigua, y sólo consta de pisos bajo y principal. El piso bajo tiene dos rejas muy grandes y salientes, que permiten ver todo el interior de la casa. El portal es largo y estrecho. La casa de la derecha no es tan antigua y tiene tres pisos. La planta baja es un café cuyo rótulo dice: Café de Melilla. La puerta tiene dos hojas que abren y cierran hacia fuera y hacia dentro, y a la parte de fuera hay un puesto de fósforos y periódicos. Un farol de gas entre las dos casas da muy poca luz a la calle.

Escena II

Casta, Susana y antonia sentadas a la puerta de su casa. Son dos muchachas muy guapas y muy alegres. Visten de chulas, pero con decencia. La tía antonia es una mujer de cincuenta años, gorda y ordinaria. Habla con una voz tan ronca y aguardentosa que no se entiende la mitad de lo que dice. Se vez luz dentro de la habitación. En la calle están los guardias 1º Y 2º, paseándose, y el sereno, recostado en la pared, debajo del farol, leyendo La Correspondencia. Óyese en el café a una cantaora flamenca acompañada al piano. La gente que se supone dentro la jalea, palmoteando y dando con las cucharillas en los vasos. Con casta, susana y su tía antonia aparecen sentadas dos vecinas y un vecino.

Música (Soleá y concordante.)

Cantaora. — En Chiclana me crié;
    que me busquen en Chiclana
    si me llegara a perder.
Voces. — ¡Olé...!
Cantaora. — Los arroyos y las fuentes
    no quieren mezclar sus aguas
    con mis lágrimas ardientes.
Voces. — ¡Mi niña!
Guardia 1º. — No me choca nada
    que se la disputen.
    ¿Qué te *paece*, Pedro?
Guardia 2º. — Que canta de *buten*.
Antonia. — ¡Olé, olé, olé,
    que te aplaudo yo!
    ¡Porque sí *señó*!
    ¡Porque me gustó!
    ¡Y no habrá ninguno
    que diga que no!
    ¡Bendita sea la madre
    que te parió!
    ¡Y lo digo yo!
    ¡porque sí *señó*!
    ¡porque sí *señó*!
    ¡porque sí *señó*!
Casta y Susana. — Cállese usted, tía Antonia
    con esa voz,
    que la van a llevar los del orden
    a la prevención.
Antonia. — No me da la gana,
    que lo digo yo
    porque tengo lengua
    y san se acabó.

VECINAS. — Pues dice muy bien.

VECINO. — Pues tiene razón.

CANTAORA. — Si porque tengo madre
    vienes a buscarme a casa,
    anda y búscame en la calle.

VOCES. — ¡Bendita seas!

CANTAORA. — Que me dijo mi madre
    que no me fiara
    ni de tus ojos, que miran traidores,
    ni de tus palabras.

VOCES. — Que te vengas conmigo,
    morena barbiana,
    y que chulos y chulas del barrio
    te toquen las palmas.

GUARDIAS. — Que se alegra la gente del barrio
    con esta barbiana
    y los mozos están en Melilla
    de broma y jarana.

CASTA y SUSANA. — Esta noche, tía Antonia,
    se pone usted mala,
    y cuando venga el señor boticario
    la mete en la cama.

ANTONIA. — Esta noche la paso
    de broma y jarana
    porque requiero, requiero y requiero
    y me da la gana (AA.VV., 2005: 428-430).

Lo cierto es que esta actualización en clave dramática de «los españoles pintados por sí mismos» traía a la práctica del teatro el nuevo modelo artístico realista-naturalista que implicaba tomar «la sociedad como modelo de arte» (Yxart, 1894: 82), toda una novedad frente a la situación anquilosada del resto del teatro de la época. Era una nueva literatura dramática donde se posibilitaba el encuentro entre la tradición escénica española y el nuevo modelo realista, que en materia literaria no debía sino arrancar lo «más auténtico y lo más real de la vida misma» (Yxart, 1894: 82), aunque para el caso andaluz resultaba prácticamente imposible alejarse de sus imágenes anteriores, que todo lo más se venían en permanente diálogo con la incorporación de los nuevos lenguajes teatrales.

Esta preocupación por el reflejo objetivo implicaba la fijación por el dato y su acumulación, como elementos que debían sincronizarse de manera siempre complementaria, bajo la premisa de la sociedad como modelo artístico y cuyo objetivo último debía consistir en retratar el movimiento y la vida populares, en un claro guiño a la tradición sainetera de la segunda mitad del XVIII. Por ejemplo, Luceño cuando escribe la pieza *¿Cuántas, calentitas, cuántas?* llega a subtitularla «continuación de *Las castañeras picadas* de don Ramón de la Cruz», para evidenciar así dónde estaban sus raíces. Se pasa así del majo del *Manolo* al Julián de *La verbena de la Paloma*, de la maja a la Mari Pepa de *La Revoltosa*, de la petimetra a la señorita cursi de *Agua, azucarillos y aguardiente*, del viejo currutaco al viejo verde Don Hilarión, aunque el camino se dirigía hacia la tragedia grotesca de Arniches, el astracán de Muñoz Seca, o incluso el esperpento de Valle-Inclán (Romero Ferrer, 2000).

No obstante, el género chico también acusaba el peso cultural de las periferias y de un fuerte casticismo. El mundo de la huerta valenciana, las tierras aragonesas, los campos de azafrán de La Mancha, el ambiente marinero de Cantabria o un pueblo de Guipúzcoa junto a los recurrentes olivares y los cortijos de Andalucía se transfiguran en escenarios llenos de decoro, prestigio literario y fuerza dramática, tanto en su vertiente cómica, avalaba por la tradición anterior, como en su faceta melodramática, asentada en la mayor verosimilitud que para lo dramático podía ofrecer el mundo rústico y apartado del campesino, que debía pintarse en la escenografía de manera muy detallada.

Para el caso andaluz, cuyo volumen de otras es ostensiblemente más numeroso respecto a otras latitudes peninsulares, se trae a colación *El mundo comedia es o El baile de Luis Alonso* (1896) de Javier Burgos y música de Gerónimo Giménez, de carácter cómico y ambientado en el Cádiz popular de los barrios del Balón y de la Viña o *La Tempranica* (1900) de Julián Romea, un melodrama en un acto con música también de Giménez, ambientado en la vega de Granada. Con todo detalle, debían aparecer ahora siempre los paisajes de las diferentes tierras peninsulares. Por eso *La Tempranica* se desarrolla en:

> Una explanada en la sierra cercana a Granada. A la izquierda, en segundo término, fachada de un cortijo y casa de cazadores, en cuyo centro está la puerta de entrada. Continúa formando escuadra con la dicha fachada con otro cuerpo de edificio que llega hasta el proscenio. Este trasto tiene una ventana a una altura que no puede ser dominada sino subiéndose en el banco de fábrica que hay debajo adosado al muro. Otros bancos del mismo género a los lados de la puerta. Foro derecha, camino estrecho, por el que llega a la casa. Rocas y maleza al fondo. Es de noche. Se percibe el resplandor de la luna, que se pone poco a poco, haciéndose noche oscura (AA.VV, 1962: 557).

Una línea de prestigio artístico asociado al Sur que cerraba Manuel de Falla con *La vida breve* (1913) sobre texto de Carlos Fernández Shaw, y, fundamentalmente, su «gitanería en un acto» *El amor brujo* (1915) escrita de manera expresa para el lucimiento de la flamenca Pastora Imperio en el Teatro Lara de Madrid, sobre textos de María de la O Lejárraga, aunque atribuida a su marido Gregorio

Martínez Sierra durante mucho tiempo. Dos obras donde se incorporaba, junto a la partitura culta o clásica, el cante jondo, para escándalo de los más puristas.

En definitiva, todo ello componía un completo friso dramático donde se mostraba una Andalucía compleja dentro de una España diferencial y recóndita sobre la base de un ruralismo regionalista que actuaba de contraste frente al excesivo madrileñismo de esta zarzuela chica, aunque desde la misma perspectiva folclórica y tradicional, que ofrecía una percepción de lo andaluz, sus apariencias y estereotipos como un puzle multicultural, de amplio calado artístico en el primer tercio del XX, donde convergían multitud de planos estéticos difícilmente separables.

El segundo fenómeno escénico que refleja el regionalismo peninsular es el drama rural (Paco, 1971-1972). En la última década del XIX, bajo la influencia del naturalismo, surge un tipo de drama en el que pesa también la fuerte influencia del costumbrismo regionalista, además de la tradición del drama campesino del Siglo de Oro —*Fuenteovejuna, El alcalde de Zalamea*— y de la comedia rústica de Bretón de los Herreros —*A Madrid me vuelvo, El pelo de la dehesa.*

Sin embargo, más allá de la presentación de manera extrema de las pasiones humanas y los conflictos en torno a una trasnochada concepción del honor y la honra que se copia del modelo barroco, el drama rural nos va mostrar siempre una localización regional, bien campesina o simplemente popular—.

Se trata de un teatro pensado por y para la burguesía, frente al género chico, que tiene un público más diverso donde también entraban las clases populares. Esta perspectiva burguesa hace que la visión que se ofrece del medio rural suela caer siempre en los tópicos de su idealización, un mundo de modelos y conductas puras, ética rudimentaria y sentimientos vírgenes, en oposición a la artificiosidad y la falsedad de las apariencias del medio urbano. Un *topoi* presente en la imagen literaria del mundo rural a lo largo de todo el XVIII y XIX. Era, por tanto, una visión burguesa del campesinado español, en el que se depositaba unos valores que para esa misma burguesía producía una cierta admiración, pero solo desde la contemplación artística e identitaria.

Esta nueva dignificación literaria del pueblo, que adquiere ahora el decoro del héroe trágico, frente a sus formulaciones cómicas, toma como postulado artístico hacer del escenario un estudio y pintura de la vida real. Por esta razón, uno de sus rasgos más característicos va a consistir en la construcción de unos personajes con fuertes marcas dialectales, entre las que abundan expresiones vulgares, dichos populares y refranes, buscándose siempre una traslación de la realidad lingüística, como si estuviera tomada del natural; los mismos propósitos que se perseguían desde una escenografía verista que ponía sobre la escena la Península Ibérica desde sus diferentes realidades regionales.

Es lo que encontramos en el regionalismo naturalista de Ángel Guimerá que, desde el drama neorromántico, dará el salto al teatro costumbrista con títulos tan explícitos para la *renaixença* catalana como *María Rosa* (1894), *La festa del blat* (1896) o *Terra baixa* (1897); esta última de gran éxito, lo que la convierte rápidamente en uno de los clásicos del repertorio catalán. Obra de fuerte verismo dramático en el que el peso de la ambientación y el calor de la pasión de los personajes, basada en la honra del amor, quedan bien equilibrados con su estudio psicológico y el análisis minucioso de sus formas externas y el lenguaje. Dentro de una localización rural que resulta absolutamente determinante para el desarrollo de los conflictos, especialmente los conflictos internos de los protagonistas. En todos estos ejemplos, el regionalismo catalán parecía encontrar en el drama rural una interesante vía de visibilidad, que también había que poner en relación con los emergentes idearios reivindicativos de la nación catalana y su otra identidad cultural y lingüística.

Sin embargo, esta España de pueblo y campo, también se dejaba sentir en otras latitudes peninsulares, como testimoniaban los dramas de Feliú y Codina. Si su éxito *La Dolores* (1892) caminaba por las tierras aragonesas de Calatayud, *María del Carmen* (1896) nos mostraba el color de la huerta murciana, y *Miel de la Alcarria* (1895) transitaba por la austera Castilla, como también harían los dramas de Benavente, *Señora ama* (1908) —«en un pueblo de Castilla la Nueva» (1991: 52)— y *La malquerida* (1913), otras muchas obras detendrían su mirada en las tierras más meridionales de la Península, como era el caso de *La real moza* (1897) de Codina. Un territorio este último que encontrará en el drama rural otra vía más para dar cuenta de sus peculiaridades y diferencias.

Por esta razón no debe extrañar que otra vez Andalucía vuelva al escenario, aunque en esta ocasión desprovista de sus estereotipos desenfadados, para mostrar otros registros dramáticos, como los que se observaran, por ejemplo, en *Malvaloca* (1912) de los hermanos Álvarez Quintero —los autores de Utrera cultivaron todos los registros posibles sobre Andalucía—, en la que aparece un sofocante mundo andaluz lleno de prejuicios en torno al honor y la honra de la protagonista y la pasión desenfrenada de su amante. Un mundo meridional donde también vamos a encontrar escritores de otros matices ideológicos como es López Pinillos, *Parmeno*, con un número considerable de textos que, centrados en las complejidades sociales del mundo del jornalero andaluz, van a ofrecer una dura imagen tremendista del medio en aras de un cierto discurso regeneracionista. Es lo que sucede en piezas como *El pantano* (1913), *Esclavitud* (1918), o las más posteriores *La red* (1921) y *La tierra* (1921). Sin olvidarnos de la lectura trágica lorquiana que cerraría este ciclo interpretativo con *Bodas de sangre* (1932) y su «drama de las mujeres en los pueblos de España», *La casa de Bernarda Alba* (1936) (Romero Ferrer, 2015).

***

De un modo u otro, este intenso caudal dramático del género chico y el drama rural culminaría ya en las primeras décadas del XX con la visión que Sorolla plasmaría en los catorce murales que pintara para la Hispanic Society of America, bajo el título de *Las regiones de España* (1913-1919) donde se representaban los ambientes, escenas, paisajes y costumbres más características de las diferentes provincias españolas y portuguesas, y donde la mirada sobre Andalucía, sus tradiciones, indumentarias y sus escenografías resultaban especialmente singulares por su exotismo y extremado color local. Un relato de contrastes, cuyo objetivo no era otro sino proyectar una pintura de lo peninsular, especialmente anclada en el Sur, de acuerdo también con las tensiones y conflictos entre centro y periferia que marcan los ritmos políticos y culturales de la España finisecular, y que recogía con nuevo impulso y fuerzas renovadas la enérgica tradición costumbrista anterior. Un intenso catálogo de retratos, asimismo intrahistóricos, que, junto con otras manifestaciones artísticas y literarias de los siglos XVIII y XIX, se había puesto al servicio de un proyecto más general: la construcción de unos imaginarios andaluces como correlatos de la imagen, en clave de sinécdoque, de la nación; esto es, el todo por una de sus partes. O, como diría Cernuda, Andalucía como «el Norte de España».

Bibliografía

AA.VV. (1962), *El Género Chico (Antología de textos completos)*, Madrid, Taurus.

AA.VV. (2005), *Antología del Género Chico*, ed. Alberto Romero Ferrer, Madrid, Cátedra.

Álvarez Junco, José (2007), *Mater dolorosa. La idea de España en el siglo XIX*, Madrid, Taurus.

Andreu Miralles, Xavier (2006), «¡Cosas de España! Estereotipos, marginalidad y costumbres nacionales a mediados del siglo XIX», en Seminario de la Fundación Ortega y Gasset.

Andreu Miralles, Xavier (2016), *El descubrimiento de España. Mito romántico e identidad nacional*, Madrid, Taurus.

Argullol, Rafael (1982), *El héroe y el único. El espíritu trágico del Romanticismo*, Madrid, Taurus.

Arias de Cossío, Ana María (1991), *Dos siglos de escenografía teatral en Madrid*, Madrid, Mondadori.

BENAVENTE, Jacinto (1991), *Señora ama. La malquerida*, ed. Mariano de Paco, Madrid, Espasa Calpe.

BURKE, Peter (1991), *La cultura popular en la Europa moderna*, Madrid, Alianza Editorial.

CADALSO, José (2000), *Cartas Marruecas*, est. prel. Nigel Glendinning, ed. Emilio Martínez Mata, Barcelona, Crítica.

CALDERA, Ermanno (1981), «Le iperboli di González del Castillo», en Giuseppe Bellini (ed.), *Aspetti e problemi delle letterature iberiche. Studi offerti a Franco Meregalli*, Roma, Bulzoni, pp. 79-94.

CAÑAS MURILLO, Jesús (1996), «Hacia una poética del sainete: de Ramón de la Cruz a Juan Ignacio González del Castillo», en Josep Maria Sala Valldaura (ed.), *Teatro español del siglo XVIII*, Lérida, Universidad de Lleida, 1996, t. I, pp. 222-223.

CARO BAROJA, Julio (1990), *Ensayo sobre la literatura de cordel*, Madrid, Istmo.

CHARNON-DEUTSCH, Lou (2004), *The Spanish Gypsy. The History of a European Obsession*, Pennsylvania, The Pennsylvania State University Press.

COTARELO Y MORI, Emilio (1934), *Historia de la zarzuela, o sea del Drama Lírico en España, desde su origen a finales del siglo XIX*, Madrid, Tipografía de Archivos.

CRUZ, Ramón de la (1786), *Teatro, o Colección de los sainetes y demás obras dramáticas de D. Ramón de la Cruz y Cano, entre los Árcades Larisio Dianeo*. Madrid: Imprenta Real.

CRUZ, Ramón de la (1996), *Sainetes*, ed. Josep Maria Sala Valldaura, Barcelona, Crítica.

DEL CAMPO, Alberto y CÁCERES, Rafael (2013), *Historia cultural del flamenco. El barbero y la guitarra*, Córdoba, Almuzara.

ESCOBAR, José (1984), «Más sobre los orígenes de *civilizar* y *civilización* en la España del siglo XVIII», *Nueva Revista de Filología Hispánica*, n.º 33, pp. 88-114.

ESCOBAR, José (1988), «La mímesis costumbrista», *Romance Quarterly*, n.º 33, pp. 261-270.

ESTÉBANEZ CALDERÓN, Serafín (1985), *Escenas andaluzas*, ed. Alberto González Troyano, Madrid, Cátedra.

FERNÁNDEZ MONTESINOS, José (1965), *Costumbrismo y novela. Ensayo sobre el redescubrimiento de la realidad española*, Madrid, Castalia.

GARCÍA GUTIÉRREZ, Antonio (1979), *El trovador y Los hijos del tío Tronera*, ed. Jean Louis Picoche, Madrid, Alhambra.

González del Castillo, Juan Ignacio (2008), *Sainetes escogidos*, eds. Alberto Romero Ferrer y Josep Maria Sala Valldaura, Sevilla, Fundación José Manuel Lara.

Gutiérrez de Alba, José María (1850), *El tío Zaratán. Parodia de Guzmán el Bueno, en un acto y en verso*, Madrid, Círculo Literario Comercial-Imp. de S. Omaña.

Leblon, Bernard (2018), *Los gitanos de España*, Barcelola, Gedisa.

Mainer, José-Carlos (1972), «José López Pinillos en sus dramas rurales», en *Literatura y pequeña burguesía en España (Notas 1890-1950)*, Madrid, Edicusa, pp. 89-120.

Martín Gaite, Carmen (1972), *Usos amorosos del dieciocho en España*, Madrid, Siglo XXI de España.

Membrez, Nancy J. (1987), *The «Teatro por Horas»: History, Dynamics and Comprenhensive Bibliography of a Madrid Industry (1867-1922)*, Santa Bárbara, University of California.

Núñez, Faustino (2021), *Guía comentada de música y baile preflamencos (1750-1808)*, Madrid, Ediciones Flamencópolis.

Paco, Mariano de (1971-1972), «El drama rural en España», *Anales de la Universidad de Murcia*, n.º 30.1, pp. 150-155.

Rivas, Ángel Saavedra, Duque de (1994), *Don Álvaro o la fuerza del sino*, est. prel. Ermanno Caldera, ed. Miguel Ángel Lama, Barcelona, Crítica.

Rodríguez Rubí, Tomás (1857), *La feria de Mairena. Cuadro de costumbres andaluzas*, Madrid, Imprenta de Don Cipriano López.

Rodríguez Rubí, Tomás (1860), *Discurso acerca de la excelencia, importancia y estado presente del teatro (1847)*, Imprenta Nacional, Madrid.

Romero Ferrer, Alberto (1998), «En torno al costumbrismo del género andaluz (1839-1861): cuadros de costumbres, tipos y escenas», en Joaquín Álvarez Barrientos y Alberto Romero Ferrer (eds.), *Costumbrismo Andaluz*, Sevilla, Secretariado de Publicaciones de la Universidad de Sevilla, pp. 125-148.

Romero Ferrer, Alberto (2000), «Del género chico al sainete arnichesco», *Ínsula*, n.º 639-640, pp. 23-26.

Romero Ferrer, Alberto (2008), «El sainete y la tonadilla escénica en los orígenes del costumbrismo andaluz», en Joaquín Álvarez Barrientos y Begoña Lolo (eds.), *Teatro y Música en España: los géneros breves en la segunda mitad del siglo XVIII*, Madrid, CSIC/UAM, pp. 237-263.

Romero Ferrer, Alberto (2015), «La España trágica de pueblo y campo: del drama rural a la actualización de la tragedia griega en el teatro de Federico

García Lorca», *Calamus Renascens. Revista de Humanismo y Tradición Clásica*, n.º 16, pp. 249-266.

ROMERO FERRER, Alberto (2017a), «La escenografía teatral de la sociabilidad popular: cafés, patios de vecinos, tabernas, ferias y verbenas (del sainete a la zarzuela)», en Eva María Flores Ruiz (ed.), *Casinos, tabernas, burdeles: ámbitos de sociabilidad en torno a la Ilustración*, Córdoba, UCOPress/Presses Universitaires du Midi, pp. 105-126.

ROMERO FERRER, Alberto (2017b), «La escenografía teatral del costumbrismo, el romanticismo y el naturalismo en la zarzuela grande y la ópera española», en Mª Pilar Espín Templado, Pilar de la Vega Martínez y Manuel Lagos Gismero (eds.), *Teatro Lírico Español. Ópera, drama lírico y zarzuela grande entre 1868 y 1925*, Madrid, Editorial UNED, pp. 163-193.

ROMERO FERRER, Alberto (2017c), «Performing the Peninsula: Costumbrismo and the Theatre of the 18th and 19th Centuries», en Javier Muñoz-Basols, Laura Lonsdale y Manuel Delgado (eds.), *The Routledge Companion to Iberian Studies*, London and New York, Routledge-Taylor & Francis Group (T&F), pp. 368-379.

ROMERO FERRER, Alberto (2021), *La parodia dramática en el teatro español moderno y contemporáneo*, Madrid, Punto de Vista Editores.

ROMERO FERRER, Alberto (2022a), «Los márgenes del mito romántico y la identidad nacional en la colección teatral *La España Dramática* (1849-1881)», *Foro hispánico: revista hispánica de Flandes y Holanda*, n.º 69. (Ejemplar dedicado a *Otherness and National Identity in 19th-Century Spanish Literature*), pp. 136-173.

ROMERO FERRER, Alberto (2022b), «La teatralidad del imaginario nacional: la escenografía romántica y costumbrista del drama», en Marieta Cantos Casenave (ed.), *Leer y escribir la nación: mitos e imaginarios literarios de España (1831-1879)*, Madrid/Frankfurt am Main, Iberoamericana/Vervuert, pp. 279-296.

ROMERO TOBAR, Leonardo (1998), «Teatralidad y andalucismo en el Madrid de mediados del siglo XIX: el género andaluz», en Joaquín Álvarez Barrientos y Alberto Romero Ferrer (eds.), *Costumbrismo Andaluz*, Sevilla, Secretariado de Publicaciones de la Universidad de Sevilla, pp.149-168.

SALA VALLDAURA, Josep Maria (1988), «El majismo andaluz en los sainetes de González del Castillo», en Javier Huerta Calvo y Emilio Palacios Fernández (eds.), en *Al margen de la Ilustración. Cultura popular, arte y literatura en la España del siglo XVIII*, Amsterdam, Rodopi, pp. 145-168.

SALA VALLDAURA, Josep Maria (2009), «Gurruminos, petimetres, abate y currutacos en el teatro breve del siglo XVIII», *Revista de Literatura*, n.º 142, pp. 429-460.

Sierra Alonso, María (2019), «Hombres arcaicos en tiempos modernos. La construcción romántica de la masculinidad gitana», *Historia Social*, n.º 93, pp. 51-65.

Subirá, José (1928-1930), *La tonadilla escénica*, Madrid, Tipografía de Archivos, 3 vols.

Todorov, Tzvetan (1993), *On Human Diversity. Nationalism, Racism, and Exoticism in French Thought*, Cambridge, Mass, Harvard University Press.

Versteeg, Margot (2000), *De Fusiladores y Morcilleros. El discurso cómico del género chico (1870-1910)*, Amsterdam, Rodopi.

Yxart, José (1894-1896), *El arte escénico en España*, Barcelona, Imprenta La Vanguardia, 2 vols.

María Isabel Jiménez Morales (Universidad de Málaga)

El teatro andalucista de Rodríguez Rubí (1840-1843)[1]

RESUMEN: En las siguientes páginas queremos acercarnos a un grupo de textos teatrales del malagueño Tomás Rodríguez Rubí que responden a lo que se ha dado en denominar «género andaluz» y que son quizá los menos conocidos del autor. El corpus de su teatro andalucista estaría constituido por siete obras estrenadas entre 1840 y 1843: *Toros y cañas, El contrabandista, El ventorrillo de Crespo, Las simpatías o El cortijo del cristo, Las ventas de Cárdenas, Casada, virgen y mártir* y *La feria de Mairena*, que aquí son analizadas y sobre las que se ofrecen datos relativos a su acogida por parte del público madrileño. Se contextualiza así no solo la producción de Rodríguez Rubí, sino también su recepción, desde lo que se hace posible extrapolar cómo quizá la demanda del género lleva a los autores a recurrir a los estereotipos habituales sobre personajes y espacios andaluces, pero presentando también otros elementos compositivos propios del autor como la representación en sus obras de todas las clases sociales, que lo lleva a incluir a personajes de la burguesía y la aristocracia e incluso a algún extranjero, que aquí sirven para ensalzar los valores del pueblo. Ahora bien, acaso por la fuerte presencia en los escenarios de este tipo de obras la recepción de las mismas resultó algo tibia y pudo determinar en cierto modo el fin del andalucismo en su obra literaria, que había marcado sus inicios también en la poesía.

PALABRAS CLAVE: Andalucía, teatro, Tomás Rodríguez Rubí, género andaluz.

Aunque Rodríguez Rubí inicia su carrera literaria escribiendo poemas, que primero publica en las revistas del momento y después reúne en *Poesías andaluzas* (1841), muy pronto se orienta hacia el teatro. Un rápido recorrido por su

---

1 Este capítulo forma parte de los resultados del Proyecto I+D+i del Ministerio de Ciencia e Innovación: «Idea de Andalucía e idea de España en los siglos XVIII-XIX. De la prensa crítica al artículo de costumbres y aledaños» (PID2019-110208GB-I00/AEI/ 10.13039/501100011033) y del Proyecto: «Andalucía y lo andaluz ante el gran público. Textos fundamentales para su representación en los siglos XVIII y XIX» (P18-RT-2763). Programa de ayudas a proyectos de I+D+i, destinadas a las universidades y entidades públicas de investigación calificadas como Agentes del Sistema Andaluz del Conocimiento (PAIDI 2020). Modalidad Retos Consolidado. Financiado por la Consejería de Transformación Económica, Industria, Conocimiento y Universidades y cofinanciado en un 80% por la Unión Europea, en el marco del Programa Operativo FEDER Andalucía 2014-2020.

primera producción dramática demuestra el carácter fecundo del escritor malagueño y su inspiración heterogénea. En estos primeros años, combinó obras del
«género andaluz» —objeto de estudio de esta investigación— con comedias de
costumbres contemporáneas, piezas históricas o comedias de figurón, de las que
pueden mencionarse títulos como *Rivera o la fortuna en la prisión, El rigor de las
desdichas, Detrás de la cruz, el diablo, Honra y provecho, La rueda de la fortuna* o
Dos validos y castillos en el aire.

El canon de su teatro andalucista es bastante reducido, en comparación con
las numerosas obras que Rodríguez Rubí escribió a lo largo de su trayectoria
teatral. Lo integran unas pocas piezas, que llegan a los escenarios en los primeros años de la década de los cuarenta, cuando el movimiento romántico y
el andalucismo literario se encuentran en pleno apogeo en nuestro país. *Stricto
sensu,* lo conforman seis obras. La mitad de ellas se estrena en 1841: la ópera *El
contrabandista,* la zarzuela *El ventorrillo de Crespo* y el sainete *Las simpatías o
El cortijo del cristo.* Al año siguiente escribe *Las ventas de Cárdenas* y en 1843
ven la luz *Casada, virgen y mártir* y *La feria de Mairena.* Estas serían las obras
que, tradicionalmente, han sido consideradas «andalucistas»; pero incluyo en
esta nómina su comedia *Toros y cañas,* estrenada en noviembre de 1840. Esta
obra nunca se ha estudiado desde esta perspectiva, aunque sí haya sido incluida
en el repertorio teatral del «género andaluz» de Rodríguez Rubí (Romero Ferrer,
1998: 131). Por el tema y algunos personajes, encaja a la perfección en el género,
pudiendo llegar a considerarse antecedente de las anteriormente mencionadas.
De ambientación madrileña, muestra una clara impronta andalucista gracias a
Currillo: torero jerezano, confidente del barón protagonista, que presenta acentuadas aficiones taurinas. Coincido con Torres Nebrera, quien calificó esta obra
de comedia de enredo con fondo andaluz (1998: 201).

Los críticos contemporáneos a Rubí pasaron por alto estas piezas, deteniendo su análisis en obras más relevantes, como *Isabel la Católica, Borrascas
del corazón, El arte de hacer fortuna…* En el mejor de los casos, se limitaban a
mencionar algunos títulos —citando casi unánimemente *La feria de Mairena*—,
pero sin ofrecer un análisis de las mismas (Ferrer del Río, 1846; Pastor Díaz,
1846; Fernández de los Ríos, 1849; Picón, 1882; Fabié, 1891). En la actualidad,
tampoco ha sido más halagüeña la aportación de la crítica a estas obras de carácter andaluz. No se han estudiado en profundidad —ni en conjunto ni por separado—, aunque sí se aluda a ellas junto a otras obras y escritores pertenecientes
al andalucismo teatral.

Centrar la atención en la recepción de estas obras puede ayudarnos a conocer
mejor este teatro inicial de Rubí y a comprobar la acogida que tuvo por parte de
los críticos y del público madrileño. La primera noticia localizada en la prensa

es sobre *Toros y cañas* y aparece en el *Diario de Madrid,* en noviembre de 1840. En ella se anunciaba su ensayo en el Teatro del Príncipe, con la intención de «ponerse en escena a la mayor brevedad» (2-XI-1840: 3). Debió de estrenarse el 3 o el 4 de noviembre de ese año, pues *El Eco del Comercio* apuntaba que el día 5 «se volverá a poner en escena» en la función de las siete de la noche (5-XI-1840: 4). Esta comedia de Rubí se mantuvo en cartel hasta el 8 de noviembre e hizo reír mucho al público, quien, con sus aplausos, llamó al joven autor a escena.[2] Fue objeto de dos extensas reseñas —una de ellas de Ventura de la Vega—, que en su mayor parte fueron elogiosas con el dramaturgo.[3] Se resaltó su carácter cómico y su novedad, por ser idea original la tauromanía del barón. Su «extraordinaria aceptación» hizo que se publicara en la «Galería dramática» nada más estrenarse, según anunciaban diferentes cabeceras.[4]

En 1841, Rubí estrenó tres nuevas obras de temática andaluza, dos de ellas con acompañamiento musical: la ópera *El contrabandista*, la zarzuela *El ventorrillo de Crespo* y el sainete *Las simpatías o El cortijo del cristo*. *Diario de Madrid* indicaba que el sábado 10 de abril se ejecutaría en el teatro del Liceo la ópera original —con música de Basilio Basili y letra de Rodríguez Rubí— *El contrabandista*, «cuya representación estaba anunciada anteriormente».[5] Su éxito y novedad hicieron que se repusiera a los dos meses en el Teatro del Circo, concretamente el domingo 20 de junio. *El contrabandista* no se imprimió, pero conservamos un borrador incompleto del libreto del propio Basili, con numerosas correcciones y letras distintas, que no facilitan su lectura. Este manuscrito está fechado en 1840 y lo custodia la Biblioteca Nacional. Al final del mismo aparecen unas notas manuscritas de Francisco Asenjo Barbieri, a quien Basili entregó el original antes de abandonar España para que lo arreglara y modificara, si así lo creía oportuno: «de lo que me guardé muy bien», afirma Barbieri (Rodríguez Rubi, 1840b: 45). Por estas interesantes anotaciones sabemos que la ópera fue escrita «por el invierno de 1840» y que fue dedicada al general Espartero. Asimismo, los autores retocaron algunos aspectos antes de su reposición en el Teatro del Circo dos meses después del estreno. En esta segunda ocasión, Rubí y Basili contaron

---

2   *Vid.,* respectivamente, *Eco del Comercio,* 8-XI-1840: 4 y «Una expresión de Tirabeque a Cabrera», *Fray Gerundio,* 10-XI-1840: 198.

3   Aparecieron en los folletines de *El Correo Nacional* (16-XI-1840: 1-2) y de *El Corresponsal* (21-XI-1840: 1).

4   *Cfr.,* entre otros diarios, «Galería dramática», *El Corresponsal,* 14-XI-1840: 4 y «Anuncios», *Correo Nacional,* 16-XI-1840: 4.

5   Noticia aparecida el 9-IV-1841: 2.

entre los asistentes con la presencia de la Reina niña, demostrando así su apoyo institucional al casticismo del teatro español. Barbieri consideraba *El contrabandista* un paso adelante en el arte lírico español, dando idea «de lo mucho que constantemente se trabajaba por el establecimiento de un teatro lírico nacional» (Rodríguez Rubí, 1840b: 45). Tuvo «muy buen éxito», según palabras de Barbieri; pero, con el transcurso de los años, «de ella no quedó más que una canción: la del *Contrabandista*, que cantaba Salas cuando se la pedían en cualquier función, cosa frecuente, porque era muy linda y muy española» (Cotarelo y Mori, 1934: 184).

La segunda incursión de Rubí en el teatro musical fue menos ambiciosa, al escribir la letra para la zarzuela en un acto: *El ventorrillo de Crespo*, nuevamente con música de Basilio Basili. Un crítico de *El Corresponsal* afirmó que si en *El contrabandista* «dio ya un paso gigantesco, en *El ventorrillo de Crespo* no ha desmerecido el Sr. Basili de la alta opinión que de él formamos para este género de composición».[6] Se estrenó en el Teatro del Circo el 15 de julio de 1841, aunque semanas antes ya aparecían noticias de su ensayo «a beneficio de D. Manuel Ojeda».[7] Estuvo en cartel el día del estreno y el siguiente, siendo recibida con gran aplauso, y pasó a ejecutarse el 18 de julio en el Teatro de la Cruz. En agosto volvía a ser parte del repertorio del Teatro del Circo y en diciembre se encuentran anuncios de su representación en ambos coliseos, apareciendo en *Diario de Madrid* la interesante aclaración de que «el final de esta composición ha sido escrito de nuevo por su autor».[8]

El libreto de *El ventorrillo de Crespo* tampoco se imprimió, por lo que resulta imposible analizar el andalucismo en esta obra más allá del título. La parte musical, sin embargo, se publicó diez años después del estreno[9] y a los dos, en 1843, se vendía «El valentón del Perchel. Canción andaluza», cantada al piano en la zarzuela.[10] Aun sin tener un ejemplar de esta obra, las notas aparecidas en la prensa del momento coincidían en resaltar la abundancia «en aires y canciones andaluzas» o en «bailes y tonadas del país», siendo importantes «la gracia, la

---

6 «Folletín. Teatro del Circo», *El Corresponsal*, 19-VII-1841: 1.

7 «Teatro de la Cruz», *Diario de Madrid*, 2-VII-1841: 4.

8 *Vid.*, respectivamente, *Diario de Madrid*, 17-VII y 1-VIII-1841: 4; *El Castellano*, 15-XII-1841: 4 y *Diario de Madrid*, 16-XII-1841: 4.

9 *Vid. El ventorrillo de Crespo. Cuarteto jocoso. Música notada*, Madrid, López Vallejo y Compª., 1851. El *Diario Oficial de Avisos de Madrid* anunció el 24 y el 25 de junio de 1851 la puesta a la venta de esta partitura en el depósito central de música de la mencionada tipografía.

10 Anuncio presente en *El Heraldo*, 5 y 6-XII-1843: 4.

ligereza, el donaire, con que el señor Rubí retrata las costumbres andaluzas».[11] En la reseña publicada en el folletín de *El Corresponsal,* el crítico afirmaba de la parte escrita que, «siendo andaluza y del señor Rubí, no podía menos de ser picaresca y adecuada al objeto». Señalaba cómo el aventajado escritor destacaba en un género «poco manoseado» y del que «puede sacar grandísimo partido, si a las dotes que ya posee une el estudio profundo de aquellos pueblos que tan rica mina por explotar ofrece a la poesía».[12]

El sainete *Las simpatías o El cortijo del cristo* fue estrenado en el Teatro de la Cruz en Noche Buena, pues fue «escrito expresamente para dicho día» (*Diario de Madrid,* 14-XII-1841: 4). En *Diario de Madrid* se especificaba que el dramaturgo había representado con vivos colores «las tradiciones y costumbres de la bella y pintoresca Andalucía» (26-XII-1841: 4). Antonio Ferrer del Río, en su reseña para *Revista de Teatros,* hablaba de la sal andaluza del autor y de la buena acogida de la obra por parte de los asistentes. Resulta llamativo, sin embargo, su discrepancia con Rubí, al no compartir la denominación de «sainete», elegida por el autor para esta pieza, aunque respetaba las causas que habían llevado al malagueño «a no elevarla a la categoría de las comedias en un acto» (Ferrer, 1841a: 153). Según la *Cartelera teatral romántica* (Barba Dávalos, 2013: 469 y 478), se mantuvo en cartel hasta el 27 de diciembre, retomándose en una única función el 2 de enero de 1842. Esta obra se publicó casi simultáneamente a su representación en «Galería dramática».[13]

De sainete fue también calificado *Las ventas de Cárdenas,* estrenado en el Teatro del Príncipe la noche del 10 de marzo de 1842, a beneficio del actor Mariano Fernández. La buena acogida —«por sus chistes y gracias andaluzas»— propició que se volviera a poner en escena de forma intermitente a lo largo de todo ese año, concretamente en septiembre, octubre, noviembre y diciembre; así como en enero, abril, mayo y agosto de 1843 (Barba Dávalos, 2013: 469). Esta pieza fue el fin de fiesta de obras extensas de Bretón de los Herreros, Ventura de la Vega, Molière, Carmouche… Todos los anuncios de prensa coincidían en la diversión que emanaba de sus versos «desde que empieza hasta que concluye, pues ni un punto dejan en calma su curiosidad los chistes que a manos llenas derrama el señor Rubí en la mayor parte de sus producciones» (*El Corresponsal,* 13-III-1842: 4).

---

11 Respectivamente, *vid. Revista de Teatros,* 4-VII-1841: 112; *Diario de Madrid,* 15-VII-1841: 4 y J. M. D., «Revista semanal», *Revista de Teatros,* 18-VII-1841: 125.

12 «Folletín. Teatro del Circo», *El Corresponsal,* 19-VII-1841: 1.

13 Varios anuncios lo confirman: *El Correo Nacional,* 3-I-1842: 4 y *Eco del Comercio,* 20-I-1842: 4.

Ferrer del Río alabó la fluidez de la versificación, el gracejo andaluz, los aplausos que recibió el sainete, pero destacó la mala ejecución de la pieza por parte del actor protagonista, que no supo entender la esencia del personaje del bandolero. Por el contrario, Matilde Díez estuvo «graciosísima en su papel de moza de posada» (Ferrer, 1841b: 235). La aceptación del sainete hizo que se editara en 1842, tal y como aparece anunciado en *El Laurel Literario* (1-V-1842: 45) y en *Semanario Pintoresco Español* (11-XII-1842: 400). De todas sus obras andalucistas, fue la de mayor éxito editorial, pues volvió a imprimirse en 1851 y en 1857.

En 1843 Rodríguez Rubí estrena y publica dos nuevas obras: *Casada, virgen y mártir* y *La feria de Mairena*, a las que denomina «cuadros de costumbres andaluzas», cerrando definitivamente el ciclo de su teatro andalucista. La primera pieza fue escrita en colaboración con Eduardo Asquerino y se estrenó el 28 de agosto en el Teatro de la Cruz,[14] el mismo día que se reponía *Las ventas de Cárdenas* en el Príncipe. No tuvo muy buena acogida entre el público, pues solo permaneció tres días en cartel. Quizás influyera en ese frío recibimiento lo que un crítico supo ver: la inapropiada elección del protagonista y el tono trágico de la pieza, que se avenía mal con los personajes y la ambientación popular del cuadro. Tampoco favoreció el éxito de la pieza la mala interpretación del Sr. Lumbreras y la Sra. Flores, los actores que encarnaron los papeles protagonistas. Del primero afirma el crítico que «hizo el Otelo en mal andaluz» y de la segunda, que «según se explica en andaluz, debe ser discípula del señor Lumbreras» (*Revista de Teatros*, 2-IX-1843: 2).

El poco éxito de la vena trágica de *Casada, virgen y mártir* lleva a Rubí a centrarse nuevamente en el andalucismo complaciente, tópico, alegre, de desenlace feliz, escribiendo *La feria de Mairena*. Esta pieza teatral amplía la situación y argumento de su poema «La venta del jaco», que *Lúculo* consideró el mejor de *Poesías andaluzas*. *La feria de Mairena* se estrenó en el Teatro del Príncipe el 24 de diciembre de 1843 en la función de tarde.[15] En esta ocasión, la actriz protagonista fue bien elegida, siendo Matilde Díez quien desempeñó magistralmente el papel de gitana, al igual que lo hiciera con la Dolores de *Las ventas de Cárdenas*. La suerte que corrió *La feria de Mairena* solo fue algo más lisonjera que la de su pieza anterior: cuatro días en cartel en diciembre (del 24 al 27) y uno en enero (el 2), este último en una función extremadamente larga, que reunió ocho piezas diferentes entre bailes, juguetes cómicos, comedias, sainetes, sinfonías… A

---

14 Información que recoge la *Revista de Teatros*, 28-VIII-1843: 2.
15 Aparecieron anuncios en *El Heraldo*, 22 y 23-XII-1843: 4; y en *Diario de Madrid*, 18, 20 y 24-XII-1843: 4.

principios de enero de 1844 ya se había publicado en la colección «Galería dramática»,[16] reeditándose en 1857, en la imprenta de Cipriano López.

¿Qué rasgos comparten y dan coherencia a estas obras de carácter andaluz del escritor malagueño? En primer lugar, habría que afirmar que Rubí inicia esta fase de su teatro escribiendo obras extensas, concretamente de tres actos —*Toros y cañas* y *El contrabandista*—, para centrarse a mediados de 1841 en piezas de acto único: una zarzuela, dos sainetes y dos cuadros de costumbres andaluzas. Estas obras breves oscilan entre las nueve escenas de *La feria de Mairena* y las dieciocho de *Las ventas de Cárdenas* y *Las simpatías o El cortijo del cristo*. La brevedad implicaba, por un lado, escasez argumental, de ahí que todas ellas se caractericen por presentar una trama muy reducida, con desenlaces rápidos y precipitados; y unos caracteres, de limitado desarrollo, que presentan prototipos carentes de profundidad. Asimismo, como consecuencia de la brevedad, estas piezas andaluzas mostraban pocos artificios escénicos y escasas acotaciones. Todas ellas se representaron en los escenarios madrileños, menos la zarzuela y la ópera, y todas se imprimieron, llegando algunas a reeditarse en varias ocasiones, como *La feria de Mairena* y *Las ventas de Cárdenas*. Aun compartiendo similares características, Rubí cambió, con el transcurso de los años, la terminología elegida para definir el género teatral de estas obras. Sustituyó el término «sainete», de dos piezas de 1841 y 1842 —*Las simpatías o El cortijo del cristo* y *Las ventas de Cárdenas*—, por el de «cuadro de costumbres andaluzas», con el que subtituló *Casada, virgen y mártir* y *La feria de Mairena* al siguiente año. Quizás quería evitar ser encasillado por la crítica y el público, dando muestras de variedad, a la vez que se alejaba (solo en el nombre) de un tipo de teatro considerado «menor», que hundía sus raíces en el siglo XVIII. A este respecto, no debe olvidarse que Ferrer del Río, amigo personal del autor y crítico de algunas de sus obras, había lamentado en más de una ocasión —con respecto a *Las simpatías o El cortijo del cristo*— que Rubí, «a sus piezas andaluzas en un acto las bautizaba con el inmerecido nombre de sainetes» (1846: 300).

Estas obras teatrales de Rubí comparten similares características, conformando un universo cohesionado, que repite argumentos, personajes, espacios… con escasa originalidad. La recurrencia estereotipada de motivos es, tal y como apuntó M. Cantos Casenave en relación con el gaditano José Sanz Pérez, el defecto principal de todas sus obras (1992: 113). En estas piezas breves aparecen toreros, bandoleros, mujeres del pueblo, chalanes, gitanos, jaques, barateros, guapos, señoritos amorales…, que conviven en ventas, tabernas, ferias, olivares…,

---

16 *Vid. La Posdata. Periódico Joco-Serio*, 1-I-1844: 4 y *Diario de Madrid*, 8-I-1844: 2.

escenarios que —salvo los espacios de *Toros y cañas*— se ubican en Andalucía y sus inmediaciones: Mairena del Alcor, Ronda, diferentes barrios malagueños, la sierra de Granada… Otro rasgo a tener en cuenta es el marcado carácter cómico y jocoso de ellas, así como el uso de un lenguaje dialectal andaluz, circunstancia que el dramaturgo consideraba un aspecto más del reflejo de las costumbres populares (Rodríguez Rubí, 1860: 430). Todos estos elementos los combinó el autor malagueño para confeccionar dos tipos de obras teatrales: las comedias y sainetes de carácter netamente costumbrista y las piezas que, además, presentaban rasgos formales propios de la tragedia y el drama. Las primeras muestran un tono conservador, desenlaces felices y complacientes, donde triunfa el amor entre los protagonistas (*Las ventas de Cárdenas, Las simpatías o El cortijo del cristo, La feria de Mairena*). El segundo grupo —formado por *El contrabandista* y *Casada, virgen y mártir*— presenta en esbozo rasgos que cultivaron los escritores románticos, como los desenlaces trágicos, elementos melodramáticos, misterio, anagnórisis, amores desdichados, destino funesto, visiones de ultratumba…

Un rasgo que confiere unidad a estas obras es la imagen extremadamente tópica que ofrecen de Andalucía, siendo *La feria de Mairena* la pieza más plagada de estereotipos: la buenaventura, la vida de los gitanos, el trabajo de los chalanes… En ellas se reflejan las costumbres andaluzas y, de ese modo, el autor ensalza el mérito de Andalucía y, muy en especial, del pueblo llano. Esta peculiaridad se dio en este tipo de teatro, pero también en los poemas que desde 1838 fue publicando en las revistas del momento y que tanta fama le dieron. De hecho, tal vez fueran determinantes en su orientación inicial opiniones de críticos como *Lúculo*, cuando reseñó sus *Poesías andaluzas*: «El poeta ha hecho un ensayo, porque ensayo nada más puede considerarse su linda obra; y sin embargo ha conseguido un completo éxito. Si algo valiesen nuestros consejos le diríamos que no abandonase la senda en que acaba de entrar: las verdaderas costumbres andaluzas» (*Lúculo*, 1841: 128). Al realizar el retrato de la vida popular del sur de España, Rubí contribuyó a crear una imagen pintoresca del país y restituyó el espíritu popular que la literatura estaba perdiendo por su afrancesamiento.

Los personajes elegidos se expresan en un andaluz muy marcado. Son caracterizados como individuos graciosos, aduladores, arrogantes, de gran ingenio, aficionados al vino y a la molicie, fanfarrones, exagerados… En ocasiones, ponen a prueba su honradez con situaciones cómicas —Roque en *La venta de Cárdenas* o *el tío Crepúsculo* en *La feria de Mairena*—, cuando pretenden engañar a los representantes de la ley o a unos señoritos. Dentro de los masculinos, Currillo —el torero jerezano de *Toros y cañas*— ofrece el retrato más profundo, propiciado, sin duda, por aparecer en su obra más extensa. Un crítico de *El Corresponsal* señaló, con gran criterio, que Currillo, el andaluz, es «la rueda que hace andar toda la máquina» (C. y Q., 1840: 1), mientras que Ventura de la Vega resaltó el talento de su retrato y la maestría y el arte con que fue introducido en la comedia: «a pesar de ser un personaje que nadie hubiera osado elevar más allá del sainete», alterna a la perfección con el resto de criaturas de la comedia, no desdice de ellos, otorga color a la obra y no asoma la chocarrería, «a pesar de que abunda en los chistes, modismos y voces técnicas de los hombres de esa profesión» (Vega, 1840: 1).

Siguiendo las modas románticas, en estas obras iniciales de Rubí también son frecuentes los jaques, bandoleros, barateros, contrabandistas…, criaturas literarias al margen de la ley, por las que se sintieron altamente atraídos los escritores de aquellas décadas. Estos personajes acentuaban la idiosincrasia andaluza, que entonces se equiparaba con la esencia del carácter español. Aparecen forajidos, descritos con rasgos negativos, como el jaque de *Casada, virgen y mártir,* pero normalmente son caracterizados como individuos corteses con las damas, respetuosos, educados, caballerosos, de gran generosidad… En definitiva: criminales a su pesar. A este respecto, A. Romero Ferrer (1996: 280) afirmó que Rubí inauguró con su obra *El contrabandista* una fuerte tradición teatral en torno al prototipo del bandolero generoso. Pero existen casos similares en su teatro. Manuel *el Rayo*, el bandolero protagonista de *Las ventas de Cárdenas*, sería un ejemplo de ello. Es descrito como «el capitán de ladrones / que infesta toda la Mancha» (Rodríguez Rubí, 1842: 21), pero al mismo tiempo reúne todos los rasgos anteriormente citados. Me gustaría apuntar uno muy significativo, pues Rubí da muestras de cierta galofobia a través de *El Rayo*, cuando lo presenta como un auténtico patriota, aun siendo un forajido. Él es el único personaje que reprende al extranjero de la obra —M. Pierrot—, cuando censura las posadas, postas y caminos españoles. No duda en increpar al francés, instándole a que no hable mal de España. Como apunta Le Duc (1996-1997: 13), esa escena de *Las ventas de Cárdenas* puede considerarse iniciadora de obras xenófobas en el teatro español de aquellas décadas, sirviendo de modelo a otros sainetes líricos de ambiente popular. En este tipo de piezas solía aparecer el extranjero requebrando a una lugareña, hasta que se presentaba un rival más garboso y conveniente, lo que se aprecia en las escenas XIV y XV de *Las ventas de Cárdenas*.

Los personajes femeninos también pertenecen en su mayoría al pueblo y sus cualidades positivas quedan patentes en todo momento. En sus páginas solo encontramos mujeres hermosas, honestas, inteligentes, sencillas, desenvueltas, fieles, temperamentales…, que defienden su amor por encima de cualquier dificultad. Casilda, protagonista de su primer sainete, no busca —de hecho, lo rehúye— emparentar con alguien de clase superior. Valora sus sentimientos y antepone su amor a la posición social, rechazando la alta alcurnia y sus etiquetas. Cuando realiza el encomio de su enamorado, destaca entre sus virtudes la soltura como jinete, la valentía, la arrogancia y la dulzura: nada que pueda comprarse con dinero. En *Las simpatías o El cortijo del cristo* son dos las mujeres que presentan cierto protagonismo: Rosa y Casilda. Ambas encarnan el prototipo andaluz ya mencionado. A la primera la intenta seducir el Marqués, que va a casarse con la segunda, quien, a su vez, está enamorada de Jaime. A través de ellas, Rubí vuelve a inclinar la balanza hacia el pueblo, pues los personajes de clase superior elegidos —el Marqués y el corregidor— son indignos, deshonestos y poco compasivos.

Rodríguez Rubí buscaba en sus obras el retrato de todas las clases sociales, pues pensaba que el teatro debía reflejar el medio social. Con dicho objetivo, incluyó en estas piezas personajes de la burguesía y la aristocracia. En su mayor parte, son criaturas discordantes, elegidas para fortalecer y ensalzar —por contraste— los valores del pueblo andaluz, al ser bosquejados en su mayoría con rasgos ruines y escasa moralidad. Octavio Picón afirmó que el dramaturgo puso «siempre particular empeño en aparecer como escritor profundamente moral y religioso» (1882: 76), lo que ya se observa en estas obras iniciales. Frente al pueblo andaluz, bosqueja a la aristocracia ociosa de *Toros y cañas*, al marqués fingido de *Las simpatías*, a los burgueses amorales de *La feria de Mairena* y al extranjero ridículo y prepotente de *Las ventas de Cárdenas*. El barón de *Toros y cañas* es el único personaje masculino de clase elevada, caracterizado con respeto por el escritor malagueño. De hecho, no presenta ninguna deformidad moral, tan solo una desmedida afición por los toros, que muestra, en todo caso, a una criatura ridícula, acercando la obra a la comedia de figurón. La exageración se resuelve con un desenlace muy cervantino: el arrepentimiento, la renuncia y la quema de todos sus trajes de majo. Con respecto a los personajes femeninos de clase superior, debe mencionarse a doña Clara, de *El contrabandista*. Ella solo quiere recuperar a su hijo, entregado al nacer a una mujer para ocultar su deshonra. Es una madre desesperada, capaz de todo por encontrarlo. Aunque de clase acomodada, tiene nobles sentimientos, que evidencia cuando no delata a Ricardo, quien, en la anagnórisis final, resulta ser su propio hijo.

El contraste moral entre las distintas clases sociales puede apreciarse especialmente en dos de sus obras, con personajes que adquieren cierto peso en el desarrollo de la acción. En *La feria de Mairena*, el interés del autor por presentar un retrato social más amplio queda patente a través de dos señoritos sevillanos: D. José y D. Luis, de los que el primero, sobre todo, es un ser indigno y avasallador; y en *Las simpatías o El cortijo del cristo*, gracias a los personajes del Marqués —que no tiene nombre— y D. Crisanto. D. José y el Marqués son caracterizados de forma similar, pues los dos pretenden deshonrar, respectivamente, a Aurora y a Rosa: mujeres del pueblo, sencillas, fieles y honestas. En ambas obras, es un personaje de clase humilde —que suele coincidir con el enamorado de la joven— el que impide el ultraje. D. José es el prototipo de burgués abyecto y despreciable, dispuesto a todo con tal de seducir a Aurora: «si no la ablanda el oro / la robaré y santas pascuas» (Rodríguez Rubí, 1843b: 16), afirma de forma jactanciosa. Busca su triunfo por todos los medios: igualándose a la clase de Aurora a través del disfraz de majo, alardeando de su holgada posición económica... Pero la protagonista, al igual que otras jóvenes en situaciones similares, rechaza al señorito de forma contundente. En *Las simpatías o El cortijo del cristo*, el Marqués es retratado como un ser cobarde y mentiroso, como un botarate y un «atrapafortunas». En esta pieza, Rubí ha vuelto a elegir personajes de clase superior, que son de nuevo caracterizados como criaturas indignas, deshonestas, falsas y fatuas —como el Marqués— y crueles, poco compasivas y amantes del interés —como D. Crisanto—.

El amor es el tema predominante de estas piezas, que —dada su brevedad— no aparece desarrollado de forma compleja. El amor de los protagonistas siempre es verdadero, fuerte y respetuoso, capaz de romper barreras. No obstante, es frecuente que exista un impedimento pasajero —social o moral— que niegue momentáneamente a los protagonistas la felicidad. Esa es la razón de que en estas piezas existan personajes que se oponen a la dicha de la pareja protagonista. Suelen ser padres, tutores, tíos…, que buscan, en un principio, lo que consideran mejor para sus hijas, pupilas o sobrinas: dinero y posición social; pero que, en el desenlace, se convencen de que el amor es un sentimiento noble que debe triunfar. Estos personajes avariciosos aparecen en casi todas sus obras: D. Crisanto es tutor de Casilda en *Las simpatías*; Roque, el tío de Dolores en *Las ventas de Cárdenas*, y Cartones y *el tío Crepúsculo*, padres de Pepa y Aurora en *Casada, virgen y mártir* y *La feria de Mairena*. Todos quieren emparejar convenientemente a las jóvenes, lo que equivale a alcanzar una holgada posición económica, prefiriendo el dinero y el interés antes que la felicidad de las muchachas. En todas las obras —menos en *Casada, virgen y mártir*— se resuelve favorablemente el conflicto amoroso, con un cambio de peripecia, más o menos precipitado, triunfando el sentimiento sobre el interés, pues los pretendientes logran burlar la inicial negativa de tutores y parientes sirviéndose de medios diversos. Las argucias y el ingenio son empleados con éxito en *Las simpatías*; la fuerza, en *Las ventas de Cárdenas*; y un inesperado golpe de buena fortuna es el motivo elegido en *La feria de Mairena*. En *Casada, virgen y mártir* la unión de los enamorados es inviable, pues la obra principia con la celebración de una boda no deseada por la joven protagonista.

La comicidad de estas obras es otra característica común a ellas. El humor se relaciona aquí con el carácter jocoso del pueblo andaluz, el contraste entre diferentes clases sociales, la crítica a personajes concretos… En *Toros y cañas*, por ejemplo, hay un pasaje (I, 11) donde Currillo se burla de Bruno —el mayordomo del barón—, a quien el torero llama con nombres absurdos y muy divertidos. Precisamente, esta situación fue destacada por Ventura de la Vega en su reseña de la comedia, indicando que «se ejecutó por estos dos actores con una gracia cómica poco común» (1840: 2). En *Las simpatías*, en la escena V, la comicidad tiene que ver con el contraste entre el miedo de Juanillo frente a la fama de valiente de Jaime, cuando este descubre las intenciones del Marqués. Hay chistes, exageraciones, ocurrencias… En VII, se relaciona con la vigilancia que el tío Canquirri ha tenido que ejercer sobre Rosa, que ha sido del todo inexistente. Presume de haber realizado bien el encargo en la ausencia de Jaime, pues se define como «perro viejo», «hurón», que «nadie me la pega», que ha tenido los ojos muy abiertos… Todas estas cualidades se desmoronan cuando Jaime interroga directamente a su hermana y descubre que el Marqués la ha estado rondando. Las escenas XV y XVIII, sin duda, debieron hacer reír al público, pues en ellas se describe el momento climático en que se desenmascara ante todos al Marqués, mostrándose como un impostor y un cobarde. En *Las ventas de Cárdenas* también hay momentos cómicos a lo largo de toda la pieza, que describen el doble engaño del ventero: a los guardias, al ofrecerles un vino muy por debajo de la calidad que tanto encarece; y a los viajeros, al darles, literalmente, gato por liebre. Pero, sobre todo, el humor viene propiciado por los equívocos que presenta el personaje francés a quien nadie entiende. La presencia de M. Pierrot genera situaciones cómicas y ridículas. En concreto, en las escenas XIV y XV, en que se crea una sucesión de malentendidos lingüísticos cuando conversa primero con Dolores y después con el bandolero. Asimismo, estas escenas están marcadas con cierto toque amoroso: el señorito francés quiere conquistar a la joven andaluza y ella lo rechaza con gracia. El humor aumenta cuando Manuel *el Rayo* defiende la honra de Dolores, situación que sigue marcada por las bromas ingeniosas y los equívocos lingüísticos. En *La feria de Mairena*, hay dos personajes que aportan la comicidad: el tío Crepúsculo —cuando intenta engañar a D. José con la venta de un jaco indigno— y Aurora, al rechazar con gran salero a los gitanos que la requiebran, acentuando así el diferente trato que otorga a su enamorado.

Es preciso resaltar el hecho de que Rubí probase fortuna, desde sus inicios como dramaturgo, en el teatro lírico. El papel que desempeñó en aquellos años fue importante, pues dos de sus obras —*El contrabandista* y *El ventorrillo de Crespo*— pueden considerarse pioneras en el panorama del teatro musical español. A juicio de Cotarelo, *El contrabandista* fue «la primera *ópera española* del siglo XIX» (1934: 184) y *El ventorrillo de Crespo*, de las zarzuelas nuevas y originales de tema andaluz, que prepararon «el paladar del público para otras composiciones musicales y poéticas de esta clase» (1934: 185). Con respecto a la primera obra, fue el propio Basili quien encargó su segundo libreto a Rodríguez Rubí, dispuesto a crear una ópera española tras el éxito que tuvieron los números musicales andaluces de *El novio y el concierto* (1839). Rubí era entonces un escritor novel, conocido por unas pocas piezas teatrales y por haber publicado en *Semanario Pintoresco Español* una serie de poemas de corte andaluz que habían sentado su fama en Madrid: «El jaque de Andalucía», «Votos y juramentos» y «El bolero». Romero Ferrer, quien ha estudiado ampliamente el «género andaluz» en el teatro (1996, 1997 y 1998), considera que con *El contrabandista* dio «cuerpo, forma y música a la moda del andalucismo teatral» (1999: 83) y Romero Tobar afirma rotundo que, con esas dos obras, Rubí fue el primero en formular los dos experimentos de andalucismo teatral en España (1998: 160).

Rubí, sin duda, siguió la moda imperante en los años cuarenta al sumarse, por un lado, a la tendencia andalucista del teatro —el teatro era el medio de mayor difusión de las costumbres meridionales—; y por otro, a su vertiente musical. Como tantos dramaturgos, debió de acercarse al teatro lírico, movido por la novedad del género, pero también por la fama que reportaba, dada la afición tan extendida entonces en nuestro país por este tipo de piezas (Plaza, 1990: 25). Este teatro era muy apreciado, lo que queda demostrado por el hecho de que casi todos los grandes escritores del momento lo cultivaron en sus dos versiones: ópera o zarzuela (Espín Templado, 2010: 227). Rubí no sería una excepción, pues puso letra a una ópera y a una zarzuela, ambas de ambientación andaluza, que, en la década de los cuarenta —al igual que la madrileña— tuvo gran aceptación entre el público (Castro, 2008: 72). Con estas obras contribuyó al afianzamiento del género y aportó su impronta meridional, que por aquellos años era considerada la esencia del pintoresquismo nacional. A juicio de Espín Templado, con su ópera andaluza y su zarzuela buscaba «aquellos elementos que constituyeran la esencia de lo español» (2010: 229), pero al mismo tiempo reaccionaba contra la tendencia extranjerizante, predominante en el teatro musical de aquellas décadas.

El gusto que Rubí sentía por los aires y el folclore andaluces no solo se constata en su ópera y su zarzuela, el malagueño incorporó en sus piezas teatrales de esos años serenatas, fandangos, bailes de salón, fiestas populares…, que fomentaron la inclusión de números musicales, aunque no fuesen indicados en las escasas acotaciones. En *Las ventas de Cárdenas,* por ejemplo, se incorporaron cinco números musicales de Iradier (Regidor, 2013: 15). En el sainete *Las simpatías* sabemos por las didascalias que se escuchan valses y se bailan rigodones en el único espacio elegante de la pieza: la quinta de D. Crisanto; frente a la rondeña, el bolero y el fandango que bailan los majos. La música se presenta como un rasgo de identidad, un elemento diferenciador de la clase social de los personajes, teniendo en cuenta que los de posición más acomodada solían disfrutar con las manifestaciones populares, como sucede en este primer sainete de Rubí, cuando los caballeros presentes en el cortijo muestran su entusiasmo por los bailes de los majos.

La inclusión de estos números musicales era la lógica consecuencia de la consideración que el público de entonces sentía por ellos. La prensa solía reseñar los momentos más destacados de las obras, con la finalidad de reclamo comercial. Por ejemplo, en el semanario granadino *La Tarántula* se indicaba que Carlos Sentiel cantaría una pieza andaluza en la representación del «gracioso juguete cómico de Rubí» *Las simpatías o El cortijo del cristo* (29-V-1842: 160). Y cuando se anunciaba *El ventorrillo de Crespo* en la prensa madrileña, se comentaba que se cantaría «El charrán», con música de Iradier, y el polo «Yo que soy contrabandista», de Manuel García.[17] Tanto gustaba la música de estas piezas que los momentos estelares se editaban por separado, como sucedió con la canción andaluza «Las ventas de Cárdenas», musicada por Iradier, que se publicó en diferentes ocasiones a lo largo del siglo XIX.[18]

Como ya ha quedado apuntado, el teatro de tema andaluz de Rodríguez Rubí abarca solo cuatro años de su trayectoria teatral. Fue escrito en el inicio de su carrera como dramaturgo, entre 1840 y 1843, compaginándolo con comedias de géneros diversos. Tras el estreno de *La feria de Mairena*, el autor malagueño abandona definitivamente esta temática en su teatro, aun siendo fundamental en su inicial etapa creativa. Algunos críticos consideraron esta la primera ocasión en la que el dramaturgo marcó las directrices del teatro español, al servir de modelo a otros escritores contemporáneos (Alonso Cortés, 1957: 288).

¿Cuáles pudieron ser las causas que le llevaron al cambio de inspiración y al abandono de la musa andaluza? La tibia acogida de estas obras en los escenarios madrileños podría ser la primera de las razones. Si nos fijamos en el número de veces que se representaron el año de su estreno —lo que se ha puesto de manifiesto en el resumen de su transmisión teatral realizado al comienzo del capítulo— puede afirmarse que no fueron recibidas de forma exitosa. Es cierto que la información de algunas obras es limitada —el caso de *El contrabandista*— y que no todas las publicaciones periódicas se conservan completas; pero, en conjunto, puede afirmarse que no despuntaron en los coliseos madrileños. La pieza que más

---

17 *Revista de Teatros*, 4-VII-1841: 112 y *Diario de Madrid*, 17-VII-1841: 4.
18 En la Biblioteca Nacional se conservan dos versiones distintas: Madrid, s. n., 1854 y Barcelona, Andrés Vidal y Roger, Editor, *ca.*1886.

tiempo estuvo en cartel fue *Toros y cañas*, que se representó durante seis días a lo largo de noviembre y diciembre de 1840; mientras que *El ventorrillo de Crespo, Las ventas de Cárdenas* y *Casada, virgen y mártir*, solo tuvieron tres representaciones consecutivas. *La feria de Mairena* y *Las simpatías o El cortijo del cristo* se mantuvieron en cartel un día más. Si entramos en pormenores, Espina afirma que *Las simpatías* fue silbada el año de su estreno (1935: 172). Una pequeña reseña aparecida en *Revista de Teatros* anunciaba que *Casada, virgen y mártir* fue «la única comedia de género andaluz que ha estado a pique de zozobrar en nuestros teatros», pues «a un personaje de la plebe no le cuadra la entonación trágica sino en son de parodia», por ello «la comedia de *Casada, virgen y mártir* lleva en sí misma el germen de su desgracia» (2-IX-1843: 2). Esta idea fue mantenida por Pastor Díaz algunos años después, a tenor de su comentario: «de todas sus producciones solo han sido recibidas con alguna frialdad, *La bruja de Lanjarón* y *Casada, virgen y mártir*» (1846: 167). Con respecto a *El contrabandista*, de tanta trascendencia en el panorama del teatro lírico, la prensa contemporánea se percató de la influencia funesta y trágica que presentaba la ópera y Rubí fue censurado por algunos críticos que «hallaron demasiado atrevido el pensamiento de escribir con los aires nacionales una ópera entera», máxime al hacerlo «sobre un libreto cuya entraña es esencialmente sentimental» (*El Entreacto*, VI-1841: 241). Tampoco debe olvidarse el juicio de Cotarelo y Mori, quien, un siglo después, reiteraba que la ópera no terminó de ser aceptada: tenía «buena poesía, buena música, buenos cantantes: todo español; se aplaudían las piezas aisladamente, pero la ópera cansaba» (1934: 184).

Frente a estas obras de inspiración andaluza, Rubí triunfaba en los escenarios de aquellos años con piezas como *La rueda de la fortuna*, que en 1843 tuvo veintiséis representaciones, siendo diecinueve de ellas consecutivas. Asimismo, habría que destacar *El diablo cojuelo*, con diecisiete funciones a lo largo de 1842, obra de la que Barba Dávalos afirmó que fue uno de los títulos que más éxito obtuvieron en los teatros de Madrid (2013: 92). Tampoco fueron a la zaga *Dos validos y castillos en el aire* o *Detrás de la cruz, el diablo*. Quizás Rubí valoró el aplauso de estas obras, que no reflejaban las costumbres meridionales, reorientando su carrera teatral hacia otros géneros con los que podía lograr el reconocimiento literario. Ferrer del Río, en los apuntes biobibliográficos del escritor malagueño para *Galería de la literatura española*, justo después de aludir a sus obras andalucistas —y no detenerse en ninguna—, comenta que Rubí «por fin tomó otro rumbo» (1846: 300).

Pero ¿por qué no triunfaron estas obras cuando el andalucismo estaba de moda en España? Probablemente, ayudara la saturación de piezas que llegaban a los escenarios madrileños. Tal vez, contribuyera a su retirada que, en el fondo, ofrecían una imagen estereotipada, superficial y repetitiva de Andalucía, en la que su autor no pudo —o no supo— profundizar en sus caracteres y trama, al escribir piezas en exceso breves y de muy escaso argumento. Se ha expuesto a lo largo de este trabajo cómo varios críticos, entre ellos *Lúculo*, recomendaron a un joven Rubí que ahondara en su retrato del pueblo andaluz, pues era un asunto de muchas posibilidades. Sin embargo, con el paso de los años, sus obras quedaron en esbozos y meros ensayos, desatendiendo esos consejos. Esa incapacidad de Rubí de profundizar en el retrato de lo andaluz, unida a la aparición de nuevas tendencias teatrales en las que obtuvo mayor reconocimiento y a la escasa repercusión de sus obras en los escenarios de la corte, pudieron llevar al escritor malagueño a abandonar la temática y ambientación andaluzas a los pocos años de iniciarlas.

El dramaturgo dejó de cultivar el tema andaluz de forma temprana, no solo en su teatro, sino también en sus versos. Después de publicar *Poesías andaluzas,* Rubí redujo considerablemente la escritura de poemas, ampliando la temática de los mismos sin recurrir a los motivos formales y temáticos del género andaluz (Jiménez Morales, 2007). Sin embargo, este fin de una etapa no le impidió albergar proyectos donde contemplaba retomar el género. Gracias a varios anuncios publicados en la prensa, sabemos que, cuatro años después, Rubí se proponía escribir «una pieza andaluza para el Sr. Dardalla» y que escogería como asunto «uno de nuestros mejores cuadros de costumbres regionales» (*El Heraldo*, 12-V-1847: 4). Estos planes también se relacionan con su poesía, pues el mismo periódico volvía a anunciar que Rodríguez Rubí y Manuel María de Santa Ana iban a publicar una colección de poesías andaluzas titulada *Málaga y Sevilla* (*El Heraldo*, 2-II-1847: 4). De ninguna de estas obras se tiene constancia de su conclusión, tal vez otros proyectos teatrales o profesionales pudieron arrinconarlas. Sea como fuere, es todo un hecho que el escritor malagueño había terminado, definitivamente, con el andalucismo en su obra literaria.

Bibliografía

ALONSO CORTÉS, Narciso (1957), «El teatro español en el siglo XIX», en G. Díaz Plaja (dir.), *Historia general de las literaturas hispánicas*, IV, 2ª parte, Barcelona, Barna, pp. 261-337.

BARBA DÁVALOS, Marina (2013), «Anexo: I Cartelera teatral romántica 1834-1844», en *La música en el drama romántico español en los teatros de Madrid (1834-1844)*, Tesis Doctoral. Madrid, Universidad Autónoma, pp. 1-508.

C. y Q. (1840), «Folletín. Teatros. Príncipe [reseña de *Toros y cañas*]», *El Corresponsal*, 21-XI, p. 1.

CANTOS CASENAVE, Marieta (1992), «El teatro breve gaditano a mediados del siglo XIX: algunas piezas andaluzas de José Sanz Pérez», en AA.VV., *Casticismo y literatura en España*, Cádiz, Publicaciones de la Universidad, pp. 99-116.

CASTRO, Demetrio (2008), «Tipos y aires. Imágenes de lo español en la zarzuela de mediados del siglo XIX», *Ayer*, n.º 72, pp. 57-82.

COTARELO Y MORI, Emilio (1934), *Historia de la zarzuela, o sea el drama lírico en España desde su origen a finales del siglo XIX*, Madrid, Tip. de Archivos.

ESPÍN TEMPLADO, M.ª Pilar (2010), «Teatro y música en el siglo XIX: la colaboración entre músicos y dramaturgos en el proceso creador del teatro lírico», en Raquel Gutiérrez Sebastián y Borja Rodríguez Gutiérrez (eds.), *Desde la platea. Estudios sobre el teatro decimonónico*, Santander, PubliCan-Ediciones Universidad de Cantabria, pp. 221-232.

ESPINA, Antonio (1935), *Romea o el comediante*, Madrid, Espasa-Calpe.

FABIÉ, Antonio M.ª (1891), *Discursos leídos ante la Real Academia Española en la recepción pública del Excmo. Sr. D. Antonio María Fabié el día 24 de mayo de 1891*, Madrid, Tipografía de los Huérfanos, pp. 5-26.

FERNÁNDEZ DE LOS RÍOS, Ángel (1849), «Rubí», en *Álbum biográfico. Museo universal de retratos y noticias de las celebridades actuales de todos los países, en las ciencias, la política, las letras, las artes, la industria, las armas, etc*, Madrid, Semanario Pintoresco Español, p. 64.

FERRER, A. [Antonio] (1841a), «Revista de los teatros [reseña de *Las simpatías o El cortijo del cristo*]», *Revista de Teatros. Periódico de Literatura y Artes*, 1ª serie, tomo 1º, entrega 10, pp. 152-153.

FERRER, A. [Antonio] (1841b), «Revista de los teatros [reseña de *Las ventas de Cárdenas*]», *Revista de Teatros. Periódico de Literatura y Artes*, 1ª serie, tomo 1º, entrega 15, pp. 234-235.

FERRER DEL RÍO, Antonio (1846), «Don Tomás Rodríguez Rubí», en *Galería de la literatura española*, Madrid, Establecimiento-Tipográfico de D. F. de P. Mellado, pp. 291-303.

JIMÉNEZ MORALES, María Isabel (2007), «La poesía de Tomás Rodríguez Rubí», en Antonio A. Gómez Yebra (coord.), *Patrimonio literario andaluz*, Málaga, Fundación Unicaja, pp. 57-78.

LE DUC, Antoine (1996-1997), «Los orígenes de la zarzuela moderna», *Cuadernos de Música Iberoamericana*, vol. 2 y 3, pp. 3-21.

LÚCULO (1841), «Amena literatura. *Poesías andaluzas* de D. Tomás Rodríguez Rubí», *El Iris. Periódico Artístico y Literario*, 22-VIII, pp. 124-128.

PASTOR DÍAZ, Nicomedes (1846), «Rubí», en *Galería de españoles célebres contemporáneos*, Madrid, Imprenta y Librería de D. Ignacio Boix, pp. 159-168.

Picón, Jacinto Octavio (1882), «Don Tomás Rodríguez Rubí», en AA.VV., *Autores dramáticos contemporáneos y joyas del teatro español del siglo XIX*, Madrid, Imp. de Fortanet, vol. II, pp. 65-81.

Plaza, Sixto (1990), «La zarzuela, género olvidado o malentendido», *Hispania*, vol. 73, n.º 1, pp. 22-31.

Regidor, Ramón (2013), *Sebastián Iradier*, Madrid, Fundación ORCAM, n.º 19.

Rodríguez Rubí, Tomás (1840a), *Toros y cañas. Comedia original en tres actos y en verso*, Madrid, Imprenta de Repullés.

Rodríguez Rubí, Tomás (1840b), *El contrabandista*, [Mss 14604/8. Emp.: Horas con vino (h. 3)… Fin.: con fuerte y ruidoso estrépito (h. 41v). (Música de Basilio Basili.)

Rodríguez Rubí, Tomás (1841), *Las simpatías o El cortijo del cristo. Sainete*, Madrid, Imprenta de Repullés.

Rodríguez Rubí, Tomás (1842), *Las ventas de Cárdenas. Sainete*, Madrid, Imprenta de Repullés.

Rodríguez Rubí, Tomás y Eduardo Asquerino (1843a), *Casada, virgen y mártir. Cuadro de costumbres andaluzas en un acto y en verso*, Madrid, Imprenta de Yenes.

Rodríguez Rubí, Tomás (1843b), *La feria de Mairena. Cuadro de costumbres andaluzas en un acto y en verso*, Madrid, Imprenta de Yenes.

Rodríguez Rubí, Tomás (1860), *Discurso del Ilmo. Sr. D. Tomás Rodríguez Rubí. Discursos leídos en las recepciones públicas que ha celebrado desde 1847 la Real Academia Española*, Madrid, Imprenta Nacional, tomo II, pp. 417-443.

Romero Ferrer, Alberto (1996), «La proyección teatral y romántica de Andalucía: el género andaluz», *Romanticismo*, 6, pp. 241-250.

Romero Ferrer, Alberto (1997), «Del costumbrismo al regionalismo andaluz en el teatro español del siglo XIX», *Gades*, n.º 22, pp. 533-549.

Romero Ferrer, Alberto (1998), «En torno al costumbrismo del *género andaluz* (1839-1861): cuadros de costumbres, tipos y escenas», en Joaquín Álvarez Barrientos y Alberto Romero Ferrer (eds.), *Costumbrismo andaluz*, Sevilla, Universidad de Sevilla, pp. 125-148.

Romero Ferrer, Alberto (1999), «La tradición del sainete andaluz en el teatro cómico del siglo XIX», *Scriptura*, 15, pp. 77-88.

Romero Tobar, Leonardo (1998), «Teatralidad y andalucismo en el Madrid de mediados del siglo XIX: el género andaluz», en Joaquín Álvarez Barrientos y Alberto Romero Ferrer (eds.), *Costumbrismo andaluz*, Sevilla, Universidad de Sevilla, pp. 149-168.

Torres Nebrera, Gregorio (1998), «Tipología costumbrista andaluza en Rodríguez Rubí», en Joaquín Álvarez Barrientos y Alberto Romero Ferrer (eds.), *Costumbrismo andaluz*, Sevilla, Universidad de Sevilla, pp. 197-222.

Vega, Ventura de la (1840), «Folletín. Teatros. *Toros y cañas*», *El Correo Nacional*, 16-XI, pp. 1-2.

Claudia Lora Márquez (Universidad de Las Palmas de Gran Canaria)

Las *Guías* de Sevilla en el siglo XIX: antecedentes e influencias extranjeras[1]

RESUMEN: Durante el siglo XIX, en Sevilla salen a la luz una gran cantidad de impresos que, con el título de *Guías* o *Guías de forasteros*, ambicionan dar a conocer a los naturales y extranjeros las particularidades de la capital de Andalucía. En el presente trabajo se lleva a cabo un examen que aspira a evidenciar cuáles son los antecedentes editoriales del género (fundamentalmente el almanaque de corte dieciochesco), así como sus lazos de conexión con la producción de otros países europeos, como Francia, Inglaterra e Italia.

PALABRAS CLAVE: guía, Sevilla, Andalucía, siglo XIX, turismo.

Introducción

Durante el siglo XIX, en Sevilla salen a la luz una gran cantidad de impresos que, con el título de *Guías* o *Guías de forasteros,* ambicionan dar a conocer la capital de Andalucía. Para ello, tratan de resumir su historia, así como informar acerca de las instituciones que tienen allí su sede, ofrecer datos personales de los jueces, abogados, médicos, farmacéuticos, profesores de la universidad, etc., que están en ejercicio, los nombres de las calles y las plazas, la ubicación de los establecimientos comerciales, tales como fondas, cafés, bibliotecas, fuentes públicas, pastelerías, tiendas de guantes…, y demás noticias de índole similar. Al decir de Pedro Montoto y Vigil, compilador de la *Guía general de Sevilla,* se trataba de poner a disposición del público «un bosquejo […] de lo que constituye la vida pública de los pueblos» (1850: 5-6). Algunos formatos más elaborados no se contentan con publicitar estas informaciones, sino que pretenden convertirse en una suerte de manual con el que instruir al paseante acerca del patrimonio urbano: monumentos, museos, galerías de arte, exposiciones, yacimientos arqueológicos, etc. Dirigidas tanto a locales como a viajeros, las guías pueden considerarse un antecedente de la moderna industria del turismo: «Las olvidadas y menospreciadas *Guías,* centón de noticias sociales de incalculable valor, mudo

---

1 Este trabajo forma parte del Proyecto I+D+i del Ministerio de Ciencia e Innovación: «Idea de Andalucía e idea de España en los siglos XVIII-XIX. De la prensa crítica al artículo de costumbres y aledaños» (PID2019-110208GB-I00).

pero muy expresivo lazarillo para el visitante, que fue forastero hasta principios de nuestro siglo, para transformarse, por el influjo francés, en el turista de hoy» (Aguilar Piñal, 1977: 527).Pese a la incuestionable relevancia de estas publicaciones desde el punto de vista histórico, sociológico, documental y artístico, actualmente no contamos con una gran cantidad de estudios científicos centrados en este segmento de la producción tipográfica. Siguen siendo útiles las investigaciones de Francisco Aguilar Piñal publicadas en 1977, 1978 y 2002. En ellas, el bibliógrafo sevillano elabora una relación de los ejemplares conocidos estampados en Sevilla en el curso de los siglos XIX y XX, además de esbozar una propuesta de clasificación que más tarde nos detendremos a comentar. Igualmente, hay que tener en cuenta los trabajos de Francisco M. García Ferrero (1984), que subraya el componente etnográfico de este tipo de impreso, y de Alberto Gil Novales (1991) y Fernando Javier Campese Gallego (2001), en los que la guía es utilizada como fuente prosopográfica. En fechas recientes, Ivanne Galant (2016) ha dedicado su tesis doctoral analizar la imagen de la capital andaluza que se desprende de la lectura de las guías francesas y españolas de los siglos XIX y XX. En las páginas que siguen, continuaremos profundizando en el conocimiento de esta particular tipología editorial, atendiendo a su dimensión andaluza, y más concretamente, a los testimonios localizados en la Sevilla decimonónica. Pero, además, aspiramos a ofrecer nuevos datos en torno a dos aspectos fundamentales: la relación directa existente entre la guía y el almanaque y la pertinencia de encuadrar las investigaciones en torno a su naturaleza en un marco de análisis intercultural que permita reconocer las semejanzas observables entre los distintos contextos nacionales en el curso de los siglos XVIII y XIX.

Del almanaque a la guía: apuntes en torno a la metamorfosis de un género editorial

La popularidad que la guía alcanza en el ochocientos viene precedida de los cambios que experimenta un género editorial característico del Siglo de las Luces: el almanaque. Es este un impreso de tipo recurrente, esto es, su vigencia se limita a una sola anualidad (Moll, 1994: 49). Su función principal consiste en brindar contenidos provechosos tocantes a la agricultura, la medicina, la meteorología y también al futuro de los seres humanos. Como ha indicado Lodovica Braida (1990: 347), en el setecientos el almanaque sufre una «metamorfosis» por la cual conserva «el formato y los elementos fundamentales (el calendario y a veces algunas rúbricas)», mientras que «desde el punto de vista del contenido a menudo se acercó a formas que estaban muy alejadas […], como las publicaciones científicas o [...] la guía de la ciudad».[2] Fernando Durán López menciona las guías de forasteros en *Juicio y chirinola de los astros: Panorama literario de los almanaques y pronósticos astrológicos españoles (1700-1767)*, estableciendo que se trata de «una tercera línea de evolución» florecida en el siglo XVIII cuyo desarrollo es complementario al de las tipologías literaria y didáctica (2015: 44). En un ensayo posterior, señala que es la progresiva secularización del género lo que posibilita la inserción de los temas propios de la guía; en otras palabras, la paulatina sustitución de una forma circular de concebir el tiempo por un paradigma sustentado en la historicidad propicia que las referencias tocantes a los ciclos naturales dejen paso a los acontecimientos relacionados con el aquí y el ahora (2020: 15-46). Así pues, la guía representa el interés de las sociedades modernas por la linealidad en menoscabo de la repetitividad y la circularidad. No es de extrañar, por tanto, que durante el siglo XIX la factura tradicional del almanaque terminase desapareciendo y que, de entre todos los productos que vinieron a rellenar el hueco que dejaba en el mercado, la guía se convirtiese en uno de los más demandados, como muestra la gran cantidad de ellas que se publicaron en Europa.

En un sentido estricto, la «guía de la ciudad» o «guía de forasteros» representa una derivación del almanaque de corte. Así lo entiende Braida, quien especifica que, mientras que el almanaque de corte es una publicación anual consagrada a ofrecer un elenco de los nombres y las fechas de nacimiento de los soberanos europeos, así como «un cuadro del aparato burocrático de la corte y del Estado», las guías añaden «los títulos, cargos y domicilios de las personas más distinguidas por linaje o por desempeño y de las que ejercen determinas profesiones» (1989: 113). Los proyectos más ambiciosos «contienen también una descripción detallada de los monumentos, de las principales plazas y calles, de las instituciones asistenciales, hospitalarias, de las academias, universidades, colegios, dando indicaciones sobre su origen, ubicación y función» (1989: 113). Pese al complemento «de forasteros» que a veces acompaña al nombre, los folletos solían dirigirse tanto a los naturales como a los viajeros. En el caso de Sevilla, José Herrera Dávila, redactor de la *Guía del forastero de la ciudad de Sevilla, capital de Andalucía,*[3] anunciaba que «estas noticias forman un conjunto útil a toda clase de personas vecinas de Sevilla, y necesario para los que vienen a ella, ya sea con motivo

---

2   Las citas traducidas del italiano de la bibliografía secundaria son responsabilidad de la autora.

3   La identificación de este autor con la *Guía*, que está firmada con las iniciales P.D.J.H.D., está recogida en Aguilar Piñal (1977: 529).

de sus negocios, ya por el deseo de visitar sus antigüedades, pinturas y demás objetos dignos de atención» (1832: sin numerar).En principio, la serialidad se configura como uno de los rasgos más significativos de la guía, evidenciándose así su filiación con el almanaque. Bien es verdad que deja de ser estrictamente necesario promocionar el producto durante el otoño[4] pues, a excepción de unos cuantos ejemplares que continúan incorporando el calendario, el resto de temas siguen vigentes con independencia de la época. Sin embargo, una distribución anual posibilita la actualización de las informaciones tocantes a defunciones, mudanzas, derribos, apertura y cierre de negocios, etc., elementos que no pueden faltar en una guía. Así, Herrera Dávila hace constar en una sección titulada «Plan de esta guía» que «esta obrita» tendría que ser publicada «en lo sucesivo anualmente» (1832: sin numerar). Manuel Gómez Zarzuela, en la primera entrega de su *Guía de Sevilla,* reconoce las dificultades que ha arrostrado para llevar a término su empresa, debido a «las alteraciones que ocurren en el personal de ciertas dependencias y por los frecuentes cambios de domicilio» (1865: sin numerar). Más adelante, confiesa que «este año, la circunstancia de haberse constituido la mayor parte de las corporaciones y renovado muchas autoridades en el mes de enero, nos ha hecho retrasar algunos días la publicación del libro» (1865: sin numerar). Si alguna había visto la luz mientras tenían lugar cambios importantes en la vida pública de la ciudad, estaba permitido recoger un «Registro de las rectificaciones por traslación o fallecimientos ocurridos durante la impresión» (González de Rojas, 1875: IV). En otros contextos europeos se observa una preocupación similar por parte de los compiladores e impresores de las guías; así, el turinés Giammichele Briolo, en la *Nuova guida dei forestieri per la reale città di Torino* de 1822, presume de que su edición es mejor que las anteriores porque estas se habían quedado anticuadas: «mancante di molte notizie spettanti allo stato presente della città» (1822: sin numerar).

No obstante, progresivamente la guía se desliga de su recurrencia primitiva, síntoma de que el componente temporal e histórico adquiere cada vez mayor peso en su formulación editorial. En cierta manera, este desvío lo tuvo en cuenta antes Aguilar Piñal, cuando al describir las guías sevillanas se refería a una clase singular, a la que él llama «sentimental»:

---

4   Los almanaques tienen un carácter «estacional», es decir, estaban pensados para que su venta se efectuase durante una temporada específica, concretamente en los meses de octubre, noviembre y diciembre, de manera que, llegado el nuevo año, todos pudiesen acceder a las previsiones sin que estas hubiesen perdido validez (Salman, 2021: 55).

> Otro grupo, más literario que erudito, lo constituyen las que podríamos calificar de *Guías* sentimentales, escritas como interpretación lírica de la ciudad y sus peculiarida-des estéticas o folklóricas, donde la intuición poética juega un papel de comunicación emotiva, sin mayor ánimo informativo (1977: 528-529).

El objetivo de estas obras situadas en un escenario urbano no es en abso-luto presentar noticias de utilidad, sino ofrecer a los lectores relatos curiosos y a veces divertidos acerca de la vida en la ciudad, que aquí es Sevilla. Algo pare-cido ocurre con el grupo de las «artísticas», «en las que el autor solo se interesa por la descripción de los monumentos y su valoración estética» (Aguilar Piñal, 1977: 528). Al contrario que las guías «sociales», constitutivas del prototipo orig-inal y centradas en exponer «datos aprovechables para el historiador, preferen-temente sociólogo» (1977: 528), las «sentimentales» y «artísticas» no necesitan ceñirse a los límites del año, dado que las noticias que recogen son atemporales.

Una señal adicional que pone de manifiesto el divorcio definitivo entre el almanaque tal y como este concebía en el setecientos y la guía tiene que ver con la inserción de anuncios publicitarios, presentes en mayor medida según avanza el siglo XIX, y que revelan la preponderancia de una idea de tiempo basada en la secularización y la actualidad. Además, como es natural, la publicidad patentiza la culminación del proceso de sustitución del sistema económico del Antiguo Régimen por otro de tipo capitalista

Desde el punto de vista de la bibliografía material, no surgen cuestiones menos interesantes vinculadas a las transformaciones experimentadas por el género. En este sentido, conviene señalar que, durante el siglo XVIII, se produce una alteración por la cual los almanaques de corte y las guías de forasteros ven mejorada su apariencia exterior para después, en el curso del ochocientos, volver a «popularizarse». Efectivamente, en un primer momento la humildad deja paso al refinamiento, hasta el punto de algunos ejemplares se encuadernan en piel de buena calidad, a veces con adornos, orlaturas, perlas, láminas doradas, meto-pas, motivos florales… (Flores Hernández y Carpallo Bautista, 2019: 40-55). El tamaño también aumenta: «Su extensión fue aumentando con el paso del tiempo y se incluyeron nuevos contenidos, comenzando con 92 páginas y un formato de 16°, finalizando en 1935 con 947 páginas y en formato de un 4°» (Flores Her-nández y Carpallo Bautista, 2019: 45). Este hecho unido a que la extensión de los opúsculos se incrementa —comúnmente superan las doscientas páginas, aunque ciertos ejemplares sobrepasan las quinientas— hace que el precio de venta final sea mayor. De este modo, en Turín a mediados del XVIII los almanaques de corte y las guías doblaban el valor de un almanaque tradicional (Braida, 1989: 110). En España, el precio de un almanaque rondaba los seis cuartos, mientras que el *Kalendario particular y Guía de forasteros en la corte de Madrid* alcanzaba los doce (Aguilar Piñal, 1995: 454).

Conforme avanza el siglo, comienzan a editarse opúsculos caracterizados por el abaratamiento y la pobreza material que coexisten con las ediciones cuidadas de las guías. En lo que concierne a las guías sevillanas, estas siguen presentando una extensión considerable: el ejemplar de Gómez Zarzuela alcanza las setecientas páginas; el de Herrera Dávila ocupa cuatrocientas; la *Guía del viajero por el ferrocarril de Sevilla a Cádiz* de Eduardo Antón Rodríguez tiene algo más de trescientas... Sin embargo, las cubiertas en cuero y con adornos dejan de ser habituales, e incluso algunos testimonios, como la *Guía del forastero* de Llorens Asensio, carecen de guardas y cubiertas. Además, acostumbran a rondar los 15 cm.,[5] mientras que la madrileña *Guía de forasteros* había aumentado su tamaño hasta alcanzar el 4°, un formato cercano al del libro canónico (Flores Hernández y Carpallo Bautista, 2019: 40). Por añadidura, los editores presumen del escaso coste de su producto, una estrategia de marketing directo con la que aspiran a conquistar a los clientes indecisos: así, José Guillermo Fernández se vanagloria de la «reconocida baratura» de la *Guía del viajero* (1872: sin numerar). En la nota «Al público» recogida en la *Guía económica de Sevilla en 1875,* el compilador aclara que

> Al formarlo [el presente libro] no nos ha guiado la idea de lucro, y mucho menos la de que compita con otros de su índole: solo hemos deseado tener la satisfacción de fundar una publicación de módico precio, que contenga, con toda la claridad y exactitud posibles, infinidad de noticias útiles a los viajeros como a los habitantes de Sevilla (González de Rojas, 1875: sin numerar).

Otras veces el precio variaba en función de las demandas del cliente. Esta circunstancia se había dado con anterioridad en las guías de forasteros de Madrid:

> Sabemos que las tapas de las encuadernaciones sencillas de tela y algunas de piel sin mucha ornamentación, ya estaban confeccionadas, solo faltaba que el cliente adquiera la Guía y eligiera el tipo de encuadernación que deseaba, momento en el que se le estampada el año que correspondiera (Flores Hernández y Carpallo Bautista, 2019: 54).

Por citar un caso significativo, el ejemplar de la *Guía* de Gómez Zarzuela de 1878 costaba veinte cuartos encuadernado «a la rústica» y veintiséis si llevaba una cubierta de tela.

Cabe pensar que estos impresos sevillanos estuviesen dirigidos a un amplio sector de la población, al contrario que los almanaques de corte y las guías del

---

5   Remito a las relaciones bibliográficas elaboradas por Aguilar Piñal (1977 y 1978).

siglo XVIII, los cuales tenían como público preferente a personas pertenecientes a una clase urbana alta o medio-alta (Braida, 1989: 223). Paradójicamente, muchas guías decimonónicas se convierten en una lectura «para todos», como había sido el almanaque durante la Edad Moderna, antes de que las transformaciones que afectan al género sirviesen para ennoblecer su categoría y acercarlo a los más altos estamentos de la sociedad.

La *Guía de forasteros* en un panorama transnacional (siglos XVIII-XIX)

El género de la guía conoce un amplio desarrollo durante los siglos XVIII y XIX. Aplicando un enfoque transnacional, se observa que su presencia es rastreable tanto en las colonias españolas en Asia como en América y en Europa. Al menos desde 1834, Tomás Oliva imprime en la ciudad de Manila un *Almanaque filipino y guía de forasteros* que, más tarde, habría de ser sustituido por el *Calendario manual y guía de forasteros de las islas filipinas* de Cándido López (1839) y por una *Guía de forasteros en las islas filipinas* (1842-1857).

Los ejemplos americanos son muy numerosos y estuvieron repartidos por todo el continente, antes y después de su independencia del reino de España; así, Felipe y Mariano de Zúñiga y Ontiveros editan el *Calendario manual y guía de forasteros en México* (1761-1821). La cabecera es un híbrido entre el almanaque de corte y la guía de forasteros, puesto que comienza con una cronología de los virreyes y arzobispos que ha habido en Nueva España, para después enumerar las personas que trabajan en el Real Palacio, los jueces, fiscales, asesores y relatores del Juzgado General de Indios, los encargados de la Administración Principal de Correos y Postas, los integrantes del Palacio Arzobispal…, así hasta conseguir rellenar algo más de doscientas páginas. Al comienzo se incluye un almanaque, con las «secciones breves fijas»[6] y el diario de cuartos de Luna. Entre 1799 y 1821, Gabriel Moreno y José Gregorio Paredes, ambos vinculados a la Universidad de San Marcos de Lima, imprimen un *Almanaque peruano y guía de forasteros*. Pedro Grases concibe el *Calendario manual y guía de forasteros en Venezuela para el año 1810*, al tiempo que en Bogotá se vende el *Almanaque nacional o guía de forasteros de la Nueva Granada* (1831-1858). Las tipografías del Caribe editan, en La Habana, el *Calendario manual y guía de forasteros de la isla de Cuba* (1793-1814) y la *Guía de forasteros de la siempre fiel isla de Cuba* (1831-1883), mientras

---

6   Cómputos y los números del año, las fiestas movibles, los eclipses y las cuatro témporas
    (Durán López, 2015: 16).

que, en San Juan, José Pérez Moris idea la *Guía general de la isla de Puerto Rico, con el almanaque correspondiente al año de 1879*. La lista podría engrosarse con otros títulos, por lo que remitimos a los trabajos que se han publicado acerca de este asunto (Cuéllar Willis, 2014 y 2019).

Vale la pena hacer hincapié en el hecho de que el modelo de la guía surge como una desviación del *Almanach Royal,* el almanaque de corte más antiguo estampado en Europa, cuya primera entrega aparece en París en 1683. En su interior, al lado de los natalicios de los reyes, reinas, príncipes, princesas y de las señas de identidad del alto clero de Francia (cardenales, obispos y arzobispos), emerge un listado de quienes ejercen funciones civiles y militares de relevancia en el seno del Estado, además de noticias variadas tocantes a las instituciones culturales francesas, fundamentalmente universidades, bibliotecas y academias. La mayoría de las ediciones están centradas en describir la ciudad de París, reconocida mundialmente tanto en el plano comercial como artístico, dos elementos esenciales para quienes se decidían a adquirir una guía. Nicolas Duchesne da a la imprenta el *Almanach pour servir de guide aux voyageurs* para los que llegasen a la ciudad «en voiture, à cheval, à pied & par eau» (1759-1763). En 1787, Luc-Vicent Thiéry alumbra la *Guide des amateurs et des étrangers voyageurs a Paris.* Comienza con una descripción histórica de la urbe, para seguidamente comentar los rasgos de sus monumentos más emblemáticos, sus establecimientos públicos y sus joyas patrimoniales: Pont-Neuf, Notre-Dame, Sainte-Chapelle, La Grand Chambre du Parlement, Trésor des Chartres, Les Filles de la Providence y más. El librito no está exento de grabados que sirven para embellecerlo, además de para hacer más fácil al viajero la identificación de las construcciones. La *Petit guide de Paris* que editaba Hachette en 1854 traía consigo todos los consejos y advertencias necesarias para viajar a la capital francesa: los mejores hoteles donde alojarse, los restaurantes en los que comer bien a un menor precio, los monumentos y museos imprescindibles, entretenimiento (estreno de obras teatrales, dónde ir a nadar, en qué lugares se puede jugar a la petanca…). Por supuesto, venía con un plano que facilitaba a los caminantes sus paseos por la ciudad. Al final se adjuntaba una lista de la localización de las embajadas y consulados extranjeros en París, el domicilio del Ministerio del Estado y de Asuntos Exteriores y algunas recomendaciones para evitar robos y obtener asistencia sanitaria. Otras ciudades de Francia también disfrutaron de sus propias guías, como Dijon (*Nouveau guide pittoresque du voyageur a Dijon* de Goussard,1845, ampliada en 1861) o Marsella (*Guide universal de l'étranger dans Marseille* de Caccia,ca. 1880).

En los Estados italianos, las guías se difundieron sobre todo entre 1700 y 1900. Turín, capital del antiguo reino de Piamonte, vio florecer este negocio editorial de un modo muy significativo, pues en estas mismas fechas salieron de sus prensas una treintena de títulos. Antes de nada, cabe destacar que la exitosa serie *Il corso delle stelle osservato dal pronostico moderno Palmaverde* (1722-1888), aunque estrictamente pertenezca a la categoría «de corte», presenta características compatibles con la guía de la ciudad, puesto que las últimas páginas del folleto están reservadas a alistar los nombres de los arquitectos, ingenieros hidráulicos, abogados y demás profesiones que se estaban desarrollando en aquel entonces en Turín. Pero, hablando con propiedad, el primer testimonio conocido es la *Guida dei forestieri per la real città di Torino* (1753), a cargo de Giovanni Gaspare Craveri. Él mismo explicaba en una nota a los lectores cuáles eran los objetivos que se proponía conseguir con su obra y de qué modo estaba estructurada esta:

> La norma, che mi son prefisso di tenere, si è, dopo d'aver tocco di passaggio la sua origine, antichità e prerogative, di guidare, come per mano, il forestiere da un luogo all'altro, senza precedenza di luogo, quantunque più cospicuo, cominciando dalla cattedrale, indi passando alla Cappella della Sindone, poi al Palazzo Reale, così di mano in mano (1753: sin numerar).

El texto está acompañado por varios grabados de los enclaves típicos turineses: la Torre della Città, la fachada del Seminario, una vista de la catedral…y, claro está, también un plano. En el XIX, continúan dejándose ver multitud de guías: *Nuova guida dei forestieri per la reale città di Torino* (1822), *Guida storico-descrittiva illustrata della città di Torino* (1870), *Tre giorni a Torino. Piccola guida artistica della città e dintorni* de Rodolfo Paravicini (1884), etc.

Finalmente, quienes tuviesen pensado pasear por las calles de Londres tenían a su disposición *A new guide to London, or directions to strangers* (1726), *The London adviser and guide* de John Trusler (1786-1790), que además de especificar en qué establecimientos podía adquirirse el pan, la mantequilla o las velas de cera, adjuntaba un compendio de las leyes que estaban vigentes en la ciudad, *A view of London; or the stranger's guide through the British metropolis* (1803-1804), la *Mogg's New Picture of London, and visitors' guide to its sights* (1845-1849) o la *Popular Guide to London and its Suburbs* que George Frederick Pardon publicaba en el taller de George Routledge (1862-1883), entre muchas otras.

Las *guías de* Sevilla en el siglo XIX

El panorama internacional de las guías de forasteros de los siglos XVIII y XIX revela que, cuando los tipógrafos sevillanos se deciden a componer este producto, tenían como referentes multitud de ejemplos europeos. Igualmente, contaban con modelos españoles que les inspiraban en su tarea; a este respecto, el *Jardinero de los planetas y piscator de la Corte* que José Patricio Moraleja y

Navarro redacta entre 1744 y 1754 bien puede considerarse un antecedente ya que, junto a las efemérides, lunaciones y consideraciones históricas, dedicaba un gran espacio a detallar el aspecto de las urbes:

> Algunos almanaqueros prestan una atención realmente precisa a la ciudad, incluso a las extranjeras, como Moraleja y Navarro en *El jardinero de los planetas*. Aquí se mezclan la historia, la geografía y el deleite de una sociedad cada vez más ávida de conocer lo que le rodea, anticipando el turismo. Se describen monumentos, nombres de plazas e iglesias… (Álvarez Barrientos, 2020: 738).

Por consiguiente, la *Guía de forasteros* de Madrid no es el único testimonio de esta índole existente en el siglo XVIII, a pesar de que el honor de haber sido la primera, su permanencia en el tiempo[7] y la riqueza de sus contenidos la convierten en la guía por excelencia del Siglo ilustrado español.

La primera guía impresa en Andalucía se conserva solo «en noticia», puesto que el ejemplar se ha perdido. Se trata de *Guía de forasteros* aparecida en Sevilla en 1758, la cual no volvió a salir a la luz, «quizá por los muchos errores y equivocaciones que contenía», según apunta José María Montero de Espinosa, compilador de la *Guía de forasteros de Sevilla* para el año 1817 (sin numerar). Al no haberse encontrado dicho testimonio, el que se considera el más antiguo es el *Kalendario manual y guía de forasteros en Cádiz para el año 1794* de Manuel Jiménez Carreño. Aguilar Piñal señalaba como muestra más remota la *Guía de forasteros de Cádiz del año 1812*, «con carácter netamente político» (1977: 527). Aunque se ha demostrado que existen ediciones anteriores, su tesis sobre que el prototipo de la guía, en el contexto andaluz, se trasplanta de Cádiz a Sevilla continúa teniendo validez (1978: 39). En su opinión, sería Montero de Espinosa, «de origen gaditano, como indica su apellido», quien se resolvería a tirar guías al estilo de las que había en su tierra natal (1977: 528). Más específicamente, Aguilar Piñal le atribuye la elaboración de la *Guía de forasteros en Sevilla para el año de 1818*. Más tarde, Campese Gallego descubría una impresión datada en 1817, adelantando un año su fecha de aparición (2001: 106).

Atendiendo al componente textual, Aguilar Piñal había clasificado los impresos en «sociales», «artísticos» y sentimentales» (1977: 528-529).[8] Los primeros

---

7 Con algunas variaciones en el título (*Kalendario particular, Kalendario manual* y *Guía oficial de España*), se edita desde el año 1722 hasta 1935. Aguilar Piñal menciona las publicaciones que la imitaron de un modo u otro: *Guía de la Grandeza de la Corte de España* (1769), *Madrid por dentro y el forastero instruido* (1784), *Guía histórica de las universidades* (1786), etc. (1995: 452).

8 Otras propuestas de clasificación han optado por ampliar el enfoque de análisis creando muchos prototipos de guías distintos; así, Galant en su tesis (2016) habla de «Tableaux

son los más abundantes, hasta el punto de que, para él mismo, «ofrecen mayor interés desde un punto de vista erudito» (1977: 529). Como indica el adjetivo que las define, su desempeño capital consiste en presentar

> una relación completa de las clases dirigentes y profesionales de la ciudad, con sus respectivos domicilios, por orden alfabético. Allí podrá encontrar el historiador al estado noble y al eclesiástico, a los regidores de la ciudad, a los miembros de las principales instituciones culturales, jurídicas, militares o sanitarias (1977: 528).

Pertenecen a esta categoría los papeles de Montero de Espinosa (1817-1834) y Herrera Dávila (1832), la anónima *Guía general de forasteros de Sevilla para el año de 1842*, el *Callejero de Sevilla y sus arrabales* de Moreno y Gálvez (1845), las ediciones de Martín (1847),[9] Montoto (1850), Morillas Alonso (1860), Gómez Zarzuela (1865-1899), la *Guía económica de Sevilla en 1875* de González de Rojas y la *Guía comercial* de Llorens Asensio (1893-1900). Todas tienen en común poner a disposición de la clientela una imagen de conjunto de la organización civil, religiosa y castrense de la Sevilla del XIX. La original *Guía de forasteros de Sevilla* de 1817 da comienzo con un apartado cercano al almanaque («épocas célebres», «cronología de los arzobispos desde la conquista de Sevilla», «ferias del arzobispado de Sevilla» y «distribución del Jubileo de las 40 horas»), seguido de una nota sobre la «Fundación de la esclavitud o Real Congregación de Alumbrado y Vela al Santísimo Sacramento». El último punto consiste en una lista exhaustiva de nombres y cargos ejercidos por gentes pertenecientes al «Estado eclesiástico», «secular» y «militar».

El editor de la *Guía del forastero de la ciudad de Sevilla* explica, usando sus propias palabras, cuál es el «Plan de esta guía»:

> Se divide en cuatro partes que contendrán lo siguiente. Primera: La enumeración de todas las corporaciones eclesiásticas, civiles, curiales, militares, de la Real Hacienda, literarias, mercantiles, etc., de esta capital, expresiva de los nombres, apellidos y moradas de las autoridades y empleados en los diversos ramos de la administración pública. Segunda: Descripción de los monumentos públicos de esta ciudad [...], e indicación de los principales museos de pintura con expresión de los autores. Tercera: Mejoras que ha tenido Sevilla en los últimos años, observaciones de otras que todavía es susceptible y contribuirían al adelanto de la industria rural y urbana, y a la comodidad y urbanidad de los habitantes de la ciudad y pueblos de la provincia. Cuarta: Catálogo de los pueblos

---

érudits, guides du *forastero*, guides pratiques, guides artistiques, guides culturels, guides mixtes, guides travestis —à cheval entre le guide et le récit—».

9   Aguilar Piñal piensa que el autor fue Francisco de Paula Mellado, aunque en la descripción del impreso el apellido que figura es Martín (1977: 533 y 1978: 46).

pertenecientes al arzobispado, gobierno político y territorio judicial de la provincia de Sevilla (Herrera Dávila, 1832: sin numerar).

Finaliza con las «Épocas célebres».

La *Guía general de forasteros de Sevilla para el año 1842* da cuenta del «Estado eclesiástico secular y regular» (arzobispos, canónigos, señores racioneros, procuradores, juzgado de la Santa Iglesia…), el «Estado militar» (capitanía general, gobierno militar, jefes y oficiales de la fábrica de fusiles…) y el «Estado secular y gubernativo» (fiscales y relatores, examinadores, abogados de pobres, jueces y escribanos de los juzgados, entre otros).

En cuanto al *Manual histórico-topográfico estadístico y administrativo, o sea Guía general de Sevilla*, se dice que

> en ella encontrará el arqueólogo noticias históricas y artísticas, tomadas de las mejores fuentes; los que tengan asuntos forenses y eclesiásticos, políticos, gubernativos, de administración, literarios o científicos, hallarán detalles sobre autoridades, jurisdicciones, oficinas, corporaciones e institutos a los que deban recurrir; los que deseen productos artísticos, industriales o mecánicos, tendrán a la vista nómina de los que profesan el arte, ejercen la industria o se ocupan del mecanismo que procure; los que busquen un prontuario estadístico, adquirirán con nuestra *Guía* en sumario, noticias de ejercicios, profesiones, artes, mecanismos, instituciones de todas clases, organización de poderes […] (Montoto y Vigil, 1850: 5-6).

El folleto se compone de numerosas indicaciones acerca de la historia hispalense, la nomenclatura de calles y plazas y un inventario de los edificios públicos (sociedades mercantiles, museos, galerías, corporaciones científicas y tribunales). Además, hay notas curiosas sobre el funcionamiento de determinadas instalaciones, como la Biblioteca Provincial de la Universidad, construida en 1843:

> Consta de más de 60.000 volúmenes, entre ellos unos 200 manuscritos, varios de ellos de los siglos XIII, XIV y XV, en vitela, con riquísimas letras de adorno de oro y colores. A esta biblioteca pueden concurrir toda clase de personas los días no festivos desde las 10 de la mañana a las 2 de la tarde, excepto los meses de junio, julio, agosto y septiembre en que, a causa del calor, las horas son de 7 a 10 de la mañana. Se facilitan avíos de escribir a quien los pida (Montoto y Vigil, 1850: 131).

Gracias a este papel, sabemos dónde estaban situadas las pastelerías, droguerías, imprentas, cerrajerías, talleres para engastar piedras, etc., y quiénes trabajaban en ellas.

La *Guía* de los Gómez Zarzuela incorpora a los capítulos antedichos la latitud, confines, límites, topografía, hidrografía, número de habitantes y de ayuntamientos, riqueza imponible, contribución industrial y de comercio, cultivo y ganadería, partidos judiciales y contribución de inmueble de la provincia de

Sevilla (1865: 42-56). Adiciona un «Extracto de las ordenanzas municipales», donde viene recogida la prohibición de fumar en los teatros o la de que los mendigos se apostasen en las entradas de los paseos y arbolados (1865: 130-137). El «Indicador general del comercio, de la industria, de profesiones y establecimientos» permite conocer que, mientras que José María Bascones se dedica al almacenaje de aceites en la calle Imperial, Juan Rossi tiene una tienda de muebles de lujo en la calle Génova, número 27. De entre las pocas mujeres que comparecen en estos folletos, sobresalen María Antonia Puche, regente de una abacería en la calle San Juan Bautista, y Dolores González, zapatera en la calle Siete Revueltas. En lo sucesivo, aparecen materias inéditas que enriquecen la obra; de esta manera, en 1878 se presenta una tabla donde se indican los nacimientos legítimos e ilegítimos, así como las defunciones, ocurridas en Sevilla el año anterior. En 1887, figuran unas «Tarifas del impuesto de consumos que rigen desde el 1 de julio de 1895». Asimismo, se conserva una *Agenda de bufete o libro de memoria para 1872,* la cual se entregaba gratuitamente «a las personas que adquieran la *Guía de Sevilla*». En ella se especifica que «el almanaque para 1872 se incluye en la *Agenda,* puesto que en cada día se expresa, además de la fecha, el santo que le corresponde. Esto no obstante, en la *Guía de Sevilla* se encontrará un almanaque en la forma ordinaria» (1872: 6). El cuaderno está dividido en doce meses, y dentro de cada uno, vienen detallados los días de la semana, con un espacio en blanco que invita a la escritura. Al lado, en forma de columna, una tabla sirve para indicar los reales que entran y los que salen (o sea, los ingresos, los gastos y las deudas que había contraído el poseedor o poseedora de la agenda). Al finalizar el mes, se introduce un «Resumen del mes de…» en el que podían apuntarse todos los detalles que mereciese la pena recordar. Es preciso recordar que el *Almanach royal* producía algunos ejemplares interfoliados con la intención de que los compradores incorporasen sus anotaciones manuscritas. Por esta razón, Lodovica Braida (1998) ha vinculado la metamorfosis experimentada por el almanaque con el nacimiento de la agenda como género editorial autónomo en la Italia de finales del XVIII.

Los impresos orientados a tratar cuestiones mercantiles son representativos del estado en el que se hallaba la economía nacional en el momento mismo en el que tiene lugar la impresión. La *Guía comercial* de Llorens Asensio muestra las «Tarifas de consumo» de una amplia gama de productos: harina, jabón duro y blando, cerveza, sidra y chacolí, carbón vegetal, huevos… Compendia una serie de arbitrios municipales concernientes a la venta de alimentos: «los que deseen expender el pescado en el mercado del Barranco con el carácter de revendedores, durante todo el día abonarán por el puesto que establezcan, sea cualquiera el terreno que ocupen, 0,50 […]. Los que en las mismas condiciones expendan huevos, satisfarán por cada metro cuadrado de terreno que ocupen, 0,25» (Llorens Asensio, 1894: 177-178).

Las informaciones de las guías «sociales» se extraen a partir de fuentes variopintas; Pedro Montoto admite estar en deuda con diversas instituciones e individuos: «No terminaremos este breve prólogo sin dar las debidas gracias a las dignas autoridades, ilustradas corporaciones y atentos particulares» (1850: 6). Manuel Gómez Zarzuela acepta haber tenido presentes tanto otras guías como obras de cariz erudito: «En el plan consultamos varias guías inclusa la que con justificada aceptación pública en Cádiz el Sr. Rossetti y al desarrollarlo tuvimos presentes las obras de Ceán Bermúdez, Pons, D. Félix González de León, Madoz, las *Guías* de los Sres. Montoto y Morillas y otras que sería prolijo enumerar» (1865: sin numerar). Guillermo José Fernández, en cambio, dice haber tomado datos del folleto de Zarzuela (1872: sin numerar). Agapito González de Rojas confiesa que en un principio pensó basarse en la *Sevilla pintoresca* de José Amador de los Ríos, pero al final tuvo que desechar la idea «porque, ante la importancia artística de Sevilla, serían insuficientes en extracto, y con la extensión debida aumentarían demasiado el volumen» (1875: III). Por su parte, Vicente Llorens Asensio no tiene empacho en reconocer que los cálculos de la sección del almanaque son una copia de los del famoso calendario *El Zaragozano*.

Las guías artísticas constituyen un testimonio insoslayable del patrimonio material sevillano. En la *Guía de forasteros. Recuerdos de Sevilla* de Manuel García Rodríguez, Benito Mas y Prat resume en «Cuatro palabras» los que deberían ser los principios que tendrían que guiar a los editores:

> La fama de nuestra capital es europea y despierta la curiosidad del turismo moderno, hasta el punto de ser rival de las poblaciones más admiradas. Indispensable es por tanto facilitar al viajero indicaciones especiales para que pueda admirar las maravillas artísticas de la patria de Murillo, Montañés y Rioja y de otros muchos genios que viven en todas lenguas y en todas las crónicas, que rebasan nuestras fronteras y que son nuestra gala y ornato como andaluces (1891 5).

A los volúmenes de Félix González de León (1844) y José Amador de los Ríos (1844) citados por Aguilar Piñal (1977: 528) se adicionan nuevos títulos que engrosan la sección, véase: *Noticia de los principales monumentos artísticos de Sevilla* (1842), *Guía para el forastero en Sevilla. 1851. Parte histórica, artística y monumental por D.C.G.* (1851), *Noticia de los principales monumentos históricos de Sevilla: guía de naturales y forasteros, para servir de manual al viajero y de instrucción a los naturales en el estudio de nuestras antigüedades* (1855, reeditada ese mismo año como *Sevilla en la mano. Guía de naturales y forasteros* por Rafael de los Heros), *Guía del viajero en Sevilla* de José Guillermo Fernández (1872), la

Guía artística de Sevilla (1884, reimpresa en 1886) y la *Guía del Alcázar de Sevilla* (1896, 1897 y 1899) compuestas por José Gestoso. También Llorens Asensio se suma a la tendencia de estampar guías sobre historia del arte con *Sevilla en la mano. Guía completa de forasteros* (1899).

El grupo de las «sentimentales» resulta ser el más controvertido, pues si bien es cierto que tienen a Sevilla como argumento primordial, los textos de Saturnino Calvo (1888) y Dionisio de las Heras (1898) —los dos autores citados por Aguilar Piñal (1977: 529)— son excursos sobre temas costumbristas, cuyo parentesco con las guías de forasteros parece residir solamente en continuar utilizando en el título el sustantivo «guía».

A la taxonomía de Aguilar Piñal cabe incorporar una nueva categoría, la de las textualidades híbridas, consideradas como tales porque ponen al mismo nivel los temas «sociales» y los «artísticos». Manuel Álvarez Benavides y López, en *El práctico de Sevilla* (1873-1876), junta «un indicador exacto para dirigirse por todas sus calles y plazas [de la ciudad]» con notas en torno al estilo de los monumentos. La *Guía de Sevilla, obra de gran interés por conocer cuantas curiosidades encierra la capital de Andalucía* (1864 y 1872) empieza con una «Reseña histórica, sigue con una «Topografía de Sevilla» y una «Parte monumental y artística» y se cierra con una «Noticia de algunos pueblos de la provincia». José Guillermo Fernández decide comenzar con el «Almanaque para el arzobispado de Sevilla». Luego, su *Guía del viajero* (1872) relata brevemente la historia de la capital hispalense y se detiene a comentar sus monumentos (la Casa Lonja, la Fábrica de tabacos, la Torre del Oro, la Giralda…). Continúa con la «Guía de Sevilla» propiamente dicha, compuesta por un asiento de las calles, fuentes de agua potable, bibliotecas, bancos…, la ubicación de los locales de tiendas ordenados alfabéticamente, juntamente con el nombre de las personas que los regentan. Fernández no se olvida de agregar unas «Tarifas de precios». La *Guía del forastero* de Llorens Asensio (1890) también es un cruce entre las modalidades social y artística, puesto que al lado del «Callejero», el elenco de las «Cofradías» que harán estación a la santa iglesia catedral, las «Tarifas de tranvías y carruajes» y los «Festejos» de la Feria de abril, incluye una escueta «Descripción de los monumentos notables».

En último lugar, la *Guía del viajero por el ferrocarril* de Antón Rodríguez (1864) condensa en un único folleto informaciones relativas a dos provincias: Sevilla y Cádiz.

Respecto a los elementos visuales, como en otras tradiciones europeas, las ediciones sevillanas anexan bellas ilustraciones de los sitios que el viajero debe visitar. Probablemente, estos materiales gráficos tuviesen la función de servir, además de para orientar, para que el visitante se llevase a casa un recuerdo, a modo de *souvenir*, de su estancia en Andalucía. Normalmente, las que presentan imágenes se corresponden con el tipo artístico; así, de entre las páginas de la *Noticia de los principales monumentos históricos de Sevilla: guía de naturales y forasteros,* emergen la Giralda, la entrada del Salón de los Embajadores del Alcázar o el Palacio de San Telmo.

No obstante, ciertas clases de guías, sin estar especializadas en historia del arte, no dejan de preocuparse por la iconografía. Valgan como ejemplo las numerosas ilustraciones que trae la *Guía del viajero por el ferrocarril de Sevilla a Cádiz,* que representan las dos ciudades y los pueblos colindantes. A ellas se suma un plano

«Palacio de San Telmo. Propiedad de los Sermos. Sres. Duques de Montpensier». Grabado incluido en *Noticia de los principales monumentos históricos de Sevilla,* página 95.

«Plano general del ferrocarril de Sevilla a Cádiz». Grabado incluido en *Guía del viajero por el ferrocarril de Sevilla a Cádiz,* sin numerar.

del recorrido seguido por el ferrocarril, pues si los extranjeros requerían mapas para caminar por los núcleos urbanos, los que viajaban entre varias localidades tenían igual necesidad de reconocer los lugares por los que iban pasando:

Hay dibujos que llaman especialmente la atención por su belleza y refinamiento, como la «Vista general de Sevilla» con la que Pedro Montoto y Vigil abre la *Guía general* de 1850:

A finales de siglo, algunas guías se atreven a incorporar fotograbados, como la *Guía del Alcázar* de José Gestoso.

Conclusión

Las guías representan una singular fuente impresa que alcanza su etapa de máximo apogeo en el curso de los siglos XVIII y XIX en Europa, Asia y América. Su consolidación en el mercado editorial fue tal que incluso algunos escritores se permitieron inventar parodias donde ridiculizaban los convencionalismos del género, caso del *Kalendario manual y guía de forasteros* en Chipre para el año 1768 atribuido a José Cadalso, repleto de alusiones al amor y al erotismo, puesto

«Vista general de Sevilla». Grabado incluido en el Manual histórico-topográfico, estadístico y administrativo, o sea Guía general de Sevilla, sin numerar.

que estaba dedicado a la patria de la diosa Afrodita. Las páginas precedentes han servido para trazar una imagen nítida del género en la ciudad de Sevilla durante el siglo XIX. A través de la lectura de las obras, se han patentizado varias cuestiones relevantes para su análisis y correcta clasificación: una de ellas ha consistido en delimitar cuáles son sus vínculos con el almanaque tradicional y de qué modo tienen lugar las operaciones textuales y editoriales que posibilitan la consolidación del cambio de *imprinting* y que, a la postre, propician el nacimiento de un nuevo género tipográfico. Este proceso está relacionado con una modificación sustancial de la noción de tiempo y con la paulatina adscripción del género de la guía a la actualidad, en el sentido moderno del término. Además, una aproximación teórica enfocada desde una óptica transnacional constata las similitudes y divergencias observables entre las guías sevillanas y las que se publican en otros lugares. Por último, este estudio contribuye a arrojar algo de luz sobre un capítulo poco conocido de la historia de los impresos de gran difusión andaluces, sobre el cual sin duda será necesario volver en investigaciones posteriores que ayuden a clarificar cuál fue la verdadera dimensión comercial de estas ediciones, cómo intervinieron en la expansión y desarrollo de la imprenta andaluza decimonónica y en qué medida pueden considerarse manifestaciones embrionarias del de la actual industria del turismo.

Bibliografía

Bibliografía primaria:

Amador de los Ríos, J. (1844), *Sevilla pintoresca o descripción de sus más célebres monumentos artísticos. [...] Teniendo presentes los apuntes de don Juan Colón y Colón. Y ornada con ocho o más láminas, que representan vistas de los principales edificios, dibujadas esmeradamente por los profesores D. Joaquín Domínguez Bécquer y D. Antonio Bravo*, Sevilla, imprentà de D. Francisco Álvarez y Compañía.

A new guide to London, or directions to strangers, showing the chief things of curiosity and note in the city and suburbs [...]. In French and English, for the use of foreigners and strangers (1726), London, J. Smith, T. Bowles y J. Bowles.

Antón Rodríguez, E. (1864), *Guía del viajero por el ferrocarril de Sevilla a Cádiz con láminas litografiadas que representan las visitas de las poblaciones de la línea y descripción e historia de todos sus pueblos hasta Cádiz. Obra publicada bajo los auspicios del Consejo de Administración de la línea y escrita por D. Eduardo Antón Rodríguez*, Sevilla, imprenta y litografía de Las Novedades.

A view of London; or the stranger's guide through the British metropolis. Containing an account of its curiosities, amusements, commerce, public buildings, and every other subjets worthy the attention of the curious visitor, as well as the resident in this vast capital, London, B. Crosby & Co. Stationers'-court.

Almanaque nacional o guía de forasteros de la Nueva Granada para el año [...] (1831-1858), Bogotá, J.A. Cualla.

Álvarez Benavides y López, M. (1874 y 1876), *El práctico de Sevilla. Indicador exacto para dirigirse por todas sus calles y plazas. Cita de los monumentos, edificios más notables y puntos de mayor interés*, Sevilla, Imp. de Gironés y Orduña.

Álvarez Benavides y López, M. (1873), *El práctico de Sevilla. Indicador exacto para dirigirse por todas sus calles y plazas. Cita de los monumentos, edificios más notables y puntos de mayor interés. Guía para encontrar algunos establecimientos fabriles, industriales y comerciales* [...], Sevilla, [s.i.].

Briolo, G. (1822), *Nuova guida dei forestieri per la reale città di Torino compilata da Giammichele Briolo. Arrichita di notizie non mai stampate ed ornata di alcuni rami*, Torino, Giammichele Briolo, a spese dei fratelli Reycend.

Caccia, J. (1880?), *Guide universal de l'étranger dans Marseille contenant tous les renseignements que le touriste et l'homme d'affaires peuvent désirer et qui* concernent le commerce et l'industrie de Marseille. Suivi d'une excursion à Aix et à Toulon*, Paris, Garnier.

Cadalso, J. (1768?), *Kalendario manual y guía de forasteros para el carnaval del año 1768, y otros. Contiene los acontecimientos más particulares, los ministros que componen los tribunales del amor, los días de gala y otras noticias con el estado de la mar y tierra para la guerra de Cupido. Impreso con superior privilegio de la decencia en la oficina de Venus, calle de los Placeres, enfrente del templo de la juventud, por Adonis Jacinto del Eco, impresor de Cámara y Alcoba de Chipre*. Reproducción digital disponible en https://www.cervantes virtual.com/obra/kalendario-manual-y-guia-de-forasteros-para-el-carnabal-del-ano-1768-y-otros-contiene-los-aconteci-0/ [fecha de última consulta: 22/06/2022].

Calendario manual y guía de forasteros de la isla de Cuba para el año [...] (1793-1814), La Habana, imprenta de la Capitanía General.

Calvo, S. (1888), *Bocetos de Semana Santa y guía de Sevilla*, [s.l.], [s.i.].

Craveri, G. G. (1753), *Guida dei forestieri per la real città di Torino, in cui si da notizia delle cose più notabili di questa città e suoi contorni; cioè di chiese, conventi, monasteri, e luoghi pii; dei magistrati, palazzi, piazze, ed altre notizie generali e particolari. Illustrata con alcune figure in rame*, Torino, Gian Domenico Rameletti.

Duchesne, N. (1759-1763), *Almanach pour servir de guide aux voyageurs: contenant un détail de tout ce qui est nécessaire pour voyager commodément, utilement & agréablement, soit* en voiture, à cheval, à pied & par eau, Paris, chez Duchesne.

Fernández, J. G. (1872), *Guía del viajero en Sevilla, precedida del almanaque oficial, seguida de la reseña histórica de Sevilla, descripción artística de la catedral, Alcázar y otros monumentos curiosos. Publicada por D. José Guillermo Fernández. Año I*, Sevilla, Manuel Padilla y Salvador.

García Rodríguez, M. (1891), *Guía de forasteros. Recuerdos de Sevilla. Ilustrada por García y Rodríguez. Cuatro palabras de Benito Mas y Prat*, Sevilla, Tipografía El Obrero de Nazaret.

Gestoso, J. (1896-1899), *Guía del Alcázar de Sevilla. Su historia y descripción por J. Gestoso y Pérez. Con numerosos fotograbados y un plano del palacio*, Sevilla, Escuela Tipográfica Salesiana.

Gestoso, J. (1884-1886), *Guía artística de Sevilla. Historia y descripción de sus principales monumentos religiosos y civiles y noticia de las preciosidades artístico-arquitectónicas que en ellos se conservan de arquitectura, escultura, grabado, orfebrería, cerámica, etc., etc. Por José Gestoso y Pérez, Ldo. en ambos Derechos e individuo correspondiente de las Reales Academias de San Fernando y de la Historia*, Sevilla, Establecimiento tipográfico de El Orden.

GÓMEZ ZARZUELA, M. (1865-1886), *Guía de Sevilla. Su provincia, arzobispado, capitanía general, tercio naval, audiencia territorial y distrito universitario. Para* […]. *Por D. Manuel Gómez Zarzuela*, Sevilla, La Andalucía.

GÓMEZ ZARZUELA, V. (1887-1895), *Guía de Sevilla. Su provincia, arzobispado, capitanía general, tercio naval, audiencia territorial y distrito universitario. Para* […]. *Por D. Manuel Gómez Zarzuela*, Sevilla, La Andalucía.

GÓMEZ ZARZUELA, V. (1896-1899), *Guía oficial de Sevilla. Su provincia, arzobispado, capitanía general, tercio naval, audiencia territorial y distrito universitario. Para* […]. *Por D. Manuel Gómez Zarzuela*, Sevilla, La Andalucía.

GONZÁLEZ DE LEÓN, F. (1844), *Noticia artística, histórica y curiosa de todos los edificios públicos, sagrados y profanos de esta muy noble, muy leal, muy heroica e invicta ciudad de Sevilla, y de muchas casas particulares; con todo lo que sirve de adorno artístico, antigüedades, inscripciones y curiosidades que contienen* […], Sevilla, imprenta de D. José Hidalgo y Compañía.

GONZÁLEZ DE ROJAS, A. (1875), *Guía económica de Sevilla en 1875. Año primero (8.000 indicaciones de domicilio)*, Sevilla, establecimiento tipográfico de Francisco Álvarez y Cía.

GOUSSARD, J. (1845), *Nouveau guide pittoresque du voyageur a Dijon: contenant une noticie historique sur Dijon, la description de ses monuments civils et religieux, musée, bibliothèque, établissements divers, promenades, alentours, etc.*, Dijon, veuve Decailly.

GRASES, P. (1810), *Calendario manual y guía de forasteros en Venezuela para el año 1810*, Caracas, imprenta de Galagher y Lamb.

Guía económica de Sevilla en 1875 (8.000 indicaciones de domicilio) (1875), Sevilla, establecimiento tipográfico de Francisco Álvarez y Cª.

Guía de forasteros en las islas filipinas para el año […] (1842-1857), Manila, imprenta de D. Miguel Sánchez.

Guía de forasteros de la siempre fiel isla de Cuba para el año […] (1831-1883), La Habana, imprenta del Gobierno y Capitanía General.

Guía de Sevilla, obra de gran interés por contener cuantas curiosidades encierra la capital de Andalucía. Esta obra comprende lo siguiente: Reseña histórica; Topografía de Sevilla: su aspecto interior y exterior; policía urbana; división; nomenclátor alfabético de sus plazas y calles, con expresión de la entrada, salida y dirección para hallarlas; Parte monumental y artística: descripción de los edificios más notables y de los objetos artísticos que encierran; bibliotecas; archivos; establecimientos de instrucción pública; corporaciones científicas; establecimientos de beneficencia y sociedades filantrópicas; su historia y estado actual. Noticia de algunos de los pueblos de la provincia, etc. (1864), Sevilla, imprenta y librería de D.A. Álvarez.

Guía general de forasteros de Sevilla para el año de 1842. Formada por los editores de El Sevillano, Sevilla, [s.i.].

Guía oficial de España. Anuario histórico-estadístico-administrativo [...] (1874-1935), Madrid, Imprenta Nacional.

Guía para el forastero en Sevilla. 1851. Parte histórica, artística y monumental por D.C.G., Sevilla, imprenta de D. José María Atienza.

Guida storico-descrittiva illustrata della città di Torino (1870), Torino, Sarasino.

Heras, D. de las (1898), *¡Sevilla, cuarenta minutos! Guía en solfa para naturales y forasteros de buen humor*, Sevilla, Tip. de la Revista de Tribunales.

Heros, R. de los (1855), *Sevilla en la mano, guía de naturales y forasteros: noticia de los principales monumentos históricos para servir de manual al viajero y de instrucción a los naturales en el estudio de nuestras antigüedades. Escrita en español y francés* [...], Sevilla, La Educación.

Herrera Dávila, J. (1832), *Guía del forastero de la ciudad de Sevilla, capital de Andalucía, situada en la orilla izquierda del río Guadalquivir a los 37º, 23', 12" de la latitud N. y 2º,6' de latitud occidental con arreglo al meridiano del Real Seminario de Nobles de Madrid. P.D.J.H.D*, Sevilla, imprenta del Diario de Comercio.

Il corso delle stelle osservato dal pronostico moderno Palmaverde. Almanacco piemontese per l'anno [...] (1721?-1887?), Torino, Stamperia Fontana.

Jiménez Carreño, M. (1794), *Kalendario manual y guía de forasteros en Cádiz para el año 1794. Añadida con la Guía de comercio*, Cádiz, por D. Manuel Jiménez Carreño.

Kalendario particular y Guía de forasteros en la Corte de Madrid. Para el año de [...] (1721?-1733?), [s.l.], varios impresores.

Kalendario manual y Guía de forasteros en la Corte de Madrid. Para el año de [...] (1734?-1873?), Madrid, varios impresores, entre los cuales la Imprenta Real.

Llorens Asensio, V. (1899?), *Sevilla en la mano. Manual del viajero: contiene cuantos grabados pueda necesitar el viajero más exigente o más desconocedor de nuestro país, cinco planos e infinidad de grabados*, Sevilla, [s.i.].

Llorens Asensio, V. (1891-1899), *Guía del forastero. Sevilla en Semana Santa y Feria. Lista de cofradías, programa de los festejos de Feria, tarifa de carruajes y tranvías e infinidad de datos útiles para cuantos visiten esta población*, Madrid – Sevilla, Vicente Llorens y Asensio.

Llorens Asensio, V. (1893-1900), *Guía comercial de Sevilla y su provincia*, Sevilla, establecimiento tipográfico de Díaz y Carballo.

López, C. (1839), *Calendario manual y guía de forasteros de las islas filipinas para el año de 1839*, Manila, imprenta de Santo Tomás.

MARTÍN, F. de P. (1847), *Guía de forasteros de la ciudad de Sevilla para el año de 1847*, Sevilla, imprenta del Diario de Comercio.

MOGG, E. (1845-1849), *Mogg's New Picture of London, and visitors' guide to its sights*, London, E. Mogg.

MONTERO DE ESPINOSA, J. M. (1817-1834), *Guía de forasteros en Sevilla para el año de [...]*, Sevilla, varios impresores. En algunos años aparece como *Guía general de forasteros*.

MONTOTO Y VIGIL, P. (1850?), *Manual histórico-topográfico estadístico y administrativo, o sea Guía general de Sevilla. Recopilado y arreglado por don Pedro Montoto y Vigil*, Sevilla, imprenta de Carlos Santiagosa.

MORALEJA Y NAVARRO, J. P. (1743?-1749?), *El jardinero de los planetas y piscator de la Corte para el año de [...]*, Madrid, [s.l.].

MORALEJA Y NAVARRO, J. P. (1750?-1754?), *El jardinero de los planetas y piscator de la Corte para el año de [...]*, Madrid, por los herederos de la viuda de Juan García Infanzón.

MORENO, G. (1798-1801) *Almanaque peruano y guía de forasteros para el año de [...]*, Lima, Imprenta Real.

MORENO, G. (1802-1809) *Almanaque peruano y guía de forasteros para el año de [...]*, Lima, Real Casa de Niños Expósitos.

MORENO Y GÁLVEZ, J. M. (1845), *Callejero de Sevilla y sus arrabales. O sea, una relación de todas las calles y plazas que hay, señalando su principio y fin, parroquia a que pertenecen, calles o plazas con quienes linda, iglesias, paseos, palacios y fuentes que hay en ellas: con los nombres que han tenido antes de la innovación y que hoy le han puesto [...]*, Sevilla, imprenta de D.J.M.M. y G.

MORILLAS ALONSO, V. (1860), *Guía general de Sevilla y su provincia*, Sevilla, Imp. y Lit. de la Revista Mercantil.

Noticia de los principales monumentos artísticos de Sevilla (1842), Sevilla, imprenta de El Sevillano.

Noticia de los principales monumentos históricos de Sevilla: guía de naturales y forasteros, para servir de manual al viajero y de instrucción a los naturales en el estudio de nuestras antigüedades; aumentada con la traducción francesa para el uso de los extranjeros que desconozcan nuestra lengua [...] (1845), Sevilla, imprenta española y extranjera de D. José María Geofrin.

OLIVA, T. (1834), *Almanaque filipino y guía de forasteros*, Manila, imprenta de José María Dayot.

PARAVICINI, R. (1884), *Tre giorni a Torino. Piccola guida artistica della città e dintorni*, Torino, Lombardi.

Paredes, J. G. (1810-1820), *Almanaque peruano y guía de forasteros para el año de* […], Lima, Real Casa de Niños Expósitos.

Pardon, G. F. (1862-1883), *Popular Guide to London and its Suburbs […]. With original illustrations, a map, and index*, London, Routledge.

Pérez Moris, J. (1879), *Guía general de la isla de Puerto Rico, con el almanaque correspondiente al año de 1879*, San Juan, tipografía del Boletín.

Petit guide de Paris contenant la description des monuments, des musées, des plaisirs et des établissement divers de cette ville. Avec un plan (1854), Paris, librairie de L. Hachette et Cª.

Thiéry, L. V. (1787), *Guide des amateurs et des étrangers voyageurs a Paris, ou description raisonnée de cette ville, de sa banlieve & de tout ce qu'elles contiennent de remarquable: par M. Thiéry. Enrichie de vues perspectives des principaux monuments modernes*, Paris, Hardouin & Gattey.

Trusler, J. (1786-1790), *The London adviser and guide: containing every instruction and information useful and necessary to persons living in London, and coming to reside there […]. By the Rev. Dr. Trusler. Useful also to foreigners*, London, printed for the author.

Zúñiga y Ontiveros, F. y Zúñiga y Ontiveros, M. (1761-1821), *Calendario manual y guía de forasteros en México para el año de* […], en la oficina del autor, [s.l.].

Bibliografía secundaria:

Aguilar Piñal, Francisco (2002), «Las *Guías de forasteros* (tres calas en la vida sevillana del siglo XIX)», en *Temas sevillanos: tercera serie*, Sevilla, Secretariado de Publicaciones de la US, pp. 259-277.

Aguilar Piñal, Francisco (1995), «Las guías de forasteros de Madrid en el siglo XVIII», *Anales del Instituto de Estudios Madrileños*, n.º XXXV, pp. 451-473.

Aguilar Piñal, Francisco (1978), «Las *Guías de forasteros* de Sevilla como fuente de información histórica», en *Actas del I Congreso de Historia de Andalucía. Andalucía moderna siglo XVIII)*, tomo I, Córdoba, Publicaciones del Monte de Piedad y Caja de Ahorros, pp. 37-60.

Aguilar Piñal, Francisco (1977), «Las *Guías de forasteros* de Sevilla», en *Primeras jornadas de bibliografía celebradas los días 24 al 26 de mayo de 1976 en la Fundación Universitaria Española*, Madrid, Fundación Universitaria Española – Seminario Menéndez Pelayo, pp. 527-548.

Álvarez Barrientos, Joaquín (2020), «Almanaque, ciudadanía y ciudad en la España del siglo XVIII», *Bulletin Hispanique*, vol. 122, n.º 2, pp. 727-756.

Braida, Lodovica (1998), «Dall'almanacco all'agenda. Lo spazio per le osservazioni del lettore nelle "guide del tempo" italiane», *ACME*, n.º 3, pp. 137-167.

Braida, Lodovica (1990), «Metamorfosi ed evoluzione di un genere letterario: l'Almanacco piemontese nel '700», *Mélanges de l'école française de Rome*, t. 102, n.º 2, pp. 321-351.

Braida, Lodovica (1989), *Le guide del tempo: produzione, contenuti e forme degli almanacchi piemontesi nel Settecento*, Torino, Deputazione Subalpina di Storia Patria.

Campese Gallego, Fernando Javier (2001), «Una revisión de las *Guías de forasteros* de Sevilla (1758-1834)», en María del Carmen Parias Sáinz de Rozas, Eloy Arias Castañón, María José Ruiz y María Elena Barroso Villar (eds.), *Comunicación, historia y sociedad: homenaje a Alfonso Braojos*, Sevilla, Editorial Universidad de Sevilla, pp. 103-110.

Cuéllar Willis, Lina (2019), «Hacia una definición y caracterización de las guías de forasteros en América hispana, 1761-1893», *Anuario colombiano de historia social y de la cultura*, vol. 46, n.º 1, pp. 85-122.

Cuéllar Willis, Lina (2014), «Territorios en papel: las guías de forasteros en Hispanoamérica», *Fronteras de la Historia*, vol.19, n.º 2, pp. 179-201.

Durán López, Fernando (2020), «Del tiempo cíclico al tiempo histórico: evoluciones e intersecciones entre almanaques y periodismo en la España del siglo XVIII», en Hans Fernández y Klaus-Dieter Ertler (eds.), *Periodismo y literatura en el mundo hispanohablante: continuidades – rupturas – transferencias*, Heidelberg, Universitätverlag Winter (Studia Romanica 225), pp. 15-46.

Durán López, Fernando (2015), *Juicio y chirinola de los astros. Panorama literario de los almanaques y pronósticos astrológicos españoles (1700-1767)*, Gijón, Trea.

Flores Hernández, Yohana Yesica y Antonio Carpallo Bautista (2019), «Las encuadernaciones de las *Guías de forasteros* en la Real Academia de Bellas Artes de San Fernando», en Elmira Simeao, Aurora Cuevas Cerveró, Rodrigo Eduardo Botelho Francisco y José Antonio Gómez Hernández (eds.), *Información y sociedad: patrimonio y memoria documental*, vol. 2, Madrid, UCM, pp. 40-55.

Galant, Ivanne (2016), *Séville dans les guides de voyage français et espagnols (XIX-XXe siècles)*. Tesis doctoral inédita.

García Ferrero, Francisco Manuel (1984), «Valor etnográfico de las *Guías de forasteros*: el caso de Sevilla», en Salvador Rodríguez Becerra (ed.), *Antropología cultural de Andalucía*, Sevilla, Departamento de Antropología y Folklore – Instituto de Cultura Andaluza, pp. 267-284.

Gil Novales, Alberto (dir.) *et al.* (1991), *Diccionario biográfico del Trienio Liberal*, Madrid, Ediciones El Museo Universal.

Moll, Jaime (1994), *De la imprenta al lector: estudios sobre el libro español de los siglos XVI al XVIII*, Madrid, Arco Libros.

Salman, Jeroen (2021), «The Dissemination of European Popular Print: Exploring Comparative Approches», *Quaerendo*, vol. 51, n.ºˢ 1-2, pp. 36-60.

Ivanne Galant (Université Sorbonne Paris Nord, Pléiade,
Université Sorbonne Nouvelle, CREC)[1]

El pueblo hecho patrimonio: viajeros franceses en Andalucía (siglos XVIII y XIX)

RESUMEN: Para esclarecer los orígenes de la percepción romántica de Andalucía, proponemos observar el retrato del pueblo andaluz en los relatos y guías de viaje publicados en Francia antes de la moda romántica de España. El corpus seleccionado, anterior a los años 40 del siglo XIX, muestra cómo aquellos libros de viaje participaron en la patrimonialización y turistificación del pueblo andaluz. Tras un acercamiento al contexto político-cultural de la época y a las imágenes de España y de Andalucía difundidas por aquel entonces, el capítulo se centra en la exotización y la subordinación del pueblo español mediante tres procesos recurrentes utilizados por los viajeros-escritores: la amplificación, la erotización y la orientalización. Por fin, intentamos mostrar cómo las estrategias discursivas de aquellos autores y la forma en sí de sus relatos jugaron un papel importante en la caracterización y la estereotipización del pueblo andaluz.

PALABRAS CLAVE: viajeros, pueblo, estereotipo, patrimonialización.

Mucho se ha estudiado la imagen que se tenía de Andalucía en Francia a partir de los años 40 del siglo XIX, cuando los románticos hicieron del viaje a España, y particularmente a Andalucía, un género literario en sí. Después del *Viaje a España* de Théophile Gautier (1843) y de *Carmen* de Prosper Mérimée (1845), las guías cada vez más numerosas prometían al futuro viajero bandidos, cigarreras y gitanos en un lugar donde el baile, la música y la huella árabe eran elementos imprescindibles y cotidianos. Entre los numerosos ejemplos que existen, citaremos un extracto de *L'Espagne pittoresque*, publicado en 1848 y atribuido a Manuel Cuendias y Victor de Féréal, por el lirismo que anima el retrato, así como uno de la guía Richard et Quétin del año 1852:

> Ces hommes sont Andalous; ils ont du soleil et des cigarritos autant qu'ils en veulent ; ils dansent et ils chantent autant que cela leur plaît. Que leur importe le reste du monde ! Ils ne sont pas guerriers, ils ne sont pas citoyens, ils ne sont pas Espagnols, ils ne sont pas chrétiens… ils sont Andalous, ou plutôt ils sont Maures, poètes et rêveurs,

---

1 Esta publicación es parte del proyecto de I+D+i PID2020-115959GB-I00, financiado por MCIN/ AEI/10.13039/501100011033/.

amants du plaisir jusqu'à la frénésie, vivant d'air et de parfums : épris de tout ce qui flatte les sens, ils ne prennent nul souci de la vie matérielle (Cuendias, Féréal, 1848: 336).

L'imagination tout-à-fait orientale des Andaloux donne de la valeur aux objets les plus minimes, et le génie de l'hyberbole n'a chez eux d'égal que leur crédulité, qui les rend dupes de leurs propres mensonges. En général, ils sont superstitieux, surtout dans leur dévotion à la sainte Vierge ; ils réclament l'assistance divine, et surtout celle de leurs patrons, dans chaque ville, chaque église et chaque paroisse, pour tous les maux et les moindres difficultés de la vie. On dit : Al Andaluz cala la Cruz ; del Andaluz guarda tu capa y capuz. Même lorsqu'un Andalou fait le signe de la croix, il se préoccupe de son manteau et autres vêtements. Les contrebandiers et les voleurs semblent dans ce pays une race naturelle au sol. En compensation, il n'est pas de province d'Espagne où les relations sociales soient plus douces, plus amicales que dans cette contrée, ennemie de tout travail, mais éprise de tous les plaisirs. L'Andalou est, en général bien conformé, grand, fort et nerveux; les femmes sont également grandes, bien faites, et leurs manières charmantes ne manquent jamais leur effet sur le voyageur. Le costume des hommes est original et pittoresque, c'est exactement celui que porte Figaro sur nos théâtres (Richard et Quétin, 1852: 766-767).

No cabe duda de que, a medida que se iba democratizando el viaje, el pueblo andaluz se convertía en un elemento del patrimonio que había que reconocer, admirar, y quizás con el que se podía interactuar. La convocatoria del Congreso *Hacia una idea de Andalucía en los siglos XVIII y XIX. Prensa, teatro y tipificación de lo andaluz* —al que presentamos una versión inicial de este estudio— explicitaba la voluntad de «esclarecer los orígenes más inmediatos de la percepción romántica de Andalucía en los años previos a la eclosión de la moda casticista en la segunda mitad del siglo XIX», por lo cual hemos querido observar el retrato del pueblo andaluz en los relatos y guías de viaje publicados en Francia antes de aquella moda. En el proceso de formación de las imágenes de España en Francia, tuvieron mucha importancia los diferentes libros de viaje (diario, cartas —reales o fingidas—, relatos, guías o guías «disfrazadas» entre el relato y la guía)[2] donde era una constante presentar el carácter de la nación. Sobre el género literario del viaje es esclarecedora la introducción a la antología de viajeros franceses y francófonos del siglo XVI al siglo XIX de Bartolomé y Lucile Bennassar (1998): en el siglo XVI los motivos para viajar eran religiosos o políticos, hubo algunos relatos en el siglo XVII (el famoso de Madame d'Aulnoy) pero los viajes fueron más frecuentes a partir del siglo siguiente, animados por las relaciones políticas y culturales, así como por las mejoras de la red de carreteras. La invasión de Napoleón supuso una pausa en aquel desarrollo: los únicos que viajaban, o casi, eran

---

2   La expresión es de Adélaïde Pestano y Viñas (2004: 61-77).

militares.[3] Pero una vez apaciguadas las relaciones políticas entre ambos países, hubo una ola de visitas con sus correspondientes relatos de viaje a España que dio lugar a muchos estudios académicos.

Para inventariar los relatos y guías, el investigador tiene a su alcance varios repertorios, publicados por Foulché-Delbosc, Arturo Farinelli, José García Mercadal y más recientemente por Carlos Romeral Pérez y María del Mar Serrano. Gracias a ellos, se han seleccionado 17 guías y relatos de viaje a España escritos por franceses que hicieron por lo menos una etapa en Andalucía. De estos 17, tres fueron escritos por clérigos,[4] cinco por diplomáticos;[5] cuatro por militares[6] que participaron en el conflicto napoleónico. Entre los cuatro autores restantes tenemos perfiles distintos: un geógrafo, dos historiadores y dos libreros.[7] Tampoco podíamos apartar del corpus obras escritas por extranjeros en francés o traducidas, que circulaban al mismo tiempo como las de Juan Álvarez de Colmenar, Noberto Caimo, Richard Twiss, Giuseppe Barretti, William Dalrymple, Henry Swinburne, Joseph Townsend, Hans Ottokar Reichard, Giuseppe Pecchio.

---

3   «La construcción de una red radial de carreteras empezó bajo el reinado de Fernando VI (1746-1759). En 1754, un enviado de la Corona, tras haber analizado el desarrollo industrial de otros países europeos, volvió a España convencido de la necesidad de crear grandes carreteras, de Madrid a La Coruña, a Cádiz, a Alicante, y a la línea de Francia. La construcción avanzó a paso de tortuga debido a la falta de inversión y, obsesionados por enlazar la capital con las zonas costeras más dinámicas, se pasaron por alto prácticamente todas las localidades interiores. Los primeros viajes sobre ruedas cómodos y fiables se pusieron a disposición de los viajeros más acaudalados en la década de 1760, mientras que este tipo de servicios se dispensaba de forma generalizada en casi toda Europa desde hacía años. En 1789, el ministro Floridablanca instituyó un servicio de diligencias bisemanal entre Bayona y Madrid. También se prestó atención al alojamiento, el segundo componente básico de la infraestructura viajera; a partir de 1749, las leyes intentaron reparar las numerosas taras de la hospitalidad. A renglón seguido, el ministro Jovellanos recalcaba que las posadas de buena calidad eran componentes esenciales de una red de carreteras moderna y que era imprescindible mejorarlas todas. A partir de 1794, los planes de financiación de carreteras también incluían incentivos a los propietarios de posadas para que las modernizaran» (Pack, 2009: 39).

4   Vayrac (1719), Labat (1730) y Delaporte (1772).

5   Silhouette (1770), Peyron (1782), Bourgoing (1789 y 1797) y Laborde (1809).

6   Hugo (1823), Bory de Saint Vincent (1823), Limouzin (1828) y Blaze (1828).

7   Respectivamente David François de Merveilleux (1738), Georges Bernard Depping (1823), Alexis Guignard conde de Saint Priest (1830), Jean-Marie Vincent Audin (1828) y Augustin Challamel (1833).

El estudio del corpus nos permitirá ver de qué manera aquellos libros de viaje participaron en la patrimonialización y turistificación del pueblo andaluz, dos procesos que lo convirtieron poco a poco en parte del patrimonio, digno de ver para los turistas. En una primera parte, nos interesaremos en el contexto político-cultural de la época y sus influencias en las imágenes de España y de Andalucía difundidas al otro lado de los Pirineos. Luego, veremos cómo los autores del corpus exotizaron y subordinaron al pueblo español, mediante tres procesos: la amplificación, la erotización y la orientalización. En una tercera parte, estudiaremos las estrategias discursivas que permitieron aquella patrimonialización y turistificación. Para concluir, cuestionaremos la existencia de un diálogo con publicaciones españolas del mismo tipo.

Relaciones franco-españolas y protagonismo de Andalucía

Las relaciones franco-españolas son proteiformes y antiquísimas. Fueran culturales o políticas, participaron en la creación y en la difusión de una idea de España en Francia y obviamente de una idea de Andalucía y de lo andaluz. Léon-François Hoffmann, autor de *Romantique Espagne,* se remonta al siglo XI en su estudio sobre las huellas de España en la literatura gala. Para él, el interés por la cultura española se reforzó durante el Siglo de Oro con la publicación de la primera gramática española en francés de César Oudin (*Grammaire espagnole expliquée en françois*, Paris, Marc Orry, 1606), con la difusión de obras españolas traducidas o con la simple presencia de motivos españoles en la literatura francesa. A la España del siglo XVII se le atribuía generalmente ciertas virtudes patrióticas:[8] los únicos en criticar el país fueron los embajadores franceses para quienes dominaban en España la inactividad, la soberbia, la ignorancia y la pereza. Sin embargo, reconocían una propensión al valor y la dignidad, así como una actividad cultural importante.[9] La cercanía entre Francia y España se reforzó a partir de 1700 cuando los dos países empezaron a compartir dinastía. Hasta 1823, el periodo iba a estar marcado por momentos de *entente cordiale* con varios Pactos de familia o de conflicto bélico declarado, con la guerra de Independencia, en la que Andalucía tuvo especial protagonismo. En todo caso, las relaciones políticas estuvieron marcadas por el intervencionismo francés.

---

8   «des vertus d'amour de leur pays, de fidélité, d'efficacité administrative, de vaillance militaire, puissance des armes» (Hildesheimer, 2000: 22).

9   «l'inactivité et la superbe espagnoles; courage et dignité, mais paresse et ignorance en dépit d'un rayonnement culturel puissant» (Hildesheimer, 2000: 23).

Mientras España luchaba contra aquella tutela gala, los filósofos *des Lumières* juzgaban con severidad la cultura de sus vecinos considerando que España era enemiga del progreso en comparación con una Francia en la que las capas intelectuales intentaban derrocar el orden establecido.[10] Habría que esperar a los románticos: aunque consideraban que España seguía anclada en el pasado, quedaron fascinados por su sentido de la identidad nacional. Así se fueron sobreponiendo varias imágenes: «Tampoco es cierto que la sucesión sea lineal [...]. La España romántica no sustituye a la España de la leyenda negra, la de Felipe II, el Santo Oficio y la crueldad de la conquista, sino que convive con ella en un maridaje relativamente bien avenido» (Núñez Florencio, 2001: 28).

Cuando los románticos hablaban de España, Andalucía se llevaba la parte del león. Según Julio Caro Baroja, aquel protagonismo había empezado en el siglo XVI,[11] en España y fuera de ella, gracias en parte al mismo fenómeno que citaba Hoffmann: la presencia de personajes andaluces, en obras literarias muy difundidas, de Cervantes y Quevedo, por ejemplo. Los autores galos que ambientaban sus novelas en España también preferían los motivos hispano moriscos y la época de Al-Andalus, lo que constituyó un primer paso hacia la confusión hispanoandaluza basada en un proceso sinécdoquico. El proceso se vio reforzado en España en el siglo XIX con el costumbrismo.[12]

En cuanto a los viajes de franceses, siendo los primeros motivados por el comercio y la política o la religión, Andalucía no tenía especial protagonismo: empezó a tenerlo poco a poco, por el desarrollo de la moda de los viajes largos —puede que, inspirados también por los ingleses, más numerosos en emprender viajes de placer, la mejora de los transportes y el creciente orientalismo. La región se convirtió en la verdadera meta del viaje. Así, para el conde Alexis de Saint Priest, autor de un relato publicado en 1830, Sevilla merecía ser la verdadera capital: «Séville, véritable capitale de l'Espagne, traversée par un fleuve superbe, et si remplie de beaux édifices que la manufacture de cigares est un palais digne des rois. Comment Madrid a-t-il pu lui être préféré?» (De Saint Priest, 1830: 37).

---

10 Recordemos el polémico artículo de Masson de Morvilliers en la Enciclopedia Panckoucke, titulado «Mais que doit-on à l'Espagne ?» (1782: 554-568).

11 Véase Julio Caro Baroja (1987).

12 Sobre el costumbrismo, véanse Joaquín Álvarez Barrientos y Alberto Romero Ferrer, (1998), y Joaquín Álvarez Barrientos *in* Jean-René Aymes, Serge Salaün (1998).

Para los extranjeros, la región del sur ofrecía un concentrado de España y alimentaba sus deseos de exotismo y de viajes lejanos: vista como la Puerta de Oriente, ofrecía un *dépaysement confortable*.

Exotizar y subordinar

Aunque se podía reconocer, tal y como lo confesó Bourgoing en 1797, que era difícil pintar el carácter de una nación,[13] muchos autores lo hacían, salpicando su relato de generalidades aplicadas a todos los habitantes del país. Algunos recordaban las circunstancias políticas que podían influir en la imagen recíproca de ambos pueblos. Así, Blaze afirmaba lo siguiente: «Le peuple espagnol nous déteste, il faut convenir que ce n'est pas sans raison, nous ne nous sommes pas conduits chez lui de manière à nous faire aimer» (Blaze, 1828: 411) y Limouzin, emitió la posibilidad de que, en plena guerra, la imagen que los españoles daban de ellos era sesgada debido a la desesperación causada por el conflicto:

> Les guerres de 1807 à 1814 en Espagne ont fait naître une foule de mémoires. Les différents auteurs qui ont écrit sur cette matière ont négligé de parler des mœurs, des coutumes, et du caractère des habitants de ces riches contrées, et ceux qui en ont dit quelque chose paraissent n'avoir écouté que leurs passions, ou plutôt l'idée générale que nos soldats se sont faite de la prétendue barbarie des Espagnols… Nous ne pouvons leur refuser une constance inébranlable à supporter des maux inouïs, et un grand courage dans l'adversité. Il serait donc injuste de juger des mœurs et du caractère de cette nation, eu égard aux faits suggérés par leur désespoir dans ces temps de deuil et de calamité (Limouzin, 1829: 1).

Los rasgos definitorios de los españoles bajo la pluma gala eran mayoritariamente defectos,[14] algo que de por sí revelaba un sentimiento de superioridad. Entre ellos, la pereza, la fe excesiva, la superstición, el orgullo, la lentitud, la ociosidad, los celos. Directa o indirectamente, se comparaba lo que se descubría con

---

13 «Ce n'est pas chose facile que de tracer le caractère d'une nation» (Bourgoing, 1797: 280).

14 Sin embargo, Blaze tenía la voluntad de proponer un retrato matizado: «Les partisans des Espagnols leur reconnaissent toutes les vertus, et montrent l'indulgence la plus grande pour leurs défauts et leurs vices. Les ennemis jurés de ce peuple lui reprochent tous les vices en lui refusant tout espèce de qualités. Il faut avoir recours nécessairement à un moyen terme, et prendre un juste milieu entre ces deux opinions également exagérées. Essayons de tracer le portrait et de le rendre aussi ressemblant que mon expérience me permet de le faire» (Blaze, 1828: 404).

lo que se conocía en Francia; la contraimagen, lo diferente, lo que llamaba la atención, en un sentido positivo o negativo:

> Le clergé d'Espagne n'est pas fait pour être mis en parallèle avec le nôtre, il perdrait trop à la comparaison. Les prêtres de ce pays m'ont paru peu scrupuleux, et faiblement attachés aux obligations de leur ministère tous leurs efforts tendent à paraître ce qu'ils ne sont pas leur extérieur est édifiant, mais leurs devoirs leur pèsent. Presque tous adonnés à l'incontinence et au jeu, ils se font une étude particulière de la dissimulation, et pourvu qu'ils sauvent les apparences, le reste leur est indifférent. Il se trouve cependant eu Espagne de vénérables ecclésiastiques, attachés à la religion, et fidèles observateurs de la morale évangélique, mais ils sont plus rares qu'en France (Limouzin, 1829: 46-47).

Amplificación

En su descripción del pueblo andaluz, era frecuente que los autores dieran la impresión de que había «algo más» en la región. Limouzin (1829) emplearía nada menos que nueve adverbios comparativos de superioridad «plus» (más) para describir a los andaluces, comparándolos con los demás españoles (más leales, más honestos, más civilizados, más limpios, más volcados hacia los placeres de la vida).

Por otra parte, los andaluces parecían personificar, en algunas obras, el pueblo español por antonomasia, fomentando de cierta manera la relación metonímica entre el país y la región del sur. Por ejemplo, en la presentación de Silhouette (1770) la palabra «andaluces» se ve sustituida pocas líneas después por «españoles», como si la observación de los primeros le permitiera sacar conclusiones para todos los españoles (entre las cuales la falta de habitantes, la pereza, la obsesión por el sexo, las mujeres encerradas en casa como monjas, el pueblo poco trabajador, la importancia de la apariencia, las reglas de vida flexibles, el carácter vengativo, violento, celoso, el gusto desarrollado por la música). En su relato, se observa un contraste entre la tierra — «la meilleure partie de toute l'Espagne» — y los habitantes — «les plus méchants de tous les Espagnols, et ceux qui ont les plus mauvaises qualités». Sin embargo, solo desarrolla aquel comentario evocando la manera de hablar y la supuesta «desfiguración» de la lengua española: «Ils respirent beaucoup en parlant, et c'est ce qui a défiguré la langue espagnole, en sorte que l'on discerne à peine l'étymologie des noms».

Además de este juicio de valor, otros autores comentaban la manera de hablar, y a veces la relacionaban con el carácter de los habitantes, como si el acento fuese un reflejo de la manera de ser, tal y como lo hizo Peyron (1783):

> L'Andaloux (*sic*) n'a rien à lui, pas même la langue. On peut le comparer au Gascon pour la saillie, la vivacité, la fanfaronnade : on le distingue au milieu de cent Espagnols.

                        Ivanne Galant

> L'hyperbole est son langage favori ; il embellit, il exagère tout, il vous offre son bien, sa personne de la même manière, c'est-à-dire, aussi vite qu'il s'en repent. Il est faux, brave, paresseux, enjoué, plaisant, tenant aux anciens usages de son pays, leste, bien fait, extrêmement passionné pour les femmes, aimant la danse, le plaisir et la bonne chère (Peyron, 1783: 141).

Laborde también relacionaba la manera de hablar con la hiperbole y tendía un puente cultural con su público francés:

> Les Andalous sont avantageux, arrogans (*sic*), fanfarons; leurs discours sont toujours remplis d'hyperboles ; les expressions dont ils se servent, la tournure qu'ils donnent à leurs phrases, leurs gestes, leurs manières, leur ton de voix, leur maintien, leurs costumes, portent tous l'empreinte de la jactance qui fait le fond de leur caractère; ils sont les Gascons de l'Espagne (Laborde, 1808: 374-375).

Hay que precisar que los gascones eran en Francia un chivo expiatorio desde la ascensión de Henri IV al trono. En la literatura se les describía como impetuosos, jactanciosos, sin valor y con un fuerte acento que no correspondía con los usos de la Corte.[15] En su intento de explicación de la pronunciación andaluza, Laborde recurría a adjetivos que, otra vez, no eran neutrales —idioma *corrupto*, casi *desfigurado*—. No cuestionaba su capacidad de comprensión, sino que consideraba aquel acento no solamente distinto sino *alterado*, lo relacionaba con la presencia de palabras árabes e incluso expresaba la dificultad que suponía entender a un andaluz, incluso para un nativo:

> L'Andalousie n'a point de langue qui lui soit particulière. On y parle le castillan ; mais il y est altéré, corrompu, presque défiguré par un mélange prodigieux de mots arabes, et encore plus par une prononciation vicieuse, qui rend cette langue méconnaissable. Beaucoup plus gutturale que dans le reste de l'Espagne, elle y est encore fanfaronne et grasseyante : un Castillan a souvent de la peine à comprendre un Andalou (Laborde, 1808: 387).

Las descripciones del carácter andaluz eran entonces marcadas por la hipérbole, con respecto a los demás españoles (y por consiguiente a los franceses), lo que contribuía a hacer del pueblo andaluz un grupo digno de observar para el visitante.

Erotización

Si la observación de la alteridad era una constante para los viajeros, lógicamente, la otredad más inmediata que podían contemplar estos hombres viajeros la

---

15 Véase el personaje del *Gascon* en Rabelais (1546).

constituían las mujeres, verdaderas protagonistas de aquellos retratos —15 de los 17 libros las evocan—.[16] De manera general, los viajeros quedaban fascinados por cierta ambivalencia: por un lado, estaban las mujeres-esposas piadosas que no salían de casa sino para ir a misa (Labat, 1730) y por otro lado, las mujeres más libres. También se podía observar una diferencia de comportamiento según el tipo de espacio. Asimismo, Vayrac y Labat apuntaban el contraste entre la forma de ser de las mujeres en su casa y fuera de ella, donde gracias al anonimato, podían dejarse llevar y tener conversaciones agradables y delicadas.[17] Entre aquellas mujeres, también estaban las prostitutas, las *amancebadas*, palabra escrita en español en el texto, para subrayar aún más la particularidad de la práctica y hacerla aún más española: aquellas parecían obsesionar a varios autores que incluso desarrollaban una teoría sino estrafalaria ahora totalmente discutible para explicar un supuesto problema de fertilidad del país (Vayrac, 1719). Así la falta de nacimientos se debía a la «incontinencia» de los hombres que, por saciar su descomunal apetito sexual con *amancebadas,* no podían cumplir el deber conyugal.

Casi existía un consenso para afirmar que las mujeres más famosas y hermosas eran las andaluzas —para Colmenar (1707) rivalizaban con las valencianas y Limouzin (1828) prefería las castellanas—.[18] Luego, según las experiencias vividas, contadas o puede que inventadas, las mujeres de una localidad u otra dentro de Andalucía adquirían más o menos fama: Merveilleux (1738) recordaba una muchacha de Granada comprada por un cónsul inglés en un relato donde se observaba la brutalidad del afán sexual,[19] Peyron (1782) se decantaba por las

---

16 Los únicos que no hablan de las mujeres son Victor Hugo y Georges Bernard Depping. En relación con este tema, véase José María Solé (2007) y Galant (2020).

17 Véase Jean-René Aymes (2001: 120-132).

18 «Les femmes de Séville passent pour les plus belles du royaume : je ne suis pas de cet avis. Je leur préfère les jolies Castillanes de la capitale : ce pendant il est juste d'ajouter que ce sont des genres de beauté absolument différents» (Limouzin, 1828: 67).

19 «Elle accompagnait son luth de quelques airs à la Grenadine qui sont fort joliment composés. Il entre beaucoup de passion dans la manière dont l'amour y est exprimé, et les Espagnoles sont communément touchées de ce qu'elles chantent (…) Cette petite personne nous raconta qu'elle s'était livrée à l'amour de son galant, plutôt que se voir exposée à la brutalité du son beau-père, second mari de sa mère. Que ce malheureux la tourmentait continuellement et avait mis tout en usage pour jouir d'elle, suivant l'usage d'Espagne, ou la facilité qu'on a d'y obtenir les Nonces du Pape l'absolution de l'inceste, rend ce crime fort commun. Elle ajouta qu'elle aimait bien mieux appartenir à Mr le Consul, que de retourner chez sa mère parce que son beau-père, l'aimant avec passion, ne lui permettrait jamais de rentrer dans un couvent. Le galant de cette fille se

gaditanas, más hermosas o más libres —incluso hablaba de orgias, tal vez en referencia a las *puellae gaditanae* de la Antigüedad que ve reflejada en las gaditanas
del presente—[20] y Laborde (1809) por las malagueñas.[21]

Además de la descripción física con juicio de valor,[22] la erotización podía
pasar por la descripción de una escena de baile, que constituía para el viajero un
espectáculo digno de admirarse, tal y como lo desarrolló Laborde:

> Les Andalous étoient déjà célèbres sous les Romains par leur adresse ; ils bril-
> lèrent souvent sous les théâtres de Rome : plus souvent encore les jeunes Andalouses
> y attirèrent la foule et les applaudissements par leurs danses lascives, elles y captivèrent
> les cœurs des consuls, des tribuns, des prêteurs, des sénateurs, sur lesquels elles exercent
> l'empire le plus absolu. Les Andalouses modernes n'ont point dégénéré : elles sont en-
> core les danseuses les plus agréables et les plus séduisantes de l'Espagne. Elles sont en
> général bien tournées ; leur peau est délicate, leur taille svelte, les traits de leur visage
> fins, leurs yeux noirs, vifs, plein de feu ; elles sont maniérées, mais remplies de grâce
> (Laborde, 1809, vol. 2: 154-155).

Pone de realce la particularidad andaluza, y la frase «Les Andalouses modernes n'ont point dégénéré», con toda la carga racial que contiene, sugiere ya una
tierra con habitantes arraigados en una tradición, anunciando finalmente lo
que irán a buscar los románticos con sus viajes a Andalucía: una tierra aún no
alterada por la modernidad, una tierra diferente, para anticipar el celebre lema
turístico del siglo XX. Otro recurso que se observa es la alabanza a las mujeres y
el desprecio a los hombres andaluces, un procedimiento que podía subirles a los
hombres franceses la autoestima, como si los andaluces no estuvieran a la altura:

> Ce pays (*Andalucía*) est également le pays des majas, de ces femmes dont le nom
> ne doit point les faire confondre avec l'espèce dont il vient d'être parlé. Elles sont aussi
> séduisantes que les majos peuvent être repoussants : un air dégagé, une tournure aisée,
> une démarche leste, un œil vif, attrayant, animé, un sourire fin et agréable, une taille

---

nommait Don Gaspar di Aranda. Il avait un poste considérable à Cadix» (Merveilleux,
1738: II, 198-199).

20 «Les filles de Cadix étaient recherchées dans les fêtes publiques et les orgies particu-
lières, tant pour leur habileté à toucher divers instruments, que pour leur talent pour
la danse, et leur humeur pleine d'enjouement» (Peyron, 1782: 246).

21 «Celles du royaume de Grenade sont les mieux faites, et, parmi celles-ci, les femmes
de Malaga ont encore la supériorité» (Laborde, 1809, vol. 2: 155).

22 A modo de ejemplo : «Las Sevillanas (les Séviloises) sont plus frivoles, plus animées et
d'un tempérament plus ardent que les belles de Madrid, elles ont aussi plus de couleurs
et d'embonpoint, moins d'affectation dans leurs manières, et moins de gêne dans leurs
habitudes» (Limouzin, 1828: 68).

> svelte, une chaussure recherchée, un costume élégant et léger, des grâces variées, un son
> de voix cadencé, une amabilité naturelle, des gestes expressifs, sont les attributs de ces
> femmes aussi dangereuses qu'aimables (Laborde, 1809, vol. 2: 154-155).

Parece decir que le han seducido mujeres españolas, con una enumeración que deja creer que ha vivido esta experiencia. Limouzin iba más lejos señalando la facilidad con la que se podía acercar a las mujeres andaluzas, con un comentario que las cosificaba y que afirmaba el deseo masculino como el único válido:

> On les approche avec une extrême facilité au résumé, si j'avais à choisir entre elles, je
> prendrais pour maîtresse une sémillante andalouse, et pour femme, une sensible et ten-
> dre castillane. Les femmes galantes de Madrid ont leurs duègnes, leurs entremetteu-
> ses, celles de Séville, de même qu'à Paris, se promènent avec autant d'impudeur que
> d'effronterie: les promenades publiques sont leur palais royal (Limouzin, 1828: 68).

La picardía — *l'effronterie*— era lo que impresionaba a los viajeros, para bien y para mal, haciendo que el retrato femenino se basase en el binomio antagónico atracción-repulsión. De hecho, el peligro y la violencia también se observaban en las relaciones amorosas: Blaze describía la violencia de aquellos amores. Violencia de las pasiones y dureza del alma, que se observaban también cuando una mujer asistía al cruel espectáculo —*bárbaro* incluso para él— de la corrida de toros:

> Tendres, sensibles, ardentes même, qu'on me pardonne ce mot, elles possèdent tou-
> tes les qualités pour aimer et pour inspirer l'amour le plus violent. Elles sont jalouses à
> l'excès et bien plus que les hommes ; quand une Espagnole aime, elle aime bien ; mais
> elle veut être exclusivement aimée, et ne pardonne pas même l'apparence d'une infi-
> délité. Dans ce pays, on ne trouve point de petites maitresses à vapeur ; les Andalouses
> ignorent ou méprisent ce moyen d'intéresser. Elles sont courageuses, supportent avec
> résignation et sans perdre leur gaité naturelle, les douleurs, les privations, les fatigues.
> Leur force d'âme est poussée jusqu'à la dureté, à la barbarie même. Elles n'ont le cœur
> tendre que pour aimer ; il est de fer pour tout autre sentiment. On les voit s'amuser aux
> jeux sanglants du cirques ; elles courent aux exécutions comme à un spectacle récréatif
> et qui doit satisfaire leur curiosité (Blaze, 1828: 413).

Orientalización

La erotización también se vinculaba con la orientalización; así el italiano Giuseppe Pecchio retomaba las palabras de Lord Byron afirmando que el poeta no había exagerado cuando había asimilado Andalucía con un harén.[23] La región iba a convertirse en la puerta de Oriente para los viajeros. El abad Delaporte (1772)

---

23 Citado por Colmeiro (2003: 57-83).

explicaba la galantería granadina por la herencia mora. Elogiaba al pueblo moro —en comparación con los castellanos— pero lamentaba que algunas de esas cualidades hubieran desaparecido. Aquella nostalgia, tópica, de la época árabe se percibía también en la obra de Peyron (1782: 24) que recordaba las fiestas magníficas y galantes de la corte de Abderramán. Para el autor, a excepción de la ciudad de Granada, solo quedaban ruinas. Al contrario, Bory de Saint Vincent (1823) se esforzaba en ver rasgos árabes en el carácter de los andaluces:

> Le caractère maure s'est parfaitement conservé dans le pays: mêmes traits et même teinte des habitants, des danses, des chants, des instruments de musique, beaucoup de noms propres de famille et de lieux, des procèdes d'agriculture, des préjugés, certaines vertus hospitalières, jusqu'à une partie du costume et même à l'accent du langage, tout rappelle dans le versant Bétique les anciens dominateurs du pays. Au reste, soit par un effet de cette insouciance qui paraîit propre aux peuples des pays chauds, soit par une facilité d'humeur qui tient à la douceur du climat et à la riante exposition du sol qu'ils habitent, les habitants de la Bétique, légers, inconstants, rieurs et spirituels, s'embarrassent peu de l'avenir et n'ont jamais résisté à personne (Bory de Saint-Vincent, 1823: 217).

La lectura de nuestro corpus no pone de realce un consenso porque frente a la aparente morofilia de Laborde, el Conde Alexis de Saint Priest (1830) despreciaba la misma, afirmando que tampoco era del agrado de los castellanos que desdeñaban a los andaluces. Sin embargo, prefería Italia que le recordaba Grecia mientras Andalucía se parecía demasiado a África según su gusto:

> Au fond, les Castillans méprisent les Andalous. Ce sang maure qui coule dans les veines des méridionaux inspire aux fils des Goths un invincible éloignement. (…) Combien l'Italie est supérieure à l'Espagne! où trouver ici cette diversité pittoresque, cet aspect d'une belle nature toujours en harmonie avec les arts? Les mers de la Bétique se brisent sur des grèves nues et sauvages: le paysage n'en est point embelli, mais attristé. Quelle différence des sables de Cadix à la riche verdure de Naples! … L'Italie respire la Grèce, l'Espagne est imprégnée d'Afrique (De Saint Priest, 1830: 159).

Esta comparación con África iba a convertirse en un tópico (recordemos el famoso apotegma «África empieza en los Pirineos» atribuido a Alexandre Dumas), pero la morofilia de los románticos posteriores iba a dar a semejante parecido un valor positivo, y se fijará la imagen hasta incluso hoy en día —por razones climáticas, paisajísticas o arquitectónicas según los casos—.

Estrategias discursivas: patrimonialización y turistificación

Lo que nos interesa observar es la manera como el pueblo andaluz y sus avatares más conocidos —mujeres, bandoleros, gitanos— se convirtieron en «algo que hay que ver». En un estudio sobre el siglo XX, Manuel Hijano del Río y Francisco Martín Zúñiga afirmaban que «No se trata de construir una Andalucía "vacía" que espera al visitante. Las guías turísticas no pretenden tan sólo de proyectar un territorio virginal, sino que, además, será necesario añadir el condimento de los actores principales: los andaluces y su imaginario "carácter" o identidad construida expresamente para la ocasión» (2007: 103). Este comentario no solo es válido para el siglo XX, de hecho, ya en nuestro corpus existen rastros de semejante interés. Es igual con la afirmación de Dean Mc Cannell para quien existe una «etnicidad reconstruida», «al servicio del marco ideológico del turismo que aísla unos elementos para reinterpretarlos en términos adecuados para su venta». Sigue el autor norteamericano: «El grupo étnico se convierte en una "cosa", una imagen fija, en un objeto de museo o un "fósil" de prácticas nativas» (1988: 114).

Romantización: hacia la aventura

La ambivalencia de Andalucía, tierra hermosa con un pueblo con defectos, podía hacer del viaje una verdadera aventura, posiblemente peligrosa debido al carácter de los hombres o a la presencia de algunas figuras claves como los mendigos, los gitanos o los bandoleros. Según Bernard Vincent, la relación entre la región y los bandidos era antiquísima: «L'existence du banditisme en Andalousie est multiséculaire. On en trouve des traces dans la correspondance de Cicéron ou dans l'œuvre de Tite-Live et, à l'époque du califat de Cordoue, il y eut un banditisme très puissant, expression à la fois de misère et d'une opposition» (Vincent, 1974: 389). Antes que los franceses, los ingleses evocaban los peligros potenciales como Twiss (1776) con los salteadores de caminos y la poca seguridad de las ventas de los gitanos:

> [I]l rôde des bandits, marchant en troupes de douze jusques [sic] à trente, qui attaquent les voyageurs, & les dépouillent après les avoir assassinés, laissant les cadavres avec les voitures sur les chemins, & emportant le butin sur les mules des voyageurs. Ces bandits habitent des cavernes dans les montagnes; ils sont armés de carabines courtes & d'une demie douzaine de pistolets pendus à leur ceinture.(…) Il faut coucher sur la paille dans une Venta tenue par des Bohémiens, les portes & les fenêtres de cette brillante habitation ne se ferment jamais, par la même raison que Taylor un de nos poètes allègue en parlant d'une auberge semblable en Bohême, c'est-à-dire, qu'il n'y en a point. Pour nous dédommager, l'hôtesse dansa un Fandango avec notre soldat, au son d'un tambour de basque & des castagnettes (Twiss, 1776: 256).

La guía Richard de 1828 evocaba la presencia de mendigos y asesinatos, sobre todo en Málaga. En cuanto a la presencia de gitanos, Peyron (1782) retomaba la idea según la cual no se podía dormir tranquilamente en los albergues de gitanos porque había robos. A pesar de eso, hemos encontrado escasas referencias al pueblo gitano, de hecho, Laborde hablaba de ellos en pasado:

> L'Andalousie fut autrefois le refuge des *gitanos*, de ses hommes sans feu ni lieu, sans foi ni loi, la vermine de l'Espagne, l'opprobre de la nation qui la souffrait, la terreur des chemins et des campagnes, et que le gouvernement espagnol a proscrits enfin par des lois sévères (Laborde, 1809: 384).

¿Por qué podían seducir a los románticos y a los viajeros posteriores semejantes afirmaciones? Porque justamente daba la sensación al lector-viajero que Andalucía era un escenario que le podía sorprender y donde viviría una aventura y porque pintaban un mundo que no había sido modernizado, sino que mantenía unas costumbres heredadas de otros tiempos. Ahora bien, la presencia de bandoleros no era algo típico de Andalucía: aquel elemento se asociaba con un imaginario del Sur por parte de los que venían de un norte aparentemente más civilizado (también había bandidos en Córcega, el sur de Italia y Grecia).[24] Siguiendo esta línea, las guías de la segunda mitad del siglo XIX continuaron mencionando —y quizás más— aquellos potenciales peligros:

> Les contrebandiers et les voleurs semblent dans ce pays une race naturelle au sol (Richard et Quétin, 1853: 388).
>
> Les Andalous sont irascibles et très disposés au coup de poignard (Saint Hilaire, 1894: 230).
>
> Séville la cité reine, la ville des truands et des chanoines… sans compter les gitanos, une autre espèce de fripons qui vit, s'engraisse et se multiplie dans ce paradis grâce à une foule de choses que nous vous dirons peut-être un jour, dès que nous serons retournés à Paris (Cuendias et Féréal, 1848: 345).
>
> Triana est le quartier où demeurent les *gitanos*, cette antique race qui, en cessant d'être normale, s'est fixée dans ce centre, et en a fait une sorte de capitale, à laquelle viennent se rattacher les nombreuses tribus qui, de là, aux époques des principales foires, se répandent sur toute l'Espagne (…) C'est là qu'il faut chercher les scènes de mœurs populaires, les types pittoresques, qui y sont des plus variés et les derniers vestiges du costume andaloux (*sic*), déjà presque entièrement disparu (Roswag, 1879: 101).

Todas estas citas generalizan y exageran el peligro. La penúltima alimenta el misterio («*os comentaremos*») y en la última se percibe una cosificación y una pintoresquización de una parte de la población sevillana, concentrada en el barrio de Triana. El autor casi promete un espectáculo de costumbres populares, y emplea la palabra *vestiges* como si fuesen huellas de una realidad en vías de extinción. Bien había empezado la turistificación.

---

24 Véase Villaverde (2021).

Recursos formales: intertextualidad, complicidad con el lector e intermedialidad

Si nos centramos en la forma, observamos dos procesos que fomentan la creación de aquellos personajes que el viajero en potencia querrá descubrir.

El primero de ellos es la intertextualidad. Hay muchos parecidos entre un relato y otro: los autores se leían y se copiaban,[25] lo que participaba de la formación y circulación de motivos que se convertirían en estereotipos. Sin embargo, muchos de los autores utilizaban el prólogo para afirmar que iban a proponer un retrato fiel del país y de su gente, no como todos sus predecesores que obviamente lo habían hecho mal. En el caso concreto de la mujer andaluza, los retratos fragmentados se repetían: ojos, pies,[26] abanico. Eso seguiría con los autores románticos más difundidos, lo que llevó Carlos Serrano a decir que «Mérimée no inventó, pues, a su Carmen; la encontró hecha (…) tanto en los pasillos del Palacio madrileño de su amiga Eugenia Montijo como por las calles vecinas de la Fábrica de Tabacos» (Serrano, 1999: 45), Después de Mérimée, se publicaron relatos con descripciones que repetían los mismos rasgos físicos y características morales: Alexandre Dumas (1846), Antoine de Latour (1846), Alexis de Valon (1849), Gustave Doré y Charles Davillier (1862), Charles Monselet (1865), Louis Teste (1872). Eugène Poitou (1881), Louis Ulbach (1886), André Tandonnet (1890), Gaston Routier (1892), René Bazin (1894), Maurice Barrès (1894) y Pierre Louÿs (1898).

Al contar cómo se habían dejado seducir, los autores creaban expectativas, gracias a unos recursos formales: pasaron del relato experiencial a la posibilidad para el lector-futuro viajero, de vivir una experiencia similar (o la obligación incluso, con el imperativo turístico). En la descripción de Blaze, ya comentada, se observa un giro que ayudará la turistificación del pueblo andaluz; el autor crea una relación de complicidad con el lector, incluido en el relato: «Leur entretien vous a charmé, leur esprit vous a séduit» (Blaze, 1828: 412). Esto se hará cada vez más frecuente: en la guía de Cuendias y Féréal, por ejemplo, el autor implicará a menudo el lector, con verbos conjugados en imperativo y fragmentos que

---

25 Como lo demostró el artículo de Sarrailh (1934).

26 «Les Andalouses prennent le plus grand soin de leur chaussure. Il ne suffit pas d'avoir un joli pied, il faut encore le montrer avec tous ses avantages. Elles sont toujours chaussées avec tant d'élégance que de propreté, elles y mettent de l'émulation ainsi qu'a bien marcher. Une élégante de Séville, après avoir parcouru les rues un jour de pluie, rentrera chez elle sans que ses souliers portent la moindre tâache de boue» (Blaze, 1828: 420-421).

procurarán recrear el ambiente del viaje, como si autor y lector estuvieran compartiendo la experiencia: «Regardons plutôt les jolies serranas qui chevauchent
leur croupes avec eux… Ils vont nous chanter une chanson du pays… les voilà
qui recommencent, chut!» (Cuendias y Féréal, 1848: 340).

Imágenes 1-5. Tipos y costumbres, procedentes de: Manuel de Cuendias y Victor de
Féréal en *L'Espagne pittoresque artistique et monumentale: moeurs, usages et costumes*,
Paris, Librairie Ethnographique, 1848. [Bibliothèque nationale de France: BnF]

Imagen 6. Barón de Charles Daviller y Gustave Doré, *L'Espagne* (1874). [Bibliothèque nationale de France: BnF]

Por fin, la atracción por el pueblo andaluz se podía explicar por una presencia cada vez más importante de personajes andaluces en otros objetos culturales que circulaban en Francia, creando así una difusión intermedial, en la literatura de ficción francesa con influencias españolas: novela histórica, novela negra, cuento fantástico, poesía, teatro (las obras de Beaumarchais). Circularon imágenes de España con las obras sustraídas durante la invasión napoleónica y el botín de la expedición del barón Taylor para la apertura de la *Galerie Espagnole* del Louvre en 1838. También algunos ilustradores y pintores franceses viajaron a España y la representaron, en una versión cada vez más andaluza. Las ilustraciones de los propios relatos y guías también participaban en la creación de los tipos, o estereotipos: la Guía Reichard en 1793 con la ilustración de una mora de Granada, Cuendias y Féréal con varios retratos o escenas pintorescas, así como Gustave Doré en el relato de Davillier (1874).

Esta presencia intermedial fomentó la turistificación del pueblo andaluz, añadiendo a los textos soportes visuales que ayudaban a crear tipos. Y es algo que se
irá desarrollando gracias a los progresos técnicos.

A modo de conclusión, reacciones y diálogos asimétricos

Hemos visto que la patrimonialización y turistificación del pueblo andaluz
nacen de las miradas y plumas extranjeras. La tipificación del pueblo pasó por
la voluntad de entenderle «científicamente» explicando el carácter por el clima
(en la línea de Montesquieu y anticipando la ahora famosa, criticada, y criticable
Teoría de Andalucía de Ortega y Gasset de 1927) y por los siglos de presencia
árabe. A medida que se acercaba el auge del romanticismo, los autores se dejaban llevar por sus sentimientos e iban prometiendo al lector-viajero unos tipos y
experiencias bien definidas que iban a hacer de su viaje una experiencia inolvi-
dable. La voluntad, o incluso la necesidad, de crear imágenes fuertes de los otros
estructuraba los sistemas de pensamiento. Los viajeros franceses, al observar a
otro pueblo, consolidaban su propia identidad y la diferencia observada se iba a
convertir en un elemento más de lo pintoresco, digno de ser representado, y así
en un elemento de la lista de lo que debería ser visto. Podemos preguntarnos qué
papel tuvieron los españoles en aquella patrimonialización y turistificación. No
hubo una sola vía para reaccionar. Por ejemplo, en 1860, en la obra de Victoriano
Morillas y Alonso editada en Sevilla, de las andaluzas se evocaba «su constancia
cuando aman, su laboriosidad y esmero para dirigir una familia, sus afectuosos
y tiernos cuidados, su honradez, su sensibilidad y cariñoso trato por todo lo que
son el alma de nuestra sociedad» (Morillas y Alonso, 1869: 190). Al contrario,
Olivares de la Peña en *El mundo en la mano* proponía una descripción de la
mujer sevillana que se parecía a la de sus homólogos extranjeros:

> La mujer de Sevilla generalmente es hermosa, la que no por la pureza de sus fac-
> ciones, lo es por su noble postura y la gracia seductora de sus ademanes. Más bien de
> talla pequeña que de aventajada estatura, brillan en su semblante los más deleitosos
> atractivos. Sus ojos rasgados, grandes y profundos; su negra cabellera, con matices azu-
> lados, graciosamente replegada, cobijada por la sin igual mantilla que saben llevar las
> sevillanas con instintiva distinción; y adornado el prendido con una fresca flor natural
> que ellas mismas han cortado en el vergel de sus balcones o en el pensil de sus patos ; sus
> manos finas y aristocráticas, sus menudos pies, su talle delicado y flexible, y finalmente
> su garboso andar, convierten a las hijas de Sevilla (y no hacemos distinción de clases
> sociales) en uno de los mayores y más puros encantos de la preciosa Andalucía (Olivares
> de la Peña, 1878: 646).

En cuanto al gaditano Augusto Jerez Perchet también retomaba aquellos tipos, pero reconocía la exageración de los extranjeros a su propósito, pero también reivindicaba su existencia.

> Andalucía conserva aún en toda su fabulosa poesía esos tipos románticos que han celebrado los extranjeros, si bien con la exageración de la distancia que engrandece las figuras prestándoles más brillo y más encanto. La maja de Cádiz y Sevilla, el torero y el contrabandista, son plantas indígenas de esta tierra del sol y del placer. No es una ficción el encuentro de la gitana que os explica la buena aventura; por do quiera la veis con sus negros ojos, su mirar penetrante y su oscura tez; y visitando los desfiladeros de las montañas acaso tengáis ocasión de contemplar una partida de contrabandistas con su pintoresco traje andaluz y sus raudos caballos y el trabuco o la escopeta. Sin cesar observáis en estas provincias la profunda huella de la dominación árabe. (…) El Albaicín tiene por la noche la misma fisonomía que en el siglo XV. Sus calles estrechas, mal alumbradas por moribundos farolillos, sepultadas á trechos en lúgubres sombras, con sus casas negruzcas, sus arcos árabes y sus derruidas torres, traen a la memoria el barrio popular de los moros (Jerez Perchet, 1870: 6).

Entre la voluntad de luchar contra el cliché y la de corresponder con la heteroimagen que atraía a los viajeros —una creciente fuente de ingreso que había que cuidar— aquellas imágenes fueron recuperados luego, a principios del XX, por las instancias oficiales encargadas de la promoción turística. Se prometía entonces una actuación permanente del pueblo que ofrecería al viajero el espectáculo de sus tradiciones y de su manera de ser. Añadiendo a eso el mecanismo según el cual se tiende a fijarse en lo que se espera, el estereotipo continuará.

Bibliografía

Fuentes primarias:

Álvarez de Colmenar, Juan (1707), *Les Délices de L'Espagne*, Leide, Pierre Van der Aa.

Audin, Jean-Marie-Vincent (1828), *Guide du voyageur en Europe*, Guide Richard, Paris, Audin.

Barretti, Giuseppe (1777), *Voyage de Londres à Gênes*, Amsterdam, Marc Michel.

Blaze, Sébastien (1828), *Mémoires d'un apothicaire sur la Guerre d'Espagne, pendant les années 1808 à 1814*, Paris, Ladvocat.

Bory de Saint-Vincent, Jean-Baptiste Geneviève Marcellin (1823), *Guide du voyageur en Espagne*, Paris, Louis Jeannet.

Bourgoing, Jean François (1789), *Nouveau voyage en Espagne ou Tableau actuel de la monarchie*, Paris, Regnault.

BOURGOING, Jean-François, *Tableau de l'Espagne moderne*, Paris, Regnault, 1797.

CAIMO, Noberto (1772), *Voyage d'Espagne fait en l'année 1775*, Paris, Costard.

CHALLAMEL, Augustin (1843), *Un été en Espagne*, Paris, Madrid, Challamel, Casimir Monnier.

CUENDIAS, Manuel de, FÉRÉAL Victor de (1848), *L'Espagne pittoresque artistique et monumentale: moeurs, usages et costumes*, Paris, Librairie Ethnographique.

DALRYMPLE, William (1783), *Voyage en Espagne et en Portugal dans l'année 1774*, Paris.

DELAPORTE, abbé (1772), *Le voyageur français ou la connaissance de l'ancien et du nouveau monde*, vol. 16, Paris, Cellot.

DEPPING, Georges-Bernard (1823), *Vocabulaire géographique de L'Espagne et du Portugal, suivi d'un itinéraire de ces deux royaumes, traduit de l'espagnol, revu et augmenté d'un aperçu historique et géographique*, Paris, Guillaume Libraire et Masson librairie.

HUGO, Léopold (1823), *La guerre d'Espagne 1808 1814, Mémoires du général Hugo, gouverneur de plusieurs provinces et aide major des armées en Espagne* (tome 2), Paris, Ladvocat.

JEREZ PERCHET, Augusto [1870?], *Impresiones de viaje, Andalucía, El Riff, Valencia, Mallorca*, Málaga, Correo de Andalucía.

LABAT, Jean-Baptiste (1730), *Voyages du P. Labat de l'ordre des frères prêcheurs, en Espagne et en Italie*, Paris, Delespine.

LABORDE, Alexandre de, *Itinéraire descriptif de l'Espagne et tableau élémentaire des différentes branches de l'administration et de l'industrie de ce royaume*, Paris, H. Nicolle, 1809.

LIMOUZIN, M. (1829), *Souvenirs d'Espagne pendant les années 1808, 1809, 1810, 1811, 1812 et 1813*, Paris, Lecointe.

MERVEILLEUX, David François de (1738), *Mémoires instructifs pour un voyageur dans les différents états de l'Europe, contenant des anecdotes curieuses très propres à éclaircir l'histoire du temps : avec des remarques sur le commerce et l'histoire naturelle*, Amsterdam, H. du Sauzet.

OLIVARES DE LA PEÑA, J. (1878), «Viaje por Andalucía», en *El mundo en la mano, Viaje pintoresco a las cinco partes del mundo por los más célebres viajeros*, Tomo IV, Barcelona, Montaner y Simon.

PECCHIO, Giuseppe (1822), *Six mois en Espagne*, Paris, Alexandre Corréard.

PEYRON, Jean-François (1782), *Nouveau voyage en Espagne fait en 1777 et 1778*, Londres, P. Emsly.

RABELAIS, François (1546), *Tiers livre des faits et dits Héroïques du noble Pantagruel*, Paris.

RICHARD ET QUÉTIN (1853), *Guide du voyageur en Espagne et en Portugal*, Paris, Louis Maison.

SAINT-PRIEST, Alexis Guignard de (1830), L'Espagne, fragment d'un voyage, Paris, Firmin-Didot.

SILHOUETTE, Étienne de (1770), *Relation d'un voyage de Paris en Italie, Espagne et Portugal, du 22 avril 1729 au 6 février 1730*, vol. 4, Paris, Merlin.

SWINBURNE, Henry (1787), *Voyage de Henry Swinburne en Espagne en 1775 et 1776*, Paris, Didot.

TOWNSEND, Joseph (1809), *Voyage en Espagne fait dans les années 1786 et 1787*, Paris, Dentu.

TWISS, Richard (1776), *Voyage en Portugal et en Espagne fait en 1772 et 1773*, Berne, Société Typographique

VAYRAC, Jean de (abbé) (1719), *État présent de l'Espagne*, Amsterdam, Steenhouwer & Uytwere.

Fuentes secundarias:

ÁLVAREZ BARRIENTOS, Joaquín (1998), «Aceptación por rechazo. Sobre el punto de vista extranjero como componente del costumbrismo», *en* Jean-René Aymes, Serge Salaün (coords.), *Le métissage culturel en Espagne*, Paris, Presses de la Sorbonne Nouvelle, p. 21-36.

ÁLVAREZ BARRIENTOS, Joaquín y ROMERO FERRER, Alberto (1998), *Costumbrismo andaluz*, Sevilla, Universidad de Sevilla, Secretariado de publicaciones.

AYMES, Jean-René (1983), *L'Espagne romantique (Témoignages de voyageurs français)*, Paris, Métailié.

AYMES, Jean-René (2001), «Les regards portés sur Cadix et Séville par l'abbé de Vayrac et le père Labat au début du XVIIIe siècle», *Hispanismes*, Hommage à Françoise Étienvre, Hors-série n.°1, pp.120-132.

CARO BAROJA, Julio, «Los pueblos del Sur de la Península», *Gazeta de Antropología*, n.° 5, 1987.

COLMEIRO, José F. (2003), «El Oriente comienza en los Pirineos (La construcción orientalista de Carmen)», *Revista de Occidente*, n.° 264, pp. 57-83.

FARINELLI, Arturo (1920), *Viajes por España y Portugal desde la edad media hasta el siglo XX. Divagaciones bibliográficas*, Roma, Reale Accademia d'Italia.

FARINELLI, Arturo (1942-1979), *Viajes por España y Portugal: desde la Edad Media hasta el siglo XX. Nuevas y antiguas divagaciones bibliográficas*, Roma, Academia Nazionale dei Licei, 4 vol.

Fernández Herr, Elena (1973), *Les origines de l'Espagne romantique*, Paris, Didier.

Foulché-Delbosc, Raymond (1896), *Bibliographie des voyages en Espagne et en Portugal*, Paris, H. Welter.

Galant, Ivanne (2020), «Quand la femme fatale devient patrimoine: représentations de la féminité dans le guide de voyage à Séville (France-Espagne, XIX-XX siècles)», en Cyril Devès (ed.), *La femme fatale, de ses origines à ses métamorphoses plastiques, littéraires et médiatiques*, Centre de Recherche et d'Histoire Inter-médias de l'école Émile Cohl, pp. 269-278.

García Mercadal, José (1919-1921), *España vista por los extranjeros*, Madrid, Biblioteca nueva, 3 vol.

García Mercadal, José (1959), *Viajes de extranjeros por España y Portugal*, Madrid, Aguilar.

García Mercadal, José (1972), *Viajes por España, Selección de José García Mercadal*, Madrid, Alianza.

García-Romeral Pérez, Carlos (1999), *Bio-bibliografía de viajeros por España y Portugal (siglo XIX)*, Madrid, Ollero y Ramos.

García-Romeral Pérez, Carlos (2000), *Bio-bibliografía de viajeros por España y Portugal (siglo XVIII)*, Madrid, Ollero y Ramos.

García-Romeral Pérez, Carlos (2001), *Bio-bibliografía de viajeros por España y Portugal (siglos XV, XVI, XVII)*, Madrid, Ollero y Ramos.

Hijano del Río, Manuel y Martín Zúñiga, Francisco (2007), «La construcción de la identidad andaluza percibida y proyectada como reclamo turístico: los libros de viaje y las guías turísticas del siglo XX (1920-1970) », *HMiC: Història Moderna i Contemporània*, n.º 5, pp. 95-108.

Hildesheimer, Françoise (2000), *Du Siècle d'Or au Grand Siècle, L'État en France et en Espagne (XVI-XVIIᵉ siècles)*, Paris, Champs université Flammarion.

Hoffmann, Léon-François (1961), *Romantique Espagne, Image de l'Espagne en France entre 1800 et 1850*, Paris, New Jersey, Publications du Département de Langues Romanes de l'Université de Princeton, Presses Universitaires de France.

Masson de Morvilliers, Nicolas (1782), «Espagne», *Encyclopédie méthodique ou par ordre des matières. Géographie moderne.* vol. I. París, Panckoucke, pp. 554-568.

Mc Cannell, Dean (1988), «Turismo e identidad cultural», en Tzvetan Todorov, *Cruce de culturas y mestizaje cultural*, Barcelona, Júcar, pp. 110-134.

Núñez Florencio, Rafael (2001), *Sol y Sangre: la imagen de España en el mundo*, Madrid, Espasa Calpe.

PACK, Sasha D. (2009), *La invasión pacífica: los turistas y la España de Franco*, Madrid, Turner.

PESTANO Y VIÑAS, Adélaïde (2004), «Entre guía turística, relato de viaje y ficción: las "guías disfrazadas"», en Geneviève Champeau (ed.), *Relatos de viajes contemporáneos por España y Portugal*, Madrid, Verbum, pp. 61-77.

REICHARD, Hans Ottokar (1971) [1793], *Guide d'Espagne et du Portugal*, Paris, Éditions de la Courtille.

SARRAILH, Jean (1934), «Voyageurs français au XVIIIe siècle. De l'abbé de Vayrac à l'abbé Delaporte», *Bulletin Hispanique*, tomo 36, n.º 1, pp. 29-70.

SERRANO, Carlos (1999), *El nacimiento de Carmen, símbolos, mitos y nación*, Madrid, Taurus.

SERRANO, María del Mar (1993), *Las guías urbanas y los libros de viaje en la España del siglo XIX. Repertorio bibliográfico y análisis de su estructura y contenido (Viajes de papel)*, Barcelona, Universitat de Barcelona.

SOLÉ, José María (2007), *La tierra del breve pie, los viajeros contemplan a la mujer española*, Madrid, Veintisieteletras.

VILLAVERDE, Jorge (2021), «Une approche imagologique du Sud: voyage et tourisme dans un empire informel», *Crisol*, n.º16, 2021, https://crisol.parisnante rre.fr/index.php/crisol/article/view/313

VINCENT, Bernard (1974), «Les bandits morisques en Andalousie au XVIe siècle», *Revue d'histoire moderne et contemporaine*, tome 21 n.º3, Juillet-septembre.

Leticia Villamediana González (University of Warwick)

Bosquejos de Andalucía en la prensa británica del siglo XIX: del discurso romántico al discurso colonial[1]

RESUMEN: En el presente capítulo se realiza un recorrido por el modo en el que entre los lectores ingleses se difunde una determinada idea pintoresca y romántica de Andalucía que conforme avanza el siglo XIX evoluciona y pasa a justificar, desde una óptica imperialista, las intervenciones británicas en la región vinculadas sobre todo a la explotación minera y al desarrollo del ferrocarril. Este recorrido se realiza aquí acudiendo directamente a las fuentes y analizando sobre todo cómo son acogidos por el público británico los libros de viajes que gozaron de una amplia circulación en la primera mitad de la centuria; para ello se parte del análisis de las reseñas y textos vinculados a los mismos en la prensa. Se completa el recorrido con la revisión del cambio de imagen que de España —y en particular de Andalucía— se produce en la segunda mitad del siglo, donde son varias las obras y los artículos insertos en periódicos ingleses que comienzan a destacar carencias en la infraestructura del país y en su desarrollo económico. Adquiere aquí especial interés el texto de Hugh James Rose: *Untrodden Spain and her Black Country*, donde siguiendo los parámetros de los libros de viaje proyecta una imagen en la que lo romántico se ve desplazado por la visión crítica sobre el desarrollo de la región y la justificación de la intervención británica en ella, estableciendo una correlación directa entre Andalucía y el *Black Country* inglés, en el noroeste de la ciudad de Birmingham.

Palabras clave: Andalucía, viajeros británicos, Hugh James Rose, Black Country.

La Guerra de la Independencia (1808-1812), junto al movimiento romántico, despertaron un vivo interés por la cultura y literatura de España entre los autores románticos ingleses, lo que a su vez avivó, tal y como explica Joselyn Almeida, «la necesidad de disponer de testimonios de primera mano sobre el país» (2010: 14). Es en este periodo donde encontramos el germen del hispanismo británico con figuras clave como las de Henry Richard Vassal Fox, tercer Lord Holland, y su mujer Elisabeth Fox, Robert Southey o Felicia Hemans,

---

1   Este artículo es el resultado de la investigación realizada en el marco del proyecto LHI-BRO «La literatura hispánica en la prensa periódica británica del Romanticismo (1802-1832): Apropiación y reescritura del canon» (ref. RTI2018-097450-B-I00), financiado por el Ministerio de Ciencia, Innovación y Universidades del Gobierno de España.

entre otros muchos nombres. Dicha fascinación se mantuvo, en mayor o menor grado, a lo largo de todo el siglo XIX, si bien se vio impactada por las diversas alianzas políticas y el complejo contexto geopolítico de la centuria, como la deriva antiliberal y reaccionaria en España tras el Congreso de Viena. A pesar de dichos avatares políticos, el flujo de viajeros y viajeras que embarcaron en busca de ideales románticos como la libertad, la exaltación de los sentimientos y la huella de culturas lejanas no se vio afectado, dando lugar a un variado elenco de diarios y narraciones sobre la aventura romántica por la península ibérica. Como apunta Rodríguez Barberán, los viajeros se vieron atraídos por España, y especialmente por Andalucía, por ser un «Oriente cercano y confortable entre Europa y África» (2014: 65). En el caso concreto de los viajeros británicos, de estos «curiosos impertinentes», como así los denominó Ian Robertson (1975), contamos con una extensa bibliografía dedicada a estudiar la vida y obra de estos viajeros y viajeras por España, así como la imagen, especialmente la romántica, fraguada en tales relatos.[2] En general, los estudios sobre el tema concuerdan con la tesis general de Díaz López, que defiende que la literatura de viajes del siglo XIX sobre España acuñó una nueva imagen o quizás un conjunto de imágenes que por un lado atraerían a un tipo de viajero a un país que, dos siglos después de la leyenda negra, aparecía dibujado de forma diferente, esta vez en positivo, con todo el atractivo que habría de calar en el imaginario de los viajeros británicos y de los numerosos lectores de aquellos relatos que contribuyeron a cambiar la imagen negativa de España («Aportación»: 1). Es decir, exaltaciones y en muchas ocasiones, exageraciones de una España como país idílico, poco contaminado por la modernidad y el materialismo.

Lo mismo sucede con las descripciones sobre Andalucía. Según Lacomba, son los ingleses los primeros en mostrar curiosidad por la región, especialmente desde la toma de Gibraltar, símbolo de la hegemonía británica (1992: 165). En el siglo XIX, se convierte en una de las regiones de mayor interés y a la que más páginas se le dedicaron por razones que claramente explica Bernal Rodríguez: «cuando el romanticismo piensa en España como país romántico lo hace en claves que, cuando no son exclusivamente andaluzas, es en Andalucía donde encuentran su representación más genuina» (1985: 18). Se aprecia en el icónico

---

2   Véase al respecto los trabajos de Robertson (1975); West; Díaz López; Jacobs; Egea Fernández-Montesinos (2009); González Moreno (2010) y Musser (2011), entre otros muchos, así como la exposición virtual del Centro Cervantes de Londres titulada *La imagen de España en los viajeros extranjeros. La colección de libros de viaje del Instituto Cervantes de Londres*: https://cvc.cervantes.es/literatura/viajeros/default.htm

Handbook for Travellers in Spain (1845), obra que claramente influyó en numerosos viajeros posteriores y en la que Ford retrató a España principalmente a través de Andalucía, consolidando esa imagen pintoresca, romántica y exótica y dejando de lado símbolos de una época imperial más reciente (Perdices-de-Blas y Ramos Gorostiza, 2016: 113). De esta manera, a la vez que se proyecta la idea romántica de una España anclada en la premodernidad, el estancamiento, la tradición y las costumbres ancestrales —y por ello distinta y atractiva frente a las tendencias homogeneizadoras de las sociedades industriales—, se construye el mito de la Andalucía romántica que ofrece una imagen tópica que oculta los problemas sociales reales y la propia cultura (Lacomba, 1992). Es decir, la región andaluza resultaba un lugar exótico sin las complicaciones de los viajes a tierras más remotas, en la que muchos viajeros llegaban incluso a imaginar o a inventar los símbolos de orientalismo, como fue el caso de del inglés William Pitt Byrne en su visita a La Carolina, una de las poblaciones experimentales establecidas durante el reinado del ilustrado Carlos III.

Como se puede observar, la imagen de Andalucía en los viajeros románticos ha sido igualmente atendida. Sin embargo, desconocemos la recepción y difusión que dichas obras tuvieron entre la opinión pública británica, asunto fundamental para aquilatar dicha imagen y para comprender cómo se construyó y difundió en el imaginario colectivo del país. Por tanto, aquí proponemos explorar cómo se recibieron estos retratos de Andalucía más allá de las páginas de estos libros de viaje, es decir, entre la crítica inglesa, tomando como fuentes de estudio las reseñas de estos libros de viajes publicadas en las revistas literarias de la época. Partimos del hecho de que fueron muchas y diversas las razones por las que estos viajeros británicos visitaron tierras andaluzas, lo que también impactó en los relatos y sus descripciones y como resultado, en la imagen y debates sobre el turismo en la prensa británica, cada vez más en consonancia con la retórica e intereses imperialistas británicos según avanzaba el siglo (Hooper, 2021: 24-36). Por ejemplo, Richard Ford se trasladó a Sevilla en 1830 debido a la salud de su mujer y siguiendo el consejo de muchos de sus amigos británicos. El valor terapéutico de estas tierras animó también a otras viajeras como Dora Quillinan, George Eliot o Annie J. Harvey. En el caso de Ford, su correspondencia con Henry Unwin Addington, ministro Plenipotenciario en la Corte de Madrid, deja constancia de la presencia de muchos británicos en la misma región en busca del sol y lo pintoresco (Zulueta, 1987: 48). Si bien Ford no pudo evitar caer en ciertos tópicos, el autor aporta un tipo de testimonio escrito y gráfico sobre situaciones específicas que ninguna otra fuente había relevado anteriormente, de ahí que se erigiera como un manual de referencia para muchos viajeros posteriores. De manera similar, George Borrow, otro de los nombres más conocidos y estudiados, recorrió España entre 1835 y 1840 con la misión de vender Biblias y aunque en su obra también aparecen los lugares comunes de la Andalucía romántica, especialmente en la segunda mitad, ya se empezaba a vislumbrar una visión más realista que se apartaba de las clases más altas para centrarse en la gente común. Su obra *The Zincali: An Account of the Gypsies of Spain* (1941) despertó un gran interés en la prensa periódica. En esta misma línea, muchas viajeras británicas, en comparación con la imagen más estereotípica plasmada por los escritores varones, ofrecieron una visión alternativa que cuestionaba ciertos tópicos sobre Andalucía, lo que Egea Fernández-Montesinos ha denominado «geografía romántica alternativa» (2008: 18), que iba más allá de las frívolas guías y que comenzaba a romper con las tipologías de la Andalucía romántica que Bernal Rodríguez distingue (1987: 101). James Hugh Rose, por el contrario, fue enviado a Linares en 1873 como capellán de las compañías inglesas y alemanas y su descripción de la vida minera de la época va mucho más allá de esa «geografía romántica alternativa», marcando un cambio significativo en las narraciones de viajes.

Por tanto, nos hallamos ante una variedad de viajes y viajeros de muy diversa índole que, a su vez, ofrece una visión polimórfica sobre la península y sobre Andalucía. Cabe preguntarse, por consiguiente, cuál fue la respuesta de la crítica ante tal variado repertorio de voces y obras, cuáles cautivaron a la prensa y qué estampas de Andalucía se construyeron en el discurso periodístico británico del siglo XIX.

Andalucía ante la crítica británica

La reseña literaria se consolidó durante el siglo XIX, en parte asociada al negocio de venta de libros, llegando a convertirse en un género periodístico propio y en un foro de debate público sobre temas políticos, literarios y artísticos, entre otros tantos. Se inició con publicaciones de la talla de *The Edinburgh Review* (1802-1829), de orientación liberal, que marcó las directrices de un nuevo periodismo literario y cultural de gran altura crítica e intelectual y que pronto dio lugar a revista rivales, en ventas e ideología política, como *The Quarterly Review* (1809-1967) y *Blackwood's Edinburgh Magazine* (1817-1980), de corte más conservador. En ellas participaron grandes figuras literarias británicas de la época de la talla de Walter Scott, Robert Southey, Leigh Hunt o Charles Dickens, pero también muchos emigrados españoles como Blanco White, Antonio Alcalá Galiano o José Joaquín de Mora desempeñaron un rol importante en este tipo de periodismo crítico, sobre todo a la hora de dar a conocer obras hispanas. No cabe duda, por consiguiente, del papel fundamental que las reseñas literarias desempeñaron como vehículo de transmisión de ideas y como elemento creador de opinión pública durante el romanticismo inglés (Butler, 1993; Schoenfield, 2009; Wheatley, 2003), así como del valor que poseen hoy en día como testigos del pensamiento y de la crítica de la época en muchos campos del saber. Por todo ello, llama la atención la escasez de estudios sobre la presencia de autores y obras hispánicas en ellas, a excepción del estudio de Saglia (2002) centrado en la revista *The New Monthly Magazine* y del reciente volumen de Perojo Arronte y Flores Moreno (2022) que analiza el papel fundamental de la reseña literaria en las relaciones culturales y literarias anglo-españoles de la primera mitad del siglo XIX, cubriendo, de esta manera, ese notable vacío en el estado de la cuestión.

Dentro de este corpus literario, los libros de viajes fueron un importante foco de atención de esta crítica inglesa, incluyendo los relatos sobre Andalucía, de los que encontramos anuncios y reseñas de manera más o menos constante desde principios del siglo, pero con un destacado auge a partir de la década de los 30, coincidiendo cronológicamente con el despegue del turismo moderno, y al mismo tiempo, con un momento álgido en la expansión de los intereses y dominios británicos, así como de su imperio informal en América Latina. ¿En qué consistían? ¿Cómo estaban estructuradas estas reseñas de libros? De composición heterogénea, solían incluir una descripción o resumen de la obra, con algunos datos biográficos del autor o autora, acompañados por valoraciones sobre el contenido, el estilo, así como el potencial interés de la obra para el público lector británico. En muchas ocasiones se incluían extractos tomados de la obra, en su versión original o traducidos, y de manera ocasional, alguna imagen o ilustración tomada de la publicación correspondiente. Por ejemplo, una de las múltiples reseñas del libro *The Tourist in Spain. Andalusia* de Thomas Roscoe, en concreto un artículo de dos páginas publicado en 1834 por la revista *The Mirror of Literature, Amusement, and Instruction*, aparece encabezado por un pintoresco grabado de las torres Bermejas de Granada (The Vermilion Towers), con la intención de que el público del periódico pudiera también llegar a apreciar la iconografía orienta del lugar. Según el periódico, el libro de Roscoe, acompañado por ilustraciones del artista escocés David Roberts, contaba con «los grabados más finos presentados ante el público inglés» (*The Mirror*, 1834: 385). Todas las reseñas coinciden en la calidad superior de esta obra que formaba parte del *Jenning's Landscape Annual*, una colección de libros de viajes inaugurada en 1830 y que continuó publicándose durante ochos años, incluyendo un número especial dedicado a Andalucía y otro exclusivo sobre la ciudad de Granada. Es precisamente a partir de este momento y sobre todo gracias a los grabados de Roberts, cuando Andalucía se convierte en la región más pintoresca de España y, por ende, la más representativa (González Moreno, 2010: 345).

En cuanto a la extensión de los textos, esta varía significativamente de revista a revista. Centrándonos de nuevo en el libro de Roscoe, del que hemos hallado hasta nueve reseñas en revistas diferentes, observamos desde breves anotaciones de un párrafo hasta extensos ensayos de diez páginas que descomponen la obra en detalle. Una característica en común, no obstante, es el anonimato en torno a la autoría de las reseñas, que en la mayoría de los casos aparecen sin firmar o bajo seudónimos, práctica bastante común en el periodismo crítico de la época.[3] Sin embargo, es bien sabido que muchas de estas revistas destacaron por su repercusión en los círculos literarios más influyentes, entre los que se encontraban muchos de sus colaboradores. ¿Cuál es el perfil de las revistas que muestran curiosidad y fascinación por Andalucía? El elenco es amplio y variado, pero se distinguen algunos de los títulos más relevantes de la prensa victoriana que definitivamente participaron en la difusión del hispanismo como *The Athenaeum, The Examiner, The Edinburgh Review, The Quarterly Review* y *Blackwood's Edinburgh Magazine*. Destacan también otras revistas quizás algo menos conocidas como *Fraser's Magazine for Town and Country, The Literary Gazette* o *Bentley's miscellany*, entre otros títulos.

Con todo, nos hallamos ante un variado corpus de más de cincuenta reseñas sobre libros de viajes por Andalucía, lo que demuestra, por un lado, el atractivo de estas obras entre la crítica y el público lector de la época, a la vez que nos aporta una visión multifacética sobre dicho interés que complementa las narraciones de los viajeros. Cade matizar, no obstante, dos cuestiones metodológicas al respecto. Una es que he optado por descartar los anuncios de libros nuevos que solo ofrecían información bibliográfica o de venta, centrándome exclusivamente en aquellos textos que aportan cierto grado de análisis crítico sobre las obras reseñadas. La segunda cuestión matiza precisamente los criterios de elección de estas obras, puesto que tan solo se han considerado aquellas que exclusivamente se centran en viajes por Andalucía. Esto implica que obras conocidas como las de Ford o Borrow no se hayan tenido en cuenta en el análisis que hemos llevado a cabo puesto que, si bien dedicaron extensas reflexiones y descripciones sobre la región, también lo hicieron sobre el país entero, y tal distinción no se solía matizar en la crítica. Por tanto, creemos que, de esta manera, los datos y resultados obtenidos serán más precisos y fiables.

---

3   Afortunadamente contamos con algunas bases de datos como *The Wellesley Index to Victorian Periodicals 1824-1900* y *The Athenaeum Index of Reviews and Reviewers: 1830-1870* que identifican los nombres de los autores de los artículos de algunas de las revistas literarias más significativas.

Si atendemos a la popularidad de las obras según el número de reseñas a ellas dedicadas entre estas revistas literarias, cabría destacar entre este repertorio los siguientes títulos: la anteriormente mencionada obra de Roscoe, que contó con nueve reseñas; *A Summer in Andalucia* (1839) de George Dennis con un total de ocho críticas distribuidas entre seis revistas diferentes; el *Journal of a few months' residence in Portugal, and Glimpses of the South of Spain* (1847), de Dorothy Wordsworth Quillinan, hija del famoso poeta romántico William Wordsworth; *The Cities and Wilds of Andalucia* (1849) de Robert Dundas Murray; *Castile and Andalucia* (1853) de Louisa Tenison y, por último, dos obras que captaron especialmente la atención de la crítica: *Untrodden Spain and her Black Country: being Sketches of the Life and Character of the Spaniard of the Interior* (publicada en dos volúmenes en 1875) y *Among the Spanish People* (también en dos volúmenes en 1877), ambas de Hugh James Rose.

Independientemente del número de reseñas recibidas, los libros sobre temática andaluza contaron con una excelente acogida, como anteriormente veíamos con la reseña de la obra de Roscoe, a pesar de que no siempre demostraran una alta calidad literaria, tal y como explicaba el *Monthly Review* en su análisis del *Travels in the South of Spain* de William Jacob:

> Though the remarks of the cursory travellers are not usually very profound nor always correct, we are inclined to treat them with respect when they are presented in a pleasing manner […] (1811: 18)

Es decir, del libro de viajes, considerado como una forma literaria, no importaba la exactitud de sus descripciones, sino la recreación de imágenes y su potencial de sugestión. Esto son los aspectos que realmente valoraba la crítica, especialmente en la primera mitad del siglo. Tan solo hemos hallado una excepción; se trata del *Journal of a few months' residence in Portugal, and Glimpses of the South of Spain* (1847), el diario de la escritora Wordsworth Quillinan en su viaje por Portugal y Andalucía. Las seis reseñas coinciden en calificar a la obra de mediocre y aburrida, a pesar de que *The Quarterly Review* le llega a dedicar hasta veintiuna páginas. Cabe preguntarse, no obstante, hasta qué punto el hecho de ser una escritora pudo llegar a influir en la decisión de la crítica, quien censura a la autora por extenderse y hablar demasiado: «Our own opinion is,

Libros sobre Andalucía con más de una reseña en prensa

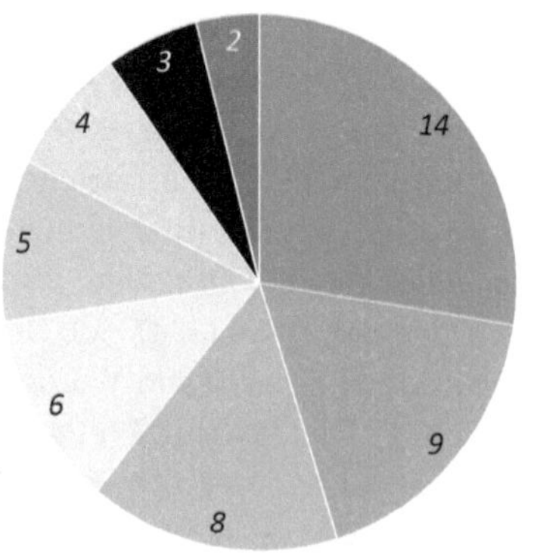

that the authoress has availed herself too largely of the privilege of her sex, and talked too much» (*The Critic*, 1847: 381). Por otro lado, es cierto que, ya a mediados del siglo, se observa cierta saturación de este tipo de libros, que parecen repetir las mismas descripciones y los mismos viajes, sin nada novedoso que aportar, especialmente tras la publicación de los completos manuales de Ford. De hecho, el mismo Ford fue también bastante crítico con la segunda autora de nuestro corpus, Louisa Tenison, a quien más o menos acusó de plagio en su *Castile and Andalucia*, si bien fue una de las obras con mejor recepción en la prensa de la época.

Ahora bien, ¿qué tipo de información sobre Andalucía interesaba a la opinión pública? ¿Qué imagen se proyectó entre el público inglés? Por su parte, la importancia de viajar y conocer la península ya había quedado patente en la prensa desde el estallido de la Guerra de la Independencia:

> Every species of information respecting this portion of Europe must be peculiarly acceptable to the English reader. In no period of our history, were we so deeply interested in the concerns of Spain a present, and never was curiosity so generally awakened with regard to its internal situation and the character of its inhabitants (*Monthly Review*, 1811: 18).

De manera similar, los libros sobre Andalucía resultaban indispensables por su valiosa información para el bien conjunto de la nación inglesa, para utilidad de futuros viajeros y para un tercer grupo de lectores denominado «travellers at home» (*The Athenaeum*, 1849: 1173) es decir, esa parte del público que no podía permitirse este tipo de viajes, pero que gracias a la prensa o a los libros en sí podía alimentar su curiosidad y espíritu cosmopolita. No obstante, la atracción hacia Andalucía iba mucho más allá, como bien se encargó de señalar *The Athenaeum*, que, a través de sus numerosas reseñas, se dedicó a identificar diferentes razones por las que la región ofrecía muchas más ventajas respecto a otras de la misma península. No resulta sorprendente puesto que la publicación, fundada en 1828 y de corte liberal, pronto se convirtió en una de las revistas literarias más importantes de la prensa romántica inglesa, en la que colaboraron importantes hispanistas británicos e intelectuales españoles como el gaditano Alcalá Galiano, entre otros nombres, como a continuación veremos.

En primer lugar, en 1839 se publica una reseña de *A Summer in Andalucia* (*The Athenaeum*, 1839: 500) de la pluma del sevillano Pascual de Gayangos y Arce, figura clave en las relaciones anglo-españolas del siglo XIX y asiduo colaborador de la revista entre 1839 y 1841. En ella, el erudito español concedía importancia a cuestiones prácticas, sobre todo de cara a aquellos viajeros que quisieran aventurarse a visitar estas tierras lejanas, y por ello, recomendaba visitar la zona por encontrarse libre de guerra, evitando, de esta manera, tener que toparse con la miseria y la hambruna presentes en otras regiones. Asimismo, resaltaba otra característica fundamental de la región: su pureza y nacionalismo, características que habían permanecido inalteradas a lo largo del tiempo en comparación con otras regiones del país. En este sentido, coincide con el hispanista británico John Rutter Chorley en su reseña de *The Cities and Wilds of Andalucia* de Robert Dundas Murray, donde también anima a los lectores a visitar la región puesto que constituía un símbolo de pureza, donde el pasado se había mantenido prácticamente inalterado, habiendo conseguido escapar de la «nefasta influencia francesa» —que Chorley califica de «invasión»— extendida por todo el país, a excepción de Andalucía, donde «the old life and manners of the soil […] have still kept their ascendant» (1849: 1173). Como cabe esperar, el afrancesamiento del país en costumbres y moda se convirtió en un elemento frecuente de la crítica contra España.

Este sentimiento de alabanza y de nostalgia por el pasado coincide con el gusto por la mezcla de culturas y el mestizaje del pasado andaluz, reflejado en el arte y patrimonio histórico de sus ciudades, aspecto en el que todas las publicaciones concuerdan. La idiosincrasia de la región y de su pasado árabe se convirtieron, como es lógico, en uno de los elementos más importantes puesto que encajan perfectamente con el gusto romántico por lo oriental:

> […] the only land in Europe that the children of the East seem to have cared to make their home; the nurse of romance, after it left its cradle in the Arab deserts; the glowing mother of chivalry, the sovereign of an infant world (*The Mirror of Literature*, 1834: 385).

Como podemos apreciar, las revistas contribuyeron, en términos generales, a propagar el mito andaluz decimonónico según el cual, la región constituía la representación más genuina del romanticismo, sobre todo en la primera mitad del siglo. Se observa como lo andaluz suplanta a lo español de tal manera que España es contemplada desde una perspectiva andaluza. Gracias a estos textos, que solían incluir extensos fragmentos de los viajes, el público inglés se vio expuesto a prolijas descripciones sobre la geografía y agreste belleza de una región que consideraban aun sin desarrollar, en estado puro e incontaminado y que les hacía evadirse de una sociedad industrializada y mercantilizada. Las revistas se inclinan por pasajes que describen itinerarios de ciudades andaluzas, especialmente Granada, Córdoba, Cádiz y Sevilla, y lugares de interés como la Alhambra, la Mezquita de Córdoba, la fábrica de Tabaco de Sevilla o las bodegas de vino de Jerez. Igualmente, dedican páginas a hablar del carácter de los andaluces quienes, «en su humor y alegría, se parecen a los irlandeses» (*The Literary Gazette*, 1839: 336); a debatir la belleza de las mujeres o a relatar anécdotas que involucraban a figuras populares. El siguiente extracto de Gayangos y Arce nos proporciona una precisa idea no solo sobre lo que los lectores podían encontrar en el libro *A Summer in Andalucia*, sino en general, sobre los atributos sobre la peculiaridad andaluza que verdaderamente cautivaron a la opinión pública durante esta primera mitad del siglo XIX:

> In brief, if the reader seek for information on the present condition of Spain —on the state of education, agriculture, trade, commerce— on the feelings of the people with regard to the civil war now raging there —or the chance which Spain has, if any, of resuming her rank among European nations, he certainly need no trouble himself to hunt through the work before us; but the general reader will find descriptions, both graphic and true, of popular manners, from which he will acquire a sufficient knowledge of the muleteer, the *majo*, the *contrabandista*, the bandit, the bull-fighter [...] (*The Athenaeum*, 1839: 502).

¿Qué función, por tanto, desempeñó aquí la crítica? A nuestro entender, una doble. Por un lado, al reproducir estos extractos de los libros originales, la prensa contribuyó a diseminar una imagen tópica que ocultaba los problemas sociales reales y la propia cultura de Andalucía. Colaboró, por consiguiente, en la construcción de esa imagen estereotipada romántica que, como bien expone Bernal Rodríguez, tiene como soporte una visión magnificada de la tierra andaluza en la que sus habitantes aparecen idealizados a través de héroes marginales, construyendo de esta manera el mito de la tierra prometida (1987: 106). No obstante, tal era la exaltación hiperbólica de las descripciones que, en muchas ocasiones, las propias revistas se vieron obligadas a incluir advertencias que alertaban al lector sobre posibles exageraciones en los testimonios de estos viajeros, contribuyendo, en parte, a romper algunos de esos mitos y clichés creados por el imaginario colectivo, especialmente en torno a la peligrosidad de la zona y a la figura del bandido: «Nor are assasinations of that frequent occurrence among them, which prejudiced, or ill-informed, and credulous writers have led us to suppose» (*Arnold's Library of the Fine Arts*, 1833: 171). Por tanto, además de actuar como portavoces de esta idealización de la imagen de Andalucía, también sirvieron de filtros de desinformación que desmontaban algunos de los estereotipos románticos e incluso algunos de los tópicos de la Leyenda Negra. Y en muchas ocasiones, ambas funciones iban de la mano, creando una imagen de incongruencias o contradicciones que caracteriza el discurso de la prensa. Por ejemplo, a mediados de siglo, *The Critic* reconoce que, en muchos sentidos, España no ha cambiado, pero en otros sí ha progresado: «The Inqusition is extinct; the wealth and power of the Church have departed; the Priest is no longer the proud and wealthy churchman [...]» (1850: 14), si bien a continuación pasa a publicar unos extractos sobre la aventura en una taberna o la belleza de las mujeres andaluzas. Vestigios de un lento transformamiento que muchos viajeros, incluido Ford, habían dejado de lado para atraer la atención del público inglés incidiendo en los rasgos románticos de su historia y en la imagen de país diferente y no europeo, según la cual, los españoles debían ser analizados por el «patrón oriental» (Perdices-de-Blas y Ramos-Gorostiza, 2016: 117).

En cambio, es precisamente en esta mitad del siglo cuando se aprecia una variación en el planteamiento; si bien España continúa siendo valorada según ese patrón oriental, ahora se empieza a hacer más hincapié en el retraso económico, dando lugar a un tipo de discurso que, con el tiempo, permitiera legitimar la influencia y el intervencionismo británicos posteriores en España. Las referencias al estado de decadencia español no resultaban una novedad en los libros de viajes, especialmente en los de los ilustrados británicos que se animaron a visitar la península en el siglo XVIII. Lo que realmente marca la diferencia es la retórica en la que ahora se enmarca dicho discurso puesto que, en el setecientos, la crítica de estos viajeros se ejercía en un discurso de emulación hacia España, el principal rival británico, mientras que, a finales del siglo XIX, se ejerce a través de una posición de poder. La obra de Ford ya había aventurado algunas de estas ideas en sus reflexiones sobre el estado de las minas y ferrocarriles españoles, que lo único malo que tenían, según el escritor británico, era que estaban en España y no en Inglaterra (Perdices-de-Blas y Ramos-Gorostiza, 2016: 124). En esta misma línea, la publicación radical *Blackwood's Edinburgh Magazine*, de ideología conservadora, sacó a la luz un artículo de trece páginas a doble columna titulado «Rail and Saddle in Spain» («Ferrocarril y silla de montar en España») de la pluma del periodista Frederick Hardman, que consistía en una crítica mordaz contra el estado de la economía en España y las relaciones anglo-españolas de la época. Se trata de una reseña del libro *Castile and Andalucia* de Tenison, donde la autora, que relata su viaje entre 1850 y 1852, proyecta la imagen de la Andalucía legendaria, anclada en lo medieval, a la vez que resalta la peligrosidad de la aventura andaluza, el mal funcionamiento de los transportes públicos y la mala organización del país (Egea Fernández-Montesinos, 2008: 250). Tomando como punto de partida una cita en la que la autora proclama que nada mejoraría más España que un próspero sistema de ferrocarril (*Blackwoord's Edinburgh*, 1853: 478), Hardman deja completamente de lado el libro de Tenison para desarrollar un análisis profundo de seis páginas, en tono reprobatorio, del estado de decadencia de España y su ferrocarril, así como de su deuda económica con Inglaterra. El discurso se estructura en torno a dos censuras: por un lado, culpabiliza al gobierno Whig por su apoyo económico al país y a las tropas españolas, que hicieron todo lo posible por llevarse la victoria y usurpar del todo el honor del ejército británico. Y por otro, recrimina y condena el estado de corrupción en el poder político español, con acusaciones directas al Marqués de Salamanca, al duque de Riánsares y a la monarquía, especialmente a la Reina Cristina. Hardman había luchado en la primera guerra carlista, en la que resultó herido, y a su retorno a Inglaterra se unió al proyecto periodístico del *Blackwood*, para el que actuó como corresponsal, pasando un periodo de tiempo en Madrid, lo que sin duda explica su profundo conocimiento sobre la economía española:[4]

> We do not hesitate to denounce the whole scheme of Spanish railroads as an impudent and gigantic attempt as a wholesale national swindle. The only persons who would be benefited by it, in case of its success, would be that sprightly Wizard of the North, Mr Salamanca, and a few other speculators of his kidney, Queen Christina, the Duke of Rianzares, and their particular friends and adherents (*Blackwood's Edinburgh*, 1853: 480).

Es cierto que la construcción del ferrocarril se retrasó en España, aunque se empezó a acelerar en 1856, justo tres años después de la publicación del artículo, especialmente a partir de la Ley de Bases de los Ferrocarriles de 1855, que contribuyó a atraer capital extranjero. No obstante, las concesiones ferroviarias se hicieron por subasta y el resultado fue la construcción de una red ferroviaria que no siempre respondía a los niveles de calidad y eficiencia que eran de esperar (Sánchez García, 2003: 201). Hardman contaba para todo ello con un testimonio de primera mano.

Sorprende, sin embargo, la retórica crítica y condescendiente del discurso, sobre todo al compararlo con el resto de las reseñas encontradas, si bien, encaja perfectamente con el discurso colonialista que Hooper describe, según el cual, «los debates que justificaban la inversión británica en (o el control de) la economía española a través del argumento paternalista de que, puesto que los españoles no sabía aprovechar al máximo sus abundantes recursos naturales, era el deber de Gran Bretaña intervenir» (2018: 601). El retrato de España se articula en torno a una clara retórica imperialista repleta de estrategias discursivas que desacreditan al país, como el uso de múltiples metáforas orientacionales que subyugan a la nación española, retratada como un «hijo incorregible», a la vez que elevan a la inglesa, madre afectuosa que ha dado todo por sus descendientes: «for nearly half a century John Bull has been better than a mother to the cashless, helpless, graceless Spaniards. He has fought their battles, filled their

---

4   Su primer artículo periodístico en 1840 relataba una expedición con el militar liberal Martín Zurbano; posteriormente publicó diversas obras de temática hispana, como *The Student of Salamanca* (1847); *Peninsular Scenes and Sketches* (1849) y *Scenes and Adventures in Central America* (1852).

treasury, helped them to constitutions, assisted with advice [...] » (*Blackwood's Edinburgh*, 1853: 475). De igual manera, relata lo que podríamos denominar «la historia de dos naciones», otra estrategia narrativa mediante la cual el lector es expuesto a dos versiones de España: una sin ferrocarril, anclada en el pasado y en la pobreza miserable de su gente, frente a la otra España que podría ser, es decir, una utópica representación llena de prosperidad y riqueza, que en realidad simboliza a la nación inglesa: «It is imposible to deny the immense superiority of the latter over the former of these two pictures» (*Blackwood's Edinburgh*, 1853: 478). Aunque el análisis de Hooper sobre el imperio informal británico en España se centra principalmente en el primer tercio del siglo XX, el artículo del *Blackwood's* confirma la temprana siembra de estos intereses imperialistas a mediados del siglo anterior. De esta manera, el periódico implora el cese del viaje romántico y los libros de viajes que alimentan las mentes británicas con engaños, relatos exagerados y figurados que no se corresponden con la realidad española.

Esto se hace particularmente evidente con el interés de la crítica hacia la obra de Hugh James Rose (1840-1878), figura hasta ahora poco conocida que llegó a Andalucía en septiembre de 1873 como capellán de la comunicad minera de expatriados de Linares, pero del que contamos con escasos datos biográficos. Curiosamente, la parte más documentada de su vida son precisamente sus cuatro años en España, gracias a sus artículos publicados en la prensa británica y a sus dos obras sobre su viaje a la Andalucía inexplorada. El propio autor, en el prefacio a su *Untrodden Spain and her Black Country*, reconocía que fue la gran acogida de sus artículos en prensa lo que realmente le animó a publicarlos todos posteriormente en una sola obra (Rose, 1875: II-III). Sus primeras reflexiones sobre Andalucía, en forma de bosquejos de índole social, fueron apareciendo regularmente en la revista *Macmillan's Magazine* en forma de cartas tituladas «Spanish Life and Character in the Interior, during the summer of 1873»; cartas que posteriormente recogería en su *Untrodden Spain* en 1875. Un año más tarde, sus artículos titulados «Sketches among the Spanish Poor» —que más tarde se publicarían en forma de libro en *Among the Spanish People*— se dieron también a conocer de manera periódica en la *Temple Bar*, una de las revistas literarias más importantes del momento.

A priori, su obra sigue los cánones de los libros de viajes anteriores. Como él mismo reconoce ante sus lectores, su conocimiento previo del país se limitaba preciosamente a la imagen proyectada por la prensa británica, si bien una imagen que ya no encajaba totalmente con el ideal romántico: «sunny Spain [...] each newspaper told the story of its anarchy, and bloodshed, and disquietude» (Rose: 1875: 1) Es en Andalucía donde Rose pasa la gran mayoría de sus días y su obra conjunta ofrece un bosquejo bastante completo de la región en la década de los 70: habla de la vida, de las ciudades (sobre todo la diferencia entre el interior y la costa), de sus gentes, costumbres y ceremonias, entre otros muchos temas. Por consiguiente, ¿qué encontró de novedoso la crítica inglesa en la obra de Rose? Dos elementos llaman particularmente la atención: por un lado, el momento político en el que el autor británico llegó a España, coincidiendo con los últimos momentos de la Primera República (1873-1874). De hecho, el autor sirvió de corresponsal para varios periódicos ingleses, a los que contribuyó con varios artículos titulados «The Last Days of the Spanish Republic» (*Temple Bar*, 1875: 42) Pero fue, sobre todo, su delicada crónica de las áreas rurales de Andalucía, de la clase obrera y especialmente de las minas y los mineros de Linares y de la intervención inglesa en esta zona, lo que más llamó la atención de la prensa británica, con una docena de reseñas de su obra más numerosos anuncios sobre la venta de sus libros esparcidos por una decena de publicaciones periódicas. Para empezar, ya el título del libro resulta sugestivo al establecer una correlación directa entre Andalucía y el «black country» inglés, una zona específica en el condado de las Midlands occidentales, al noroeste de la ciudad de Birmingham, que a finales del siglo XIX se convirtió en una de las zonas más intensamente industrializadas del Reino Unido, a la vez que uno de los lugares con mayor polución atmosférica por la cantidad de minas del carbón y las fundiciones de hierro. De ahí el calificativo de «país negro», acuñado en 1840 y que claramente rompía con la imagen pintoresca y exótica que muchos de sus compatriotas habían previamente detallado. En parte, Rose continuó la estela de Borrow, quien también había elegido vivir entre la gente común, pero mientras muchos de los viajeros románticos dedicaron sus páginas a relatar historias sobre contrabandistas, bandoleros y toreros, figuras exóticas y lejanas de la cultura británica, Rose optó por centrarse en figuras clave de la Inglaterra industrial. De hecho, según el periódico *The Saturday Review*, que califica el libro de excepcional, el interés y curiosidad de Borrow por las clases más pobres resultaba accidental e incluso breve, comparado con el detallado estudio proporcionado por Rose, que transportaba a sus lectores a zonas inexploradas en las que ningún viajero anterior se había aventurado (1875: 514; 515). Para el *Athenaeum*, que publicó cuatro reseñas y numerosos anuncios de venta del libro, el relato de Rose era el más real, fiable e interesante jamás contado de la región del sur de España, por encima de la obra de Ford, cuyo retrato del carácter español, todavía alabado y aceptado por muchos, ya se había quedado anticuado (1877: 657). El crítico, a quien no hemos podido identificar en este caso, muestra interés y conocimiento sobre el estado de decadencia de España, llegando a citar la obra de Fernán Caballero, que quien ya habían publicado una reseña de la traducción al inglés de *La Gaviota* en 1867: «The accomplished lady who […] gives, in many of her novels, most accurate portraits of the Andalusian peasant, and depicts his inner life with great skill». De hecho, el periódico destaca el retrato de los andaluces ofrecido por Rose: «chivalrous, steady, sober, hard-working, acute, and witty» (1877: 351) es decir, la piedra angular para una nación cuyo único pecado era su corrupto gobierno.

No cabe duda de que la temática del libro cautivó a la crítica, lo que demuestra la estrecha relación entre el turismo y el imperio en esta última mitad del siglo XIX; se trataba de un periodo clave en el que el interés por las minas españolas, especialmente las andaluzas, había empezado a despegar en la prensa británica, coincidiendo al mismo tiempo con el despegue del turismo industrial. En 1865, la *Guide to Spain* de Henry O'Shea, una de las más relevantes de finales del siglo junto la de Bradshaw y Murray, incluía una sección sobre minería e incluso una excursión detallada a la mina de Río Tinto, mientras que el *Handbook for Travellers in Spain and Portugal* (1908) de Karl Baedeker llamaba la atención sobre las minas de Linares, explotadas por empresas inglesas (Hooper, 2018: 609), aquellas que tan detalladamente había descrito Rose en su obra. *The Saturday Review*, por ejemplo, reproduce para sus lectores el pasaje en el que Rose ofrece una gráfica descripción del descenso a una de las mejores minas de Linares, administrada, recalca el periódico, por una compañía inglesa (1875: 515). Nos encontramos ante un nuevo tipo de lector, el turista o comerciante, que obviamente estas nuevas guías y la prensa tenían en mente, de ahí que, como apunta Hooper (2018: 597), en el discurso colonialista de estos manuales —y de la prensa, cabría añadir— se destaque la intervención inglesa en la zona, como la fundación de algunas de las líneas de ferrocarril más importantes, como la británica *Great Southern of Spain Railway Company*, fundada en 1885 e inaugurada entre 1891 y 1893. Por tanto, lo que aparentemente puede leerse como un nuevo interés por el desarrollo y progreso industrial español o andaluz, en el caso del libro de Rose fue pronto apropiado por el discurso imperialista de la prensa que, aprovechando el subdesarrollo de tal infraestructura física, creó una retórica que, en realidad, situaba a España y, por consiguiente, a Andalucía, dentro del imperio informal británico. Un cambio de paradigma que ahora centra la atención ya no en esa región estereotípicamente romántica, pura y poco contaminada, sino en sus recursos, en su desarrollo o posible explotación y en la huella británica allí impresa. El testimonio de Rose, ampliamente reproducido en la prensa de finales de siglo, constituye un primer testimonio del asentamiento británico en el sur de España, del que él mismo era miembro. Por consiguiente, si tal y como arguye Saglia, a principios del siglo XIX España emerge como una «zona de intervención cultural» (2010: 44), a consecuencia de la revaloración, reinvención y apropiación de su cultura y literatura por el Romanticismo inglés, el discurso imperialista de la prensa de finales de siglo delinea y posiciona a la península, y en nuestro caso a Andalucía, como una zona de intervención económica. Estas reseñas literarias, que configuran ejemplos de formas culturales (Aguirre, 2005: XVI), facilitaron un apoyo ideológico esencial al imperio informal, moldeando una opinión pública cada vez más receptiva al intervencionismo británico en la zona.

Bibliografía

Fuentes primarias:

Arnold's Library of the Fine Arts (1832-1833), Londres y Edimburgo

The Athenaeum (1828-1921), Londres

BAEDEKER, Karl (1908), *Handbook for Travellers in Spain and Portugal*, Leipzig, Baedeker

Blackwood's Edinburgh Magazine (1817-1980), Edimburgo

The Critic of Literature, Science, and the Drama (1843-1863), Londres

FORD, Richard (1845), *A Handbook for Travellers in Spain*, Londres, Murray

The Literary Gazette, and Journal of Belles Lettres, Arts, Sciences (1817-1863), Londres

Macmillan's Magazine (1859-1907), Londres

The Mirror of Literature, Amusement, and Instruction (1822-1849), Londres

The Monthly Review (1749-1845), Londres

O'SHEA, Henry (1865), *A Guide to Spain*, Londres, Longmans

The Quarterly Review (1809-1967), Londres

ROSE, James Hugh (1875), *Untrodden Spain and her Black Country*, Londres, Tinsley

The Saturday Review of Politics, Literature, Science, and Art (1855-1938)

Temple Bar – A London Magazine for Town and Country Readers (1860-1906), Londres

Fuentes secundarias:

AGUIRRE, Robert (2005), *Informal Empire. Mexico and Central America in Victorian Culture*, Minnesota, University of Minnesota Press.

ALMEIDA, Joselyn M. (2010), *Romanticism and the Anglo-Hispanic Imaginary*, Amsterdam, Nueva York, Rodopi.

BERNAL RODRÍGUEZ, Manuel (1985), *La Andalucía de los libros de viajes del siglo XIX (Antología)*, Sevilla, Editoriales Andaluzas Unidas.

BERNAL RODRÍGUEZ, Manuel (1987), «Tipologías literarias de la Andalucía romántica», en Alberto González Troyano (coor.), *La imagen de Andalucía en los viajeros románticos y Homenaje a Gerald Brenan*, Málaga, Diputación Provincial de Málaga, pp. 101-124.

BUTLER, M. (1993), «Culture's Medium: The Role of the Review», en Stuart Curran (ed.), *The Cambridge Companion to British Romanticism*, Cambridge, CUP, pp. 120-293.

DÍAZ LÓPEZ, Juan Antonio, «Aportación de los autores ingleses al conocimiento de España», en *La imagen de España en los viajeros extranjeros. La colección de libros de viaje del Instituto Cervantes de Londres*, Centro Virtual Cervantes https://cvc.cervantes.es/literatura/viajeros/articulos/diaz_lopez.htm

EGEA FERNÁNDEZ-MONTESINOS, Alberto (2008), *Viajeras románticas en Andalucía. Una antología*, Sevilla, Centro de Estudios Andaluces.

EGEA FERNÁNDEZ-MONTESINOS, Alberto (2009), *Viajeras anglosajonas en España*, Sevilla, Centro de Estudios Andaluces.

GONZÁLEZ MORENO, Fernando y GONZÁLEZ MORENO, Beatriz (2010), «(Re)Discovering Spain: English Travellers and the Belated Picturesque Tour», en Joselyn Almeida, *Romanticism and the Anglo-Hispanic Imaginary*, Amsterdam, Nueva York, Rodopi, pp. 341-360.

HOOPER, Kirsty (2018), «La imagen de España en el primer tercio del siglo XX a través de la literatura de viajes británica», en Rafael Vallejo y Carlos Larrinaga (dirs.), *Los orígenes del turismo moderno en España. El nacimiento de un país turístico 1900-1939*, Madrid, Sílex Universidad, pp. 581-616.

HOOPER, Kirsty (2021), *The Edwardians and the Making of a Modern Spanish Obsession*, Liverpool, Liverpool UP.

JACOBS, Michael, «Viajeros en la España moderna: de la Ilustración a la actualidad», en *La imagen de España en los viajeros extranjeros. La colección de libros de viaje del Instituto Cervantes de Londres*, Centro Virtual Cervantes, https://cvc.cervantes.es/literatura/viajeros/articulos/michael_jacobs.htm

LACOMBA, Juan Antonio (1992), «La mirada ajena: Andalucía vista por "otros"», *Estudios regionales*, n.º 34, pp. 163-177.

MUSSER, Ricarda (2011), *El viaje y la percepción del otro: viajeros por la Península Ibérica y sus descripciones (siglos XVIII y XIX)*, Madrid, Iberoamericana-Vervuert.

PERDICES DE BLAS, Luis y RAMOS-GOROSTIZA, José Luis (2016), «La España de Richard Ford: el contraste entre la imagen exótica y la descripción económica», *Arizona Journal of Hispanic Cultural Studies*, n.º 20, pp. 111-135.

Perojo Arronte, María Eugenia y Flores Moreno, Cristina (2022), *British Periodicals and Spanish Literature. Mapping the Romantic Canon*, Bern, Peter Lang.

Rodríguez Barberán, Francisco (2014), *Richard Ford. Viajes por España (1830-1833)*, Madrid, Real Academia de las Bellas Artes de San Fernando-Fundación MAFRE.

Robertson, Ian (1975), *Los curiosos impertinentes. Viajeros ingleses por España 1760-1855*, Madrid, Editora Nacional.

Saglia, Diego (2002), «Hispanism in the *New Monthly Magazine*, 1821-1825», *Notes and Queries*, n.º 49, pp. 49-55.

Saglia, Diego (2010), «Iberian Translations: Writing Spain into British Culture, 1780-1830», en Joselyn Almeida, *Romanticism and the Anglo-Hispanic Imaginary*, Ámsterdam, Nueva York, Rodopi, pp. 25-51.

Sánchez García, Raquel (2003), «El Marqués de Salamanca y la amortización de los ferrocarriles», *Cuadernos de Historia Contemporánea*, n.º 25, pp. 199-215.

Schoenfield, Mark (2009), *British Periodicals and Romantic Identity: The Literary Lower Empire*, Nueva York, Palgrave Macmillan.

West, Geoffrey, «La escritura de viaje sobre España en bibliotecas británicas», en *La imagen de España en los viajeros extranjeros. La colección de libros de viaje del Instituto Cervantes de Londres*, Centro Virtual Cervantes, https://cvc.cervantes.es/literatura/viajeros/articulos/geoff_west.htm

Wheatley, Kim (2003), *Romantic Periodicals and Print Culture*, Londres, Frank Cass.

Zulueta, Carmen (1987), «El enigma de George Borrow», en Alberto González Troyano (coor.), *La imagen de Andalucía en los viajeros románticos y Homenaje a Gerald Brenan*, Málaga, Diputación Provincial de Málaga, pp. 47-66.

David Loyola López (Universidad de La Laguna)

La imagen literaria de Andalucía en la prensa del destierro liberal en Inglaterra (1818-1845)[1]

RESUMEN: El fenómeno del exilio contó con un papel protagónico en el contexto español de la primera mitad del siglo XIX. Los conflictos bélicos y las disputas políticas que se produjeron durante este periodo provocaron una sucesión de emigraciones de distinta condición e ideología, y muchos desterrados —principalmente josefinos y liberales— llevaron a cabo una importante labor cultural y periodísticas en países como Francia e Inglaterra, auspiciada por diferentes circunstancias e intereses internacionales. En esta prensa publicada en el extranjero, encontramos numerosos textos y composiciones literarias relacionados con España: con su realidad actual, su historia y su cultura y con el imaginario nacional que estaba constituyéndose a uno y otro lado de las fronteras.

La situación política y los acontecimientos recientes despertaron el interés por el país y reforzaron esa imagen indómita y exótica de España que se había ido creando en el extranjero. El Romanticismo también favoreció esta visión de la patria y encontró en ella un espacio cultural y simbólico de enorme valor, atraído por su pasado histórico, su religiosidad o su a priori defensa de la tradición frente a las innovaciones y al progreso que representaban otras naciones occidentales. Uno de estos rasgos característicos era su herencia árabe y, de este modo, Al-Andalus se convirtió en una de las señas identitarias de España y de lo español.

El objetivo de este trabajo es analizar las representaciones de Al-Andalus y el mundo oriental publicadas en estas cabeceras ligadas a las emigraciones políticas españolas en el extranjero, principalmente aquellas relacionadas con el destierro liberal en Inglaterra. Con ello, pretendemos estudiar las diferentes temáticas y planteamientos que se abordan

---

1   Este capítulo forma parte de los resultados del Proyecto I+D+i del Ministerio de Ciencia e Innovación: «Idea de Andalucía e idea de España en los siglos XVIII-XIX. De la prensa crítica al artículo de costumbres y aledaños» (PID2019-110208GB-I00/AEI/ 10.13039/501100011033) y del Proyecto: «Andalucía y lo andaluz ante el gran público. Textos fundamentales para su representación en los siglos XVIII y XIX» (P18-RT-2763). Programa de ayudas a proyectos de I+D+i, destinadas a las universidades y entidades públicas de investigación calificadas como Agentes del Sistema Andaluz del Conocimiento (PAIDI 2020). Modalidad Retos Consolidado. Financiado por la Consejería de Transformación Económica, Industria, Conocimiento y Universidades y cofinanciado en un 80% por la Unión Europea, en el marco del Programa Operativo FEDER Andalucía 2014-2020.

en estos textos y su vinculación con el imaginario nacional español, el contexto europeo y del exilio en el que se producen, y el público hispanoamericano al que iban dirigidas estas publicaciones.

PALABRAS CLAVE: Al-Andalus, imaginario, prensa, exilio, siglo XIX.

Una nación en el exilio

La historia de España en la primera mitad del siglo XIX es el relato de una crisis institucional y política sin precedentes, el reflejo de unos enfrentamientos ideológicos y sangrientos —con cambios dinásticos, conspiraciones, pronunciamientos y combates fratricidas— que marcaron a fuego la imagen de la nación, su presente y su porvenir. Entre las numerosas luchas de poder y disputas bélicas que se produjeron en este período, el fenómeno del exilio alcanzó un papel protagónico y significativo. Muchos españoles, de toda condición y distintos sesgos políticos, se vieron forzados a cruzar las fronteras en diversas ocasiones y la frecuencia y magnitud de estas emigraciones dejaron una profunda huella en la realidad política, social y cultural del país: «el emigrado español es, por tanto, una figura insoslayable en el paisaje humano del siglo XIX, dentro y fuera de España, como expresión dramática de una época marcada por un sinfín de revoluciones, contrarrevoluciones y guerras civiles» (Fuentes, 2002: 55).

El fin de la Guerra de la Independencia fue el inicio de los grandes éxodos españoles del siglo XIX. Ante la inminente derrota frente a las fuerzas anglohispanas, los ejércitos de Bonaparte emprendieron una progresiva retirada de regreso a Francia y gran parte de los españoles que habían apoyado el reinado de José I los acompañaron al otro lado de los Pirineos.[2] Sin embargo, la situación política en el país no se apaciguó con la victoria frente a las tropas galas y la vuelta al trono de Fernando VII; el golpe de Estado en mayo de 1814 reinstauró el absolutismo y envió a los constitucionalistas a prisión o al exilio, un camino hacia tierra ajena que habían horadado poco antes sus antiguos enemigos: los afrancesados.[3] El pronunciamiento de Riego en enero de 1820 y la jura de la Constitución por el rey Borbón supuso el regreso de la mayoría de estos emigrados, pero la incursión de los Cien Mil Hijos de San Luis tres años más tarde

---

2   Investigaciones como las de Barbastro Gil (1993), López Tabar (2001) o de Aymes (2008) dedican sus páginas al estudio de esta emigración política josefina en tierras galas.

3   Las emigraciones liberales españolas de esta primera mitad del siglo XIX cuentan también con importantes trabajos de investigación como los de Llorens (1968), Sánchez Mantero (1975), o Muñoz Sempere y Alonso (2011), entre otros.

acabó nuevamente con el régimen liberal en España y provocó, una vez más, la expatriación de sus defensores. En los últimos años de la Década Ominosa, se produjo una cierta distensión en el férreo régimen absolutista y ello permitió la vuelta de varios de estos exiliados, pero muchos de ellos no pudieron retornar a la patria hasta la muerte de Fernando VII y el comienzo de la regencia de María Cristina en 1833.[4]

Esta presencia reiterada de los liberales en el extranjero fue conformando una imagen prototípica del desterrado y su vinculación con la causa constitucional, un retrato estereotipado en el que incide Mariano José de Larra cuando afirmó que «por poco liberal que uno sea, o está en la emigración, o de vuelta de ella, o disponiéndose para otra» (Larra, 1835: 1). Esta identificación, con una clara intención política,[5] proponía una determinada lectura de los acontecimientos recientes –también satirizada por la pluma de *Fígaro*–[6] con la voluntad de crear un discurso histórico y nacional que sustentara y legitimase la nueva España constitucional durante la regencia de María Cristina y el posterior reinado de Isabel II:

---

4   Los absolutistas, en el trienio liberal, y los carlistas —durante la primera guerra carlista y su posterior derrota— también sufrieron las vicisitudes del destierro en esta primera mitad del siglo XIX, aunque su número fue sensiblemente menor que el de las emigraciones afrancesadas y liberales.

5   Tal y como afirma Benedict Anderson, la nación es «una comunidad política imaginada como inherentemente limitada y soberana» (1993: 23). El componente imaginativo de esa idea de patria se fundamenta en un planteamiento común sobre la nación a pesar de que la mayoría de los individuos que la forman no se conocen entre ellos. Por otro lado, cada nación queda circunscrita a un espacio geográfico concreto en contraposición con esas *otras* naciones con las que se relaciona y establece semejanzas y diferencias. Y, finalmente, es soberana puesto que, imbuidas de ese espíritu ilustrado y revolucionario de los siglos XVIII y XIX y las luchas de poder entre el Antiguo Régimen y el sistema constitucional, «las naciones sueñan con ser libres y con serlo directamente en el reinado de Dios. La garantía y el emblema de esta libertad es el Estado soberano» (Anderson, 1993: 23-25).

6   En el artículo «Ni por esas. Verdadera contestación de Andrés a Fígaro, publicada por este», Larra incide en una especie de «necesidad» de sufrir la experiencia del exilio para todo buen español que quisiese hacer carrera en el mundo político y social de la época: «¿Qué figura, exclama[ba], voy a hacer en mi patria, sin conocer más usos que los suyos, sin saber más lengua que la castellana? ¿Qué será de mí, español, en España? [...] ¿Qué color político tendrán mis discursos, si es que llego a discurrir, sin que entren en ellos para nada la Francia ni la Inglaterra, los Estados Unidos y la Bélgica?» (1837: 6).

> Las naciones no son entes inmutables, sino productos del ser humano. No son eternas ni esenciales, sino históricas y construidas. Lo que las sustenta es la creencia subjetiva que tienen sus miembros de su existencia. En este sentido, la nación es, sobre todo, un artefacto cultural, asociado a un territorio concreto y depositario último de la soberanía política (Andreu Miralles, 2016: 16).

De este modo, la imagen del exiliado adquirió una entidad específica dentro de la cultura y la sociedad españolas del momento, con una serie de características propias que lo individualizaban y lo definían, como así lo refleja el artículo «El emigrado», firmado por Eugenio de Ochoa, dentro de la colección costumbrista *Los españoles pintados por sí mismos* (1844: 314-326). La representación del proscrito como un personaje-tipo de la nación española decimonónica se ve reafirmada a través de otros textos de esta misma publicación, como «El español fuera de España» del propio Ochoa —en el que se hace una distinción entre el exiliado y el resto de compatriotas en el extranjero—,[7] «La político-mana» de Gabriel García y Tassara (1844: 39-47) o la comparación que plantea Antonio Gil de Zárate entre el emigrado y el exclaustrado, personaje sobre el que versa su texto costumbrista:

> Figúrese V. al desterrado que desde el cielo dulce y templado de Andalucía fuese trasladado a los climas helados del Norte; que acostumbrado a respirar el perfume de las flores, el aura suave que corre entre los bosques de granados, viese solo en torno de sí, sombríos pinos y apretadas nieves, sintiendo todo el rigor de las escarchas: ¡cuán dolorosa sería para él tan horrible mudanza!, ¡cuán llena de penalidades correría su existencia! (Gil de Zárate, 1843: 363).

En este texto, la imagen estereotipada del emigrado se vincula con un territorio, Andalucía, que también fue objeto de numerosas y distintas interpretaciones en este mismo período a partir de un amplio abanico de referencias, significados y elementos simbólicos. Las raíces andaluzas de varios escritores como Martínez de la Rosa, Ángel de Saavedra o José Joaquín de Mora, el carácter mítico de

---

7   «Muchísimas son las variedades de este tipo [el español fuera de España]; cualquiera conocerá a primera vista que así de ser en efecto. Un sin número de circunstancias lo modifican en cada uno de los mil aspectos que presenta al observador. Uno de ellos, es decir, una de estas variedades, es el *emigrado*, tipo que ya hemos procurado bosquejar, y en el que por consiguiente no volvéremos a ocuparnos, tanto más cuanto, como manifestamos en aquel artículo, este es en rigor un tipo aparte, que ya tiene su fisonomía peculiar y sus rasgos característicos que la constituyen en ente *sui generis*, aunque, considerado en globo, entra completamente en el asunto de este nuevo artículo. Descartemos pues al emigrado» (Ochoa, 1844: 445). Esta distinción también se describe en el artículo de «El emigrado» anteriormente referido (Ochoa, 1844: 322).

algunas ciudades como Granada, Córdoba, Sevilla o Cádiz —esta última sobre todo por su importancia durante la Guerra de la Independencia—, y el triunfo del Romanticismo en Europa y su gusto por el pasado árabe y medieval español fueron algunos de los elementos que influyeron de forma notable en la construcción literaria y cultural del imaginario andaluz a comienzos del siglo XIX. En este proceso, la prensa contó con un peso específico gracias a las diferentes representaciones de Andalucía que se recrearon en las páginas de las distintas cabeceras del momento. Su popularidad y difusión en la sociedad decimonónica promovieron, por tanto, una determinada concepción de lo andaluz y ayudaron a consolidar esa imagen estereotipada tanto en España como en el extranjero.

A ella también contribuyeron los emigrados españoles a través de las diversas obras literarias y publicaciones que llevaron a cabo lejos de la patria. En este sentido, los destierros liberales de 1814 y —especialmente— de 1823 fueron muy prolíficos y produjeron un importante volumen bibliográfico, principalmente en Francia y en Inglaterra, favorecidos a su vez por una coyuntura política y comercial propicia gracias a la independencia de las antiguas colonias hispanoamericanas y el deseo de ambas potencias por granjearse un monopolio con las nuevas repúblicas del Nuevo Mundo.[8]

En tierras británicas, se desarrollaron varios proyectos editoriales dirigidos al público americano, con Rudolph Ackermann como su principal promotor.[9] El empresario alemán decidió utilizar el modelo exitoso de sus publicaciones inglesas y adaptarlas a la idiosincrasia y la cultura hispanas, y, para ello, contó con la pluma de varios emigrados liberales españoles residentes en Londres en aquella época. *Variedades o El Mensajero de Londres*, editado por Blanco White (1823-1824); los *No me olvides* de José Joaquín de Mora (1824-1827) y Pablo de Mendíbil (1828-1829); o *El Instructor o Repertorio de Historia, Bellas Letras y Artes* (1834-1841), editado por José María Jiménez de Alcalá y posteriormente por Ángel de Villalobos; y La Colmena [en cursiva] (1842-1843), dirigido por este último, son solo algunas de estas publicaciones ideadas por Ackermann

---

8   *La Gaceta de Bayona* (1828-1839), *Le Courrier de Bayonne et de la Péninsule* (1829-1830), *El Precursor*, de Andrés Borrego (1830), o *El Dardo* de Santiago Rotalde (1831), cada una con sus propias características y planteamientos ideológicos, son algunas de las publicaciones periódicas que llevaron a cabo los emigrados políticos españoles en Francia durante la primera mitad del siglo XIX.

9   Fernando Durán López, en su libro *Versiones de un exilio: los traductores de la casa Ackermann (1823-1830)* lleva a cabo un interesante y detallado estudio sobre la labor editorial del empresario alemán en Inglaterra y sus proyectos literarios en lengua española (2015).

para el mercado hispanoamericano. Asimismo, los propios desterrados españoles impulsaron diversas cabeceras en tierra extranjera, principalmente de corte político y dirigidos a sus compatriotas a uno y otro lado de las fronteras. Este fue el caso del periódico del liberalismo exaltado *El Español Constitucional* (1818-1820, 1824-1825), coordinado por Manuel María Acevedo y Pedro Pascasio Fernández Sardinó, o la publicación de corte liberal moderado *Ocios de Españoles Emigrados* (1824-1826), dirigida por los hermanos Joaquín Lorenzo Villanueva y Jaime Villanueva —al que le sustituiría Pablo de Mendíbil tras su muerte en 1824— y José Canga Argüelles.[10]

En muchas de estas publicaciones, encontramos varios artículos y textos literarios relacionados con Andalucía que, junto con otras composiciones escritas *en* y *desde* el exilio (Guillén, 1995),[11] coadyuvaron a configurar y perfilar el imaginario del sur de España. Su historia, sus paisajes y costumbres —teñidos en ocasiones de cierta melancolía o de un tono combativo— sirvieron de estímulo para estas obras literarias y periodísticas e inspiraron a unos escritores que, desde tierra ajena, recrearon a través de la palabra una imagen determinada de Andalucía y lo andaluz en estas primeras décadas del siglo XIX.[12]

---

10 Trabajos como los de Vicente Llorens (1968), María José Ruiz Acosta (2016), David Loyola (2016: 171-245; 2017: 183-194; 2017b: 247-258; 2018: 675-687), o Victoriano Gaviño (2021) analizan varias de estas publicaciones periódicas en Inglaterra y el papel de los emigrados españoles en estos proyectos editoriales.

11 Claudio Guillén, en su libro *El sol de los desterrados*, distingue dos perspectivas literarias frente a la experiencia del destierro: «una "literatura del exilio", por un lado, en que el poeta da voz a las experiencias del exilio, situándose *en* él, directa o confesionalmente, y una "literatura de contra-exilio", por otro, en que el poeta aprende y escribe *desde* el exilio, distanciándose de él como entorno o motivo, y reaccionando ante las condiciones sociales, políticas o, en general, semióticas de su estado, mediante el impulso mismo de la exploración lingüística e ideológica que le permite ir superando esas condiciones originarias» (1995: 31). Para ejemplificar estos planteamientos, toma como referencia dos autores de la literatura clásica, Ovidio y Plutarco, quienes encarnan respectivamente cada una de estas actitudes vitales y literarias ante la expatriación.

12 En relación con el imaginario nacional español —y por ende andaluz—, los trabajos de Inman Fox (1997), José Álvarez Junco (2001, 2016), Jesusa Vega (2016), Jesús Torrecilla (2016) y Xavier Andreu Miralles (2016) son fundamentales para entender la construcción de esas representaciones identitarias de la España del siglo XIX.

Andalucía en la distancia: entre recuerdos y nostalgias

El fenómeno del destierro conlleva unas realidades y circunstancias histórico-culturales que, por su propia condición, sitúan a quienes lo sufren en los márgenes de la Historia y pueden poner en peligro su vinculación con el país de procedencia. Como reacción y protesta ante esta exclusión, muchas de las emigraciones políticas encuentran en la literatura y la prensa un medio por el que reafirmar su propia identidad, defender su causa ideológica, obtener ingresos económicos o simplemente como un espacio donde verter las experiencias vividas y los sentimientos fruto del exilio: «el desterrado de todos los tiempos y países ha tenido que buscar en la pluma su sustento o su consuelo». (Llorens, 1968: 153). Las emigraciones españolas decimonónicas no fueron una excepción: el abandono de la patria, la vida en el extranjero y la esperanza de un futuro retorno sirvieron de acicate a un importante número de obras literarias y textos en prensa y, entre los diferentes motivos literarios que encontramos en este amplio corpus, merece un lugar destacado las referencias al territorio andaluz.[13]

> ¡Ilustre Gades, adiós!...
> ¡Adiós! centro afortunado
> de la amable urbanidad,
> de antigua riqueza y fausto.
> Cruel destino me arranca
> de tu suelo tan amado;
> pero nunca de mi pecho
> podrá arrancar tu retrato;
> que en ti feliz encontré
> bellas prendas, dones altos,
> mayor placer en las dichas
> y consuelo en los quebrantos (Trueba y Cosío, 1825: 1).

Con estos versos del poema «Adiós a Cádiz. Romance», publicado en el *Diario Mercantil de Cádiz* el 11 de septiembre de 1825 (n.º 3329: 1-2), se despedía Telesforo Trueba y Cosío de esta ciudad andaluza, en la que había permanecido desde su regreso a España en 1822 y que ahora abandonaba tres años después rumbo de nuevo a tierras británicas. Este regreso a Inglaterra, entendido como

---

13 La antología *La voz del desterrado* (Loyola López y Flores Ruiz, 2018) recoge una selección representativa de esta literatura española del exilio en la primera mitad del siglo XIX. Asimismo, el trabajo *Los ojos del destierro* (Loyola López, 2018b) plantea un estudio sobre los principales motivos literarios que aparecen en estas y otras composiciones sobre el exilio decimonónico español.

un exilio autoimpuesto por parte del escritor cántabro, puede tener como una de sus principales razones la nueva situación política de su país natal, tal y como sugiere Salvador García Castañeda: «Trueba tenía entonces 25 años, decididas ideas liberales, desarrollado sentido crítico y vocación de moralista; su regreso a Inglaterra en el otoño de 1825 quizá fuese motivado por la perspectiva de vivir en una España absolutista» (2001: 14). Sin embargo, por voluntaria que fuese esta decisión, dejar atrás la ciudad gaditana despierta en el sujeto lírico un sentimiento de tristeza que refleja claramente en este poema de corte neoclásico: «¡Adiós te digo!... y no sé / cómo puedo pronunciarlo / en un tropel de suspiros / y entre raudales de llanto» (1825: 2).

El dolor por la despedida, que expresa Trueba Cosío en este poema al abandonar la ciudad de Cádiz, se convierte en los versos de «El desterrado», de Ángel de Saavedra, en una fractura profunda y terrible para la que no existe consuelo: «No más, no más; mi corazón mezquino / se desgarra en mil ásperos tormentos / y sucumbe al dolor. Amargo llanto / turba mis ojos... Pero, ya, ¿qué importa, / si nada pueden ver? [...]». Esta composición poética, publicada en las páginas de *Ocios de españoles emigrados* (II, 5, agosto 1824: 60-69), es sin duda uno de los textos más representativos de la literatura española del exilio en el siglo XIX. En ella, el sujeto lírico describe su viaje hacia el destierro y cómo, desde la cubierta del navío, llora la pérdida de una patria que se pierde cada vez más en la lejanía. Durante la travesía, el proscrito recorre algunos de los territorios de la geografía andaluza mientras lamenta su propio destino y la separación de esos lugares simbólicos y queridos como la propia Cádiz, el Guadalquivir o Córdoba, ciudad natal del propio autor:

> Allí Cádiz, allí. Salve, alta cuna
> de libertad, esclarecida roca
> do se estrelló la bélica fortuna
> del gran Napoleón: templo algún día
> de Pluto y de Citeres,
> emporio de riquezas y placeres,
> pompa y escudo de la patria mía;
> salve mil veces. [...]
> Mis ojos no me engañan; sí, son ellos;
> Guadalquivir, aquel. Yo te saludo,
> y yo te adoro, ¡oh rey de Andalucía!
> Tu vista templa mi destino crudo,
> tu vista embarga, ¡ay, Dios!, el alma mía.
> [...]
> ¡Oh, cuán ufano a la ancha mar te arrojas,
> tú que apacible mojas

> y reverberas en remansos puros
> los de Córdoba insigne antiguos muros!
> En ellos vi del sol la luz primera,
> en ellos apacible la fortuna
> de oro y marfil me adormeció en la cuna.
> ¡Quién tan mudable entonces la creyera!
>   (Saavedra, *Ocios de españoles emigrados*, II, 5, agosto 1824: 60-61)

Estas imágenes del sur de España y el recuerdo de su ciudad natal suponen una especie de refugio espacio-temporal para el emigrado. Por ello, el sujeto lírico apura esa postrera mirada hacia la costa andaluza, en un intento de dilatar la despedida y rememorar los momentos vividos en su tierra para que lo acompañen durante su expatriación: «una estrecha zona de vacío, de silencio apenas poblado por un tímido musitar se interpone entre una vida que comienza a echarse de menos y otra por venir que no se sabría imaginar» (Solanes, 1991: 93). El contraste entre la tierra que se deja atrás y ese nuevo mundo al que se arriba sitúa habitualmente estas dos realidades en planos ambivalentes, una división —en ocasiones inestable— donde los elementos se confunden y se invierten de acuerdo con la situación emocional del desterrado: «lo esencial es mantener la disociación: "lo bueno" en un extremo y "lo malo" en el otro [...] Porque, en el caso de fracasar la disociación surge inexorablemente la ansiedad confusional» (Grinberg, 1996: 21).

Estas disociaciones fluctuantes y complejas —aunque al mismo tiempo lógicas y realistas— parecen conjugarse en la figura siempre crítica de José María Blanco White. De este modo, en sus *Letters from Spain*, publicadas en Londres en 1822, pone en boca de Leucadio Doblado —pseudónimo y juego literario con su propio nombre— una reflexión ante su regreso a Cádiz: «You know me well enough to believe that, after a long residence in England, my landing at Cadiz, instead of cheering my heart at the sight of my native country, would naturally produce a mixed sensation, in which pain and gloominess must have had the ascendant» (Blanco White, 1822: 9). La obra, de gran éxito entre el público inglés, conjugaba elementos heterogéneos propios de la novela de viajes, referencias históricas, elementos autobiográficos y un costumbrismo incipiente: «un carácter híbrido que se observa también en una mirada sobre lo español que se mueve con soltura entre el escrutinio ilustrado y la vehemencia romántica» (Andreu Miralles, 2016: 125). De este modo, a lo largo de esta obra epistolar se entremezclan cuadros pintorescos sobre Andalucía —descripciones de lugares, monumentos y paisajes, vestimentas, tipos sociales, y costumbres de diferentes territorios como Sevilla, Cádiz, o Córdoba, entre otros— con la crítica social, política y religiosa de España, aderezadas con el elogio hacia la cultura inglesa.

Sin embargo, el propio Blanco White poco tiempo después, en *Variedades o El Mensajero de Londres*, publicaría otro conjunto de epístolas bajo el título «Cartas sobre Inglaterra» en las que expresa sentimientos encontrados al abandonar su Sevilla natal y tocar por primera vez suelo inglés en 1810:

> Tú, que sabes cuán doloroso me fue el adiós que di a mi familia y amigos cuando, con la determinación firme de no volver, salí de nuestra ciudad nativa, creerás sin dificultad, que a pesar de la especie de embriaguez que sentí al romper los lazos que me hicieron infeliz por tantos años, no pude llegar a las costas de Inglaterra sin alguna melancolía, y desfallecimiento de ánimo (Blanco White, *Variedades o El Mensajero de Londres*, I, n.º 1, enero 1823: 16).

La tristeza y el desarraigo por el abandono del que fue su hogar son emociones distintivas dentro de la experiencia de la expatriación y Blanco White no fue ajeno a estas *saudades*. En su caso, la incertidumbre inicial y el miedo ante lo desconocido dejó paso a una explosión de alegría y entusiasmo tras arribar a las costas inglesas y dirigirse a Londres, pero, al día siguiente, el contraste de su tierra natal con la realidad que le ofrecía la capital inglesa le sumieron nuevamente en el desconsuelo:

> Sentía yo, además, la impresión penetrante de la humedad de la atmósfera, como acabado de llegar de un país tan cálido como nuestra Andalucía, y debilitado por un largo viaje. En una palabra, tal me hallé en aquel punto que casi me saltaron las lágrimas a los ojos; y fue menester un esfuerzo para recobrarme. (Blanco White, *Variedades o El Mensajero de Londres*, I, n.º 1, enero 1823: 20).

La contraposición del clima, las diferencias de idioma y de costumbres, y las dificultades a las que deben hacer frente los emigrados se suman, en la mayoría de las ocasiones, a la existencia forzada en una tierra ajena, la herida de un desarraigo indeseado, el deseo constante de retorno y la imposibilidad de hacer este realidad.[14] Andalucía se convierte, de este modo, en un espacio idílico y

---

14 El propio Blanco White acude de forma recurrente a estas comparaciones entre Inglaterra y España para describir la realidad sociocultural, política, religiosa y natural de las islas británicas en «Cartas sobre Inglaterra», publicadas en *Variedades o El Mensajero de Londres*. Sin embargo, en estas epístolas, no advertimos ese profundo componente melancólico que sí encontramos en otros textos literarios del exilio; por su parte, muchas de las referencias a España —y a Andalucía— son utilizadas para evidenciar el contraste entre ambas naciones y dotar a cada una de ellas de unas características concretas, como en este ejemplo: «Esta insipidez es tanto más de extrañar cuanto que la Señora de la casa es una de las mujeres más vivas y agraciadas que he visto en Inglaterra. A no temer que me llamasen preocupado, diría que en una temporada que esta Señora pasó en Cádiz, había añadido a sus gracias naturales, un baño de sal Andaluza.

paradisíaco, un remanso de paz y felicidad matizado por la ausencia y la memoria. La nostalgia es uno de los sentimientos más comunes en la experiencia de la expatriación, muestra de ese deseo por recuperar aquel tiempo —y aquella tierra— que han quedado a sus espaldas, y composiciones literarias como «El árbol de la infancia» o «La Oliva» de José Joaquín de Mora así lo ejemplifican, dos poemas publicados en Londres en el *No me olvides* para el año 1825. «La Oliva» —como señala el propio autor en nota al pie de página— hace alusión a «un hermosísimo pago de huertas, situado a orillas del río Barbate, en Andalucía»; este es descrito como un bello y mágico paisaje, lleno de armonía, donde cantan los ruiseñores entre verdes pastos y frondosos árboles, un *locus amoenus* que el sujeto lírico rememora desde la distancia:

> ¡Venturoso recuerdo! ¡Dulces votos
> de independencia y paz! Venid, que anhelo
> ya que me agobia el peso de la vida,
> en las pasadas dichas recrearme (Mora, 1825: 110).

Las vivencias y emociones de su pasado quedan, por tanto, estrechamente ligadas al territorio andaluz donde se enmarcan, y este es reformulado también a partir de la imagen subjetiva que el emigrado configura en torno a su vida anterior en la patria y su presente en el exilio. Esta añoranza y la lejanía del paisaje andaluz y la tierra natal, transforma por completo esos espacios y los tiñe con elementos subjetivos e idealizados, una representación simbólica y edulcorada que contrasta con la imagen que se desprende del país extranjero. «En realidad, no se tiene nostalgia de un lugar, sino del tiempo vivido en ese lugar» (Prete, 2010: 122). Tiempo y espacio se entrelazan de tal forma que es imposible desligarlos; se produce, por tanto, una conexión emocional que relaciona las propias experiencias vitales con los territorios y, de este modo, pasan a formar parte de nuestra propia identidad.

Estas intrínsecas correlaciones aparecen de manera taxativa en composiciones como «Costumbres húngaras» de Blanco White, en el que la crítica contra la realidad política y religiosa de España se combina con la entrañable añoranza de los momentos compartidos con sus seres queridos en Sevilla: «¡Oh, amigos de

---

Ya con la Guitarra en la mano, cantando algunas canciones Españolas; ya repicando las Castañuelas para despertar a sus tranquilos huéspedes solía hacernos ver tal cual quiebra en la densa nube de tedio que colgaba sobre nuestras cabezas. Pero nada basta a disiparla en la sociedad Inglesa de las clases más elevadas» (Blanco White, *Variedades o El Mensajero de Londres*, I, n.º 3, abril 1824: 205).

mi juventud! sabed que, [...] vuestro amigo, no puede pasar un día de verano en las márgenes deliciosas del Támesis, sin que la imagen de los compañeros de su juventud, le humedezca los ojos». (Blanco White, *Variedades o El Mensajero de Londres,* II, n.º 6, enero 1825: 23). La nostálgica de su ciudad natal también aparecen en otro texto de Blanco White como es «El alcázar de Sevilla», publicado en el *No me olvides* para 1825 de José Joaquín de Mora, en el que rememora con melancolía aquella querida infancia en la ciudad hispalense que desde su vejez parece ya tan lejana, pero que recuerda con viveza y claridad:

> Y por cierto compadezco al Andaluz joven que, al entrar un día de verano por la puerta de los Monteros, [...] puede oír con indiferencia aquellas sabrosas narraciones que el lenguaje del hombre no puede trasladar de las creaciones de la fantasía, aquellas pláticas dulces que mecieron mi niñez, y que jamás borrará de mi memoria el tiempo. Bajando estoy el valle de la vida, y todavía se fijan mis pensamientos en aquellas calles estrechas, sombrías y silenciosas, donde respiraba el aire perfumado [...] ¡Qué es lo que queda de las cosas humanas sino estos vestigios mentales, estas impresiones penosas y profundas, que como heridas mal cerradas en el corazón del desterrado, echan sangre cada vez que se las examina! (1825: 4-5)

Andalucía como símbolo: de la lucha a la crítica política

Los recuerdos de la tierra natal, henchidos de nostalgia y melancolía, y el dolor por la lejanía y la pérdida del hogar pueden sumir al proscrito en la tristeza y el desaliento, pero es posible que estas mismas circunstancias sirvan a su vez como acicate para mantener viva la lucha contra sus adversarios políticos. Esta perspectiva es utilizada en varias composiciones literarias como «El negro», publicada en *Ocios de Españoles Emigrados*. En ella, se describe la llegada de un liberal a Cádiz ante el avance de los Cien Mil Hijos de San Luis por el territorio español y cómo, tras rememorar su vida pasada y los padecimientos que ha sufrido a manos de sus enemigos, entona unos versos combativos contra el absolutismo fernandino y a favor de la causa liberal:

> En las doradas arenas
> de la venturosa Gades,
> do libres las crespas olas
> blandamente el muro baten,
> un joven gallardo *negro,*
> más *negro* que el azabache,
> a quien un villano ardid
> arrancó de sus hogares,
> fijos sus tranquilos ojos
> en los espaciosos mares,

> repasaba en su memoria
> la historia de sus desastres.
> Los juegos de la niñez
> trocados en duros trances,
> su humilde choza abrasada,
> asesinados sus padres,
> esclava la patria libre,
> mezquina la que fue grande (II, n.º 6, septiembre 1824: 169-170).

La ciudad de Cádiz, símbolo de la lucha contra el francés y cuna del constitucionalismo español, fue también el último refugio para los liberales en 1823, y este carácter mítico es utilizado en esta y otras composiciones poéticas del exilio como representación de la resistencia frente al enemigo y baluarte del Nuevo Régimen en España. Del mismo modo, la alusión a los males que padece la patria bajo el absolutismo de Fernando VII pretende provocar la reacción de los emigrados, inspirarles valor y arengarles para hacer frente a sus enemigos y conseguir de nuevo el triunfo del liberalismo en su país natal.

Estos acordes enfáticos y aguerridos son entonados también en otras composiciones literarias del destierro como la «Epístola de un liberal español, emigrado, a Filis», publicada en *El Español Constitucional* (IV [segunda parte], n.º 28, junio 1824: 388-396), en la que el yo poético escribe desde el exilio a su amada y rememora la precipitada huida de su hogar en 1823 y su viaje hacia el sur de España antes de tener que abandonar finalmente la patria. Entre sus versos, encontramos referencias al río Genil, con sus valles y «su sierra hermosa», a las «corrientes limpias» del Betis, a las salinas de San Fernando y a los «muros de la heroica Gades, / muros a do la horrible tiranía / feroz asesta sus enormes tiros, / lanza furiosa su feroz intriga» (IV [segunda parte], n.º 28, junio 1824: 389-390). La belleza natural del territorio andaluz y la grandeza de la ciudad de Cádiz se ven amenazadas por el fanatismo y la crueldad de los defensores del *altar y el trono*, quienes han sumido al país en la decadencia y la injusticia: «[¿]Dime qué juzgas del penoso estado / en que la Patria ves? ¿Piensas perdida / la noble empresa de salvar a España / del bárbaro opresor que la esclaviza?» (IV [segunda parte], n.º 28, junio 1824: 392).[15]

---

15 Esta imagen edénica de Andalucía destruida por el absolutismo aparece también en otras composiciones literarias como «El opresor de España», publicada también en *El Español Constitucional*: «Bellas ninfas, que un tiempo gozaba / en la margen del Betis risueño, / sacudid el letárgico sueño / y conmigo a ese bárbaro odiad: / Sí, mis ninfas, odiadle conmigo; / y las trenzas o de ébano o de oro / desparcidas, en fúnebre coro / la desgracia de Iberia llorad» (V, n.º 38: 302).

Las críticas a la situación que sufre la patria bajo el poder absolutista y los propios exiliados en tierra extranjera son constantes en estas publicaciones periódicas del destierro liberal y, en muchas de ellas, las imágenes andaluzas se convierten en un recurso literario con un evidente valor sentimental e ideológico. De este modo, son también frecuentes las descripciones exaltadas y laudatorias de ciertas regiones del sur de España, junto con otros territorios simbólicos, en estas composiciones político-literarias, con el fin de enaltecer el ánimo de sus compatriotas y mostrar la grandeza de una patria ahora en declive por la que hay que luchar. Este es el espíritu que promueven los versos de la «Canción patriótica» (*El Español Constitucional*, IV [primera parte], n.º 23, julio 1820: 70-71) o de la «Epístola patriótica. A Silvio» (*El Español Constitucional*, III, n.º 20, abril 1820: 293-296; n.º 21, mayo 1820: 381-385).[16] En esta última, el sujeto lírico sueña desde su exilio con el retorno a España a lomos del mítico Pegaso para despertar al pueblo de su letargo y guiarlo a la victoria y la libertad; para ello, dirige unas palabras encomiásticas a distintas zonas del país con las que ensalzar sus virtudes y su heroísmo, entre las que se encuentra la propia Andalucía:

> ¡*Salve* Bética hermosa, do sentada
> Astrea regentó la edad de oro!
> ¡Dichosa edad, de todos envidiada!
> [...]
> ¡*Salve*, de Hércules pueblo esclarecido!
> ¡Gades invicta, asilo fuerte y cuna
> de un bien, tan pronto muerto cual nacido! (n.º 21, mayo 1820: 381-385).

Como podemos comprobar, la ciudad gaditana destaca como uno de los territorios andaluces más recurrentes de estos textos literarios al servir como referencia emblemática del constitucionalismo en España. Así sucede en el poema «El 10 de marzo en Cádiz» (*El Español Constitucional*, t. IV [segunda parte], n.º XXXI, septiembre de 1824, pp. 638-643), en el que se compara la situación de la urbe andaluza durante el trienio liberal con el terror y los crímenes que amenazan y sufre la ciudad con el régimen absolutista: «la hermosa Cádiz, el antiguo asilo / do se abrigó la libertad un día, / ¡qué espectáculo mísero presenta, / gaditanos, temed! La tiranía, / esa cruel pantera, todavía / de sangre está sedienta».

---

16 La mayoría de los textos literarios de *El Español Constitucional* se publicaron de forma anónima, con siglas o pseudónimos, seguramente con el fin de evitar posibles represalias por parte de sus enemigos políticos en España. En el caso de la «Epístola patriótica. A Silvio», si bien se barajan ciertos autores, es probable que sea obra de Manuel Pardo de Andrade, de acuerdo con la tesis propuesta por María Rosa Saurín (1998).

Estos cuadros de crueldad y barbarie se suceden a lo largo de los versos siguientes hasta conformar un panorama de horror y muerte en el que Cádiz —como si de una nueva Troya se tratase— agoniza, una imagen desoladora e inhumana que despierta la compasión de los hispanoamericanos y su deseo de ayudar fraternalmente a las víctimas de la tiranía.

La mirada triste y doliente ante la realidad de esta región andaluza durante el absolutismo fernandino se transforma en burla y sarcasmo en otra de las composiciones poéticas de *El Español Constitucional*, las «Seguidillas patrióticas» (II, n.º 15, noviembre 1819: 529-532). Con un tono popular e irónico, el poema denuncia las desigualdades que existen entre Madrid —que vive entre la abundancia y los excesos, con un ambiente festivo por la inminente boda de Fernando VII— y Cádiz, donde combaten una epidemia de fiebre amarilla:

> Fiestas hay en la corte,
> mientras en Cádiz
> doblan a muerto todos
> los sacristanes;
> y los magnates dicen:
> «Cádiz aguante,
> diviértase la Corte,
> y el Reino rabie» (II, n.º XV, noviembre 1819: 529).

El contraste entre ambos territorios pretende poner de manifiesto las injusticias y el abuso de poder que llevan a cabo los defensores del Antiguo Régimen en España y arremeter, por medio del descrédito, contra la opresión y la violencia que padece la patria con el reinado de *El Deseado*. De este modo, se critica la situación económica del país frente a los dispendios de la Corte, se protesta contra el poder de la Iglesia y se reprende la actitud inmoral del propio monarca a través de la sátira y la burla. Todos estos males que sufre España provocan la necesidad de rebelarse, una reacción —puesta en boca de una gitana en Puerta de Moros— con la que se intenta avivar el amor propio de cada región (Cataluña, Valencia, Extremadura, entre otras) para que luchen por recuperar la libertad perdida con el retorno del absolutismo.

Entre estas alusiones a diversas zonas de España, encontramos dos referencias a Andalucía, aunque con perspectivas opuestas: «Ronda es buena; Sevilla / no vale nada… / jarabito de pico, / y alma de lana» (II, n.º XV, noviembre 1819: 531). Esta crítica a la ciudad hispalense no parece ser un hecho casual en la literatura del destierro liberal y vuelve a verse reflejada en otras composiciones líricas como «En loor de Sevilla», publicada en el *No me olvides* de José Joaquín de Mora para el año 1827 (1827: 88-90):

> ¿Quién no ha visto el monumento?
> ¿Quién no ha visto la Giralda,
> que dócil vuelve la espalda,
> según como sopla el viento?
> Simbólico documento
> de la constancia que brilla
> en la gente de Sevilla (Mora, 1872: 88).

La ironía impregna el poema desde su propio título, pues, como podemos observar, en realidad se trata de un ataque directo y visceral contra la urbe andaluza y sus habitantes. Esta es descrita como una ciudad devota, con «más de sesenta conventos / de hembras y machos panzudos», donde «canónigos y sobrinas / viven en plácida unión» y «cuando sin peligro pueden, / se comen los niños crudos». Estas imágenes pecaminosas, inmorales e inhumanas —con menciones a la gula, la lujuria y el canibalismo— se entremezclan con otras características negativas como la mojigatería, el fanatismo y la hipocresía, al haber renegado del constitucionalismo y traicionado a los liberales para obtener el favor de Fernando VII como rey absoluto:

> Cuando al cautivo hospedaron
> en llano se deshicieron.
> ¡Cuántas onzas le ofrecieron!
> ¡Cuántas dichas le anunciaron!
> Y a los negros obsequiaron
> con escopeta y cuchilla
> los valientes de Sevilla (Mora, 1827: 89).

El poema de José Joaquín de Mora lanza estas y otras duras acusaciones contra los hispalenses por su apoyo al *altar y el trono* tras la incursión de Cien Mil Hijos de San Luis 1823, unos improperios que sitúan a la urbe andaluza como parte responsable y partícipe del mal que sufre la patria durante la década ominosa y no como víctima de dichos crímenes como se representaba, por ejemplo, a la ciudad gaditana en textos anteriores o al pueblo malagueño en otra de estas composiciones literarias como la «Epístola a Publio Ovidio Nasón», de Francisco Sánchez Barbero (*El Español Constitucional*, IV [segunda parte], n.º 25, marzo 1824: 59-68; n.º 26, abril 1824: 130-138). El poema compara los destierros del poeta latino en el Ponto y del propio Sánchez Barbero en Melilla, y arremete contra la actitud lastimera y patética de Ovidio y sus súplicas por conseguir el perdón del emperador. Sánchez Barbero describe a su vez las injusticias sufridas tras la caída del régimen liberal en 1823, su encarcelamiento y el traslado a Melilla, y las penalidades que sufre en la prisión del norte de África. En este viaje hacia su proscripción, dedica unos versos a elogiar a los habitantes de Málaga por el cariño, la ayuda y la compasión que mostraron hacia los presos liberales:

En nuestro amor y corazón sensible
grabados vivirán. No, no me es dado
¡oh Málaga!, cantar tus alabanzas.
¡Con qué tierna expresión, con qué dulzura
a los cuitados huérfanos miraste!
¡Con qué cariño y paz nos admitiste!
¡Qué ofertas y franqueza! ¡Cuánto esmero
en consolarnos! Gratitud y gozo,
dolor y compasión entrelazados
en fraternales vínculos andaban.
Vivir entre vosotros ¡qué ventura!…»
(*El Español Constitucional*, IV [segunda parte], n.º 26, abril 1824: 131).

Estas referencias a las regiones del sur de España que aparecen en los textos político-literarios de la prensa liberal en el exilio muestran una perspectiva determinada de dichos territorios de acuerdo con los planteamientos que subyacen en cada una de estas composiciones. De este modo, ciudades como Cádiz cuentan con una profunda carga ideológica como representación de la España constitucional, mientras otros lugares como Sevilla presentan una visión más crítica desde un punto de vista liberal. Todas ellas ayudan a perfilar y completar una imagen heterogénea y ambivalente de Andalucía en esta literatura combativa del destierro, con una clara intención política en contra del absolutismo y en defensa del restablecimiento del Nuevo Régimen en la España.

El imaginario andaluz en la prensa del destierro

Los proyectos periodísticos de los emigrados españoles en esta primera mitad del siglo XIX no solo forjaron una imagen de Andalucía relacionada directamente con la experiencia del destierro —con un abanico temático que abarca desde la melancolía y la tristeza hasta la crítica, la arenga política o la sátira—, también promovieron una visión del pasado y el presente andaluz a través de piezas literarias o artículos relacionados con su historia y su legado, personajes ilustres y monumentos representativos de dicha región. Entre estos textos propios de la «literatura *desde el exilio*» (Guillén, 1995), la historia de Al-Andalus y su cultura se convierten en una de las temáticas más recurrentes y relevantes de estas publicaciones decimonónicas. De este modo, encontramos varios artículos dedicados a la época medieval y la presencia del mundo árabe en la Península,[17] en los que se destacan los hechos históricos acaecidos en este período, los conflictos bélicos entre moros y cristianos y la importancia y preeminencia de la cultura andalusí frente a sus contemporáneas:

> España fue durante todo este tiempo el único país señoreado por los Árabes: la ilustre dinastía de los Omeyas, protegiendo las ciencias, y administrando justicia imparcialmente a todos los habitantes de la Península, levantó el imperio Árabe-Español a un grado de civilización y prosperidad sin igual en aquellos siglos de guerra, ignorancia y confusión (*El Instructor o Repertorio de Historia, Bellas Letras y Artes*, «Instrucción popular sobre la Historia. Los Árabes», I, n.º 8, agosto 1834: 229).

Esta atracción por Al-Andalus que encontramos en muchos de los textos de la prensa decimonónica del exilio responde a varios motivos. En primer lugar, el auge de la estética romántica en Europa encontró en España y su historia un espacio fecundo para la ambientación de sus obras artístico-literarias. La férrea oposición contra Bonaparte en la Guerra de la Independencia y las posteriores luchas de poder entre los defensores del Antiguo y del Nuevo Régimen reforzaron esa visión «romántica» de España que parecía defender su tradicionalismo frente al progreso del resto de naciones europeas: «lo que se celebraba de España era su autenticidad, que se cifraba en la preservación de elementos primitivos. En otras palabras, lo que atraía al romanticismo europeo de España parecía ser su falta de modernidad». (Andreu Miralles, 2016: 330). Del mismo modo, el exotismo que suponían los vestigios arquitectónicos y la herencia sociocultural del pasado árabe —que, según los extranjeros, aún pervivía en el país— promovieron su carácter singular y misterioso y despertaron la fascinación al otro lado de las fronteras.

Una de las publicaciones que contribuyó notablemente al conocimiento y el interés por el pasado andalusí en esta primera mitad del siglo XIX fue la *Historia de la dominación de los árabes en España* de José Antonio Conde, publicada en 1820, y que contó con varias reseñas en esta prensa del destierro. *Variedades o El Mensajero de Londres* dedica cuatro artículos a esta obra del arabista conquense

---

17 Textos como «Apuntes históricos» en *Variedades o El Mensajero de Londres* de Blanco White (I, n.º 2, enero 1824: 131-140), o «Historia de España» (III, n.º 33, septiembre 1836: 276-282») y «Continuación de la Historia de España» (III, n.º 34, octubre 1836: 311-315), «La España durante la dominación de los árabes» (VII, n.º 79, julio 1840: 193-200) y «Dominación de los árabes en España» (VII, n.º 80, agosto 1840: 225-231) en *El Instructor o Repertorio de Historia, Bellas Letras y Artes* pueden servir de ejemplo de este interés por la historia medieval y por el pasado árabe español.

(II, n.º 6, enero 1825: 43-60; n.º 7, abril 1825: 135-150; n.º 8, julio 1825: 241-251; n.º 9, octubre 1825: 324-343) en los que se realiza un breve recorrido por los dos primeros tomos del libro. Así, resume los principales hechos históricos que se recogen en la obra, se destaca la calidad de la literatura árabe —con numerosos fragmentos— y el mérito de Conde al recuperar y traducir muchos de estos textos, y se compara la sociedad y la cultura andalusí con las tradiciones y los planteamientos propios de la España cristiana. Este análisis continúa con el tercer tomo de la *Historia de la dominación de los árabes en España* en otra publicación del exilio, *Ocios de españoles emigrados*, con otros cinco textos (V, n.º 23, febrero 1826: 146-165; n.º 24, marzo 1826: 261-275; n.º 25, abril 1826: 331-347; VI, n.º 28, julio de 1826: 61-75; n.º 29, agosto de 1826: 147-161); en este caso es Pablo de Mendíbil —colaborador de *Variedades*— quien decide retomar este estudio, aunque esta vez con una perspectiva más historicista que literaria.

En estos artículos periodísticos, y en la propia obra de José Antonio Conde, se produce una especie de analogía entre el moro andalusí y el liberal español decimonónico a partir de un enemigo común: la ortodoxia religiosa, el tradicionalismo y el despotismo. Estos males históricos que, según los constitucionalistas, padece España desde la Edad Media permiten —según Jesús Torrecilla— «crear el mito de una España islámica, más abierta y flexible que la de su tiempo, que había sido capaz de crear en la Edad Media una sociedad ilustrada similar a la que ellos querían implantar en el siglo XIX» (2016: 156). No obstante, este mito de Al-Andalus y su relación con el liberalismo era en sí mismo voluble y contradictorio, pues el elemento fundamental que conectaba ambas realidades no eran tanto sus semejanzas o aspiraciones sino la identificación de una misma némesis, como se vislumbra en este «Bosquejo de la historia del entendimiento humano en España desde la restauración de la literatura hasta nuestros días» publicado en *Variedades o el Mensajero de Londres*:

> La Europa no presente un cuadro de esclavitud intelectual más horroroso que el que descubre la historia de España. La guerra continua con los Moros, naturalmente había preparado los Españoles para el más feroz fanatismo. Las ideas de honor y nobleza se habían unido íntimamente a las de Fe y Religión. Desdoro e infamia eran inseparables de cualquier creencia que no fuese la de los Españoles. Los Moros por su enemistad nacional, y los Judíos por la envidia que causaban sus riquezas […] Bien pronto se valieron los primeros inquisidores de esta ocasión para confundir con Moros y Judíos a todos cuantos se atrevían a duda cualquier punto de sus doctrinas y sistemas (I, n.º 2, enero 1824: 108).

En este itinerario histórico que plantea Blanco White, resulta evidente que las alusiones al fervor religioso del cristianismo español frente a otras creencias religiosas como la árabe o la judía trascienden sus coordenadas cronológicas y denuncian la repulsa y la exclusión de la heterodoxia a lo largo de la historia de España, con una clara reminiscencia a las emigraciones políticas decimonónicas. De esta forma, el autor sevillano parece sugerir que esta es una tendencia coyuntural propia de España que, como afirma Henry Kamen, ha buscado «una solución con la expulsión de minorías culturales esenciales y de grupos muy importantes de sus propias élites, pero ha conseguido algo distinto: minar su propia identidad como nación y asegurarse, para siempre, una élite cultural deficiente» (2007: 12).

En este sentido, varios son los artículos de esta prensa escrita por los desterrados liberales en Inglaterra que inciden en la riqueza artística y cultural de Al-Andalus como «Contraste de la protección dispensada a la literatura árabe en España por don Alonso el sabio, con la persecución que sufrió después» (II, n.º 5, agosto 1824: 16-21), «Influencia de los Árabes sobre la lengua y la literatura Española» (III, n.º 12, marzo 1825: 291-299), o «Muestra de los códices árabes de la Biblioteca del Escorial» (V, n.º 22, enero 1826: 83-84), publicados en *Ocios de españoles emigrados*. Del mismo modo, encontramos un importante número de textos dedicados a obras arquitectónicas y ciudades andaluzas vinculadas a ese pasado árabe español en *El Instructor o Repertorio de Historia, Bellas Letras y Artes* como, por ejemplo, «La Alhambra de Granada» (I, n.º 2, febrero 1834: 33-34), «La catedral de Sevilla» (I, n.º 4, abril 1834: 105-107), «Gibraltar» (II, n.º 15, marzo 1835: 73-76), «La ciudad de Cordova» (III, n.º 27, marzo 1836: 77-82), o «Granada» (III, n.º 29, mayo 1836: 142-144).[18]

La literatura andalusí o morisca también adquiere un papel relevante en este tipo de publicaciones, con composiciones literarias como la selección de «Romances moriscos» (*Variedades o El Mensajero de Londres*, I, n.º 1, enero 1823: 71-74) que incorpora Blanco White tras el artículo «Poesía castellana. Discurso de don Manuel Quintana. Romances antiguos» (I, n.º 1, enero 1823: 63-71):[19]

---

18 En esta cabecera, al igual que *La colmena*, apenas encontramos referencias críticas directas a la situación política española como sí ocurría en otros periódicos de Ackermann anteriores dirigidos también al público hispanoamericano —como puede ser el caso de *Variedades o El Mensajero de Londres* o los *No me olvides*—, pues ambas se publican durante la regencia de María Cristina, una vez se había producido el retorno de los emigrados liberales y la reinstauración del sistema constitucional en España.

19 Los romances cuentan con un espacio importante en publicaciones como *La colmena*, en la que encontramos hasta seis entradas dedicadas a este tipo de composiciones poéticas, muchas de ellas relacionadas directamente con el Cid Campeador y la lucha entre moros y cristianos («De los romances españoles», I, n.º 1: 64-72; «Romances españoles», I, n.º 2: 167-173; «Romances españoles», I, n.º 3: 261-269; «Romances

> Los romances moriscos principalmente están escritos con un vigor, y una lozanía de estilo que encanta. Aquellas costumbres en que se unían tan bellamente la valentía y el amor, aquellos moros tan bizarros y tan tiernos, aquel país tan bello y delicioso, aquellos nombres tan sonoros y tan dulces, todo contribuye a que parezcan infinitamente nuevas y poéticas las composiciones en que se pintan (I, n.º 1, enero 1823: 70).

Entre la selección de textos literarios que incorpora Blanco White en estas páginas, hallamos referencias a distintos espacios del territorio andaluz como Gelves, Motril o Granada, urbe a la que el cuerpo de Aliatar regresa sin vida tras intentar socorrer a su hermano: «No solo le llora Zayda, / pero acompáñanla cuantos / del Albaicín a la Alhambra / beben de Genil y Darro» (I, n.º 1, enero 1823: 72). Las temáticas de amor, desengaño y muerte son habituales en este tipo de piezas literarias y, si bien es cierto que algunas de ellas se localizan en otras regiones —como Toledo en el «Romance morisco» (*El Instructor o Repertorio de Historia, Bellas Letras y Artes,* II, n.º 13, enero 1835: 17) y Gibraltar en «Anécdotas sobre la vejez» (IV, n.º 38, febrero 1837: 56), o Ronda en el caso del poema «Zulema» (Mora, 1825: 28-33)—, la ciudad de Granada es sin duda todo un referente simbólico dentro de la cultura morisca y de los textos literarios contemporáneos que se inspiran en este legado árabe español. Por este motivo, no resulta extraño que muchas de estas composiciones se ambienten en el que fue el último reino árabe en la Península, como el romance «Una dama mora de Granada, enojada con su amante» (I, n.º 2, febrero 1834: 34-35) o el poema «El de la cruz colorada. Oriental» (VII, n.º 84, diciembre 1840: 366-367), publicados en *El Instructor o Repertorio de Historia, Bellas Letras y Artes:*

> Dime tú, el rey de los moros,
> el de los bellos jardines,
> el de los ricos tesoros,
> el de los cien paladines,
> el de las torres caladas
> con sus agujas labradas,
> el de alcatifas morunas.
> El rey de las medias lunas,
> de los reyes soberano,
> el de la Alhambra dorada,
> el de la hermosa Granada,
> ¿en dónde está mi cristiano
> *el de la luz colorada*? (VII, n.º 84, diciembre 1840: 366).

---

españoles», II, n.º 7: 269-272; «Romances españoles», II, n.º 8: 353-359; «Poesía española», II, n.º 8: 361-364).

Este patrimonio artístico-literario de Al-Andalus —de un enorme valor y una gran trascendencia histórico-cultural— cuenta con una fuerte presencia en la prensa en español publicada en Inglaterra durante las emigraciones liberales del siglo XIX. Sin embargo, el imaginario andaluz que se proyecta en estos textos *desde el exilio* no solo se circunscribe al pasado árabe en España, sino que se completa —y se complementa— por medio de otros artículos y pequeñas obras literarias que encontramos entre sus páginas. Así, en «Pintura. Escuela española» (*La Colmena* I, n.º 1: 76-82) se mencionan ciertos artistas célebres de origen andaluz como Francisco de Herrera el Viejo, Velázquez, o Esteban Murillo,[20] mientras que en *El Instructor o Repertorio de Historia, Bellas Letras y Artes* se publican también varios apuntes biográficos de figuras ilustres como «Gonzalo de Cordova» (II, n.º 18, junio 1835: 186-188) o «Fray Bartolomé de las Casas» (III, n.º 31, julio 1836: 210-211), unos personajes históricos que ayudan a configurar una visión determinada del pasado nacional y de Andalucía.

Del mismo modo, hallamos en esta prensa decimonónica descripciones geográficas de distintas regiones del sur de España —como «La ciudad de Cádiz» (*El Instructor o Repertorio de Historia, Bellas Letras y Artes*, IV, n.º 37, enero 1837: 1-5), «Sitios pintorescos en España [Lanjarón]» (IV, n.º 48, diciembre 1837: 368-370), o «Estrecho de Gibraltar» (VI, n.º 69, septiembre 1839: 276)— junto con otros textos de corte literario —«Soneto del mismo [Marqués de Santillana]» (*El Instructor o Repertorio de Historia, Bellas Letras y Artes*, I, n.º 11, noviembre 1834: 332),[21] «Incendio y rebato en Granada» de Vicente Espinel (II, n.º 24, diciembre 1835: 365-366), «El pescador de Anfriso» de Alberto Lista (t. VII, n.º 79, julio 1840: 208), o «El tajo de Ronda» (*La colmena*, I, n.º 1: 84-88)— que inciden en esa imagen por momentos idealizada, épica o pintoresca del territorio andaluz y los elementos identitarios de su cultura y sus gentes:[22]

---

20 *El Instructor o Repertorio de Historia, Bellas Letras y Artes* también dedica uno de sus artículos a la figura de Murillo: «Noticia del pintor Murillo y sus obras» (I, n.º 11, noviembre 1834: 325-327).

21 «Ni son bastantes a satisfacer / la sed ardiente de mi gran deseo / Tajo al presente, ni a me a socorrer // la enferma Guadiana, ni lo creo: / solo Guadalquivir tiene poder / de me sanar, e solo aquel deseo» (I, n.º 11, noviembre 1834: 332).

22 Estas representaciones estereotipadas de Andalucía también afectan a sectores sociales y grupos étnicos concretos identificados con este territorio, su historia y su cultura, como es el caso de los gitanos, a quienes *El Instructor o Repertorio de Historia, Bellas Letras y Artes* dedica dos artículos en años distintos, «Noticias sobre los gitanos» (I, n.º 8, agosto 1834: 233-235) y «Los gitanos» (VIII, n.º 10, octubre 1841: 294-298): «los que pueblan las montañas de Cataluña o recorren los llanos de Castilla, son por cierto bien diferentes de los habitantes del barrio de Triana en Sevilla y de las ricas campiñas

Id a Sevilla o Granada, ese risueño Elíseo de la Andalucía: contemplad esas mujeres tan hermosas, tan poéticas, tan románticas de formas graciosas y esbeltas, de ojos ardientes y centelleantes, de voz encantadora, de fisonomía expresiva y apasionada. Oíd a esos hombres de actitud noble e imponente, de facciones características y marcadas, de ancha frente y mirar penetrante. Escuchad esas bandolinas y esas guitarras que resuenan bajo los dedos de algún oscuro proletario. En una de aquellas hermosas noches de verano tan comunes en la península ibérica, bajo un cielo estrellado, en medio de una atmósfera suave y balsámica que forma una rica y frondosa vegetación, escuchad en los paseos públicos los individuos de la clase baja que cantan en coro alguno de los antiguos romances, o canciones nacionales que la España antigua ha legado a la España moderna («Música española», *La Colmena*, II, n.º 8: 365-367).

Este cuadro costumbrista y romántico sobre Andalucía, realizado por un escritor francés, reafirma la existencia de una representación prototípica y estereotipada del sur de España a uno y otro lado de las fronteras en estas primeras décadas del siglo XIX. En la configuración y desarrollo de este panorama figurativo, se conjugan aspectos climáticos y elementos coyunturales con ideas preconcebidas y mitos y leyendas del pasado nacional;[23] todo un bagaje histórico, cultural y literario que favorece una serie de interpretaciones y lecturas sobre Andalucía y definen una imagen precisa de lo andaluz a lo largo del ochocientos.

Este es un proceso con un fuerte carácter diacrónico, pues —como señala Andreu Miralles— «para su consolidación es imprescindible que se engarcen con unas identidades étnicas previas, con una serie de símbolos, memorias y mitos compartidos en los que pueden reconocerse quienes son interpelados como sujetos nacionales» (2016: 24); por ello, las alusiones a esas épocas pretéritas en donde se sitúa el origen de la nación —como los reinos cristianos y Al-Andalus en el medievo— son tan recurrentes y adquieren un fuerte valor simbólico. Sin embargo, en estas publicaciones también encontramos varios textos cuya temática gira en torno a sucesos recientes como la batalla de Trafalgar

---

de Murcia y Granada. La influencia apacible del clima meridional, el brillo constante de un hermoso cielo, la facilidad de proporcionarse subsistencia agradable y a poca costa, y hasta el mayor acceso y roce continuo con la sociedad civilizada, contribuye a modificar su aislamiento y costumbres selváticas y dañinas, prestándoles un carácter de originalidad halagüeña, que el inimitable Cervantes supo describir con su exquisita gracia en la novela de la *Gitanilla*» (VIII, n.º 10, octubre 1841: 297).

23 Trabajos como *La mitificación del pasado español. Reescrituras de figuras y leyendas en la literatura del siglo XIX* (Amann *et al.*, 2018) o *Mitos e imaginarios de España (1831-1879)* (Cantos Casenave, 2022) analizan la relevancia y la repercusión de una serie de leyendas y mitos españoles en la construcción del imaginario nacional durante este periodo.

en «Historia de la guerra naval. Biografía del almirante Nelson» (III, n.º 29, mayo 1836: 159-160) o la «Guerra de la Independencia española. De 1808 a 1814» (VIII, n.º 89, mayo 1841: 129-135) —publicadas en *El Instructor o Repertorio de Historia, Bellas Letras y Artes*— que demuestran cómo los acontecimientos históricos contemporáneos también cuentan con un papel protagónico en la construcción de ese imaginario de Andalucía y de España en el siglo XIX.

Palabras finales

Las estrechas relaciones que se producen entre literatura, historia y política en esta prensa en español publicada en Inglaterra durante la primera mitad del ochocientos ayudaron a configurar una visión precisa de la patria, de su pasado, su presente y su futuro. Esta imagen de la nación y del territorio andaluz estuvo fuertemente influida por la propia percepción del país de estos emigrados políticos y la de los compatriotas que permanecieron en su tierra natal, pero también por aquella que se había forjado desde suelo extranjero durante los siglos anteriores:

> Los intelectuales españoles tuvieron que hacer frente a una imagen de su país que escapaba a su control. Su actitud hacia dicha imagen no fue ni la total aceptación ni el visceral rechazo. Entablaron un diálogo del que resultaron formas alternativas y originales de pensar España en la que, no obstante, estaba inscrita de modos diversos la caracterización que de la misma se hacía desde más allá de sus fronteras (Andreu Miralles, 2016: 22).

A pesar del desarraigo, la angustia y las adversidades que supone el fenómeno del exilio para quien lo sufre, los destierros políticos españoles del XIX favorecieron el contacto entre la cultura y la idiosincrasia hispanas con otros territorios europeos como Inglaterra y Francia y permitió el contraste o la reafirmación de esa imagen apriorística sobre la nación. Del mismo modo, para estos emigrados, el exilio supuso un nuevo enfoque desde el que defender sus posicionamientos ideológicos, conocer nuevas realidades políticas, científicas y socioculturales, y repensar su propia identidad y su idea de nación. En este sentido, Vicente Llorens —en su artículo «La imagen de la patria en el destierro», publicado en la revista *Asomante* durante su exilio republicano en Puerto Rico (1949, n.º 3, julio-agosto: 2-41)— reflexionaba en torno al concepto de lo que denominaba «patria chica», entendido como ese lugar, con profundas identificaciones subjetivas y significados personales, que sirve como representación metafórica de España:

> La total extensión de ésta [la patria] podrá ser una realidad geográfica e histórica, pero para el desterrado sólo existe una reducida parte de aquel conjunto. Esa parte suele

coincidir, aunque no siempre, con la región o comarca nativa, o con la que tiene para él un contenido emocional directo: este lugar, concretamente, o aquel paisaje; es decir, lo que formaba el contorno de su existencia, y cuya privación siente ahora no ya como algo externo sino como parte integrante de su propio ser (Llorens, 2006: 138).

De este modo, como hemos podido comprobar, Andalucía se convirtió en una «patria chica» dentro de la prensa decimonónica del exilio, con una enorme carga emocional y simbólica, independientemente de actitudes ovidianas o plutarqueas (Guillén, 1995). El sur de España representó esa última mirada que el desterrado lanza a la patria antes de partir o la añoranza de la tierra natal —o de un tiempo feliz ya pasado— que contrasta con la realidad del exilio y que, en ocasiones, su recuerdo deriva en un edén donde se refugia el alma del proscrito en busca de esperanza y de consuelo. Asimismo, algunas regiones andaluzas encarnaron el símbolo de la resistencia contra el enemigo, mientras otras fueron criticadas por su simpatía hacia el absolutismo, en unas composiciones político-literarias caracterizadas por su tono beligerante y su actitud crítica. Por otro lado, los textos inspirados en el pasado árabe español y la herencia de Al-Andalus —algunos con claras reminiscencias a la situación política decimonónica— inciden, junto con otros artículos y piezas literarias ambientadas en estas regiones meridionales de la Península, en la riqueza cultural y geográfica del sur de España para conformar así una visión múltiple y abarcadora de lo andaluz.

A lo largo de estas páginas, hemos pretendido esbozar un panorama representativo de la imagen de Andalucía en la prensa inglesa en español durante las emigraciones liberales decimonónicas, un abanico amplio y heterogéneo —con multitud de matices y elementos particulares— que refleja el valor y la profusión de la literatura del exilio en este período y, al mismo tiempo, la abundante y significativa presencia de la temática andaluza y sus representaciones en estas publicaciones periódicas. Todos estos motivos y referencias permiten cartografiar el espacio que ocupa Andalucía en este mapa de la literatura española del destierro y cómo ayudaron a configurar el propio imaginario nacional durante esta primera mitad de siglo XIX.

Bibliografía

Álvarez Junco, José (2001), *Mater dolorosa: la idea de España en el siglo XIX*, Barcelona, Taurus.

Álvarez Junco, José (2016), *Dioses útiles. Naciones y nacionalismos*, Barcelona, Galaxia Gutenberg.

Amann, Elizabeth; Durán López, Fernando; González Dávila, María José, Romero Ferrer, Alberto y Yoeli-Rimmer, Nettah (eds.) (2018), *La *mitificación del pasado español. Reescrituras de figuras y leyendas en la literatura del siglo XIX*, Madrid-Frankfurt, Iberoamericana-Vervuert.

ANDREU MIRALLES, Xavier (2016), *El descubrimiento de España: mito romántico e identidad nacional*, Barcelona, Taurus.

AYMES, Jean-René (2008), *Españoles en París en la época romántica. 1808-1848*, Madrid, Alianza.

BARBASTRO GIL, Luis (1993), *Los afrancesados. Primera emigración política del siglo XIX español (1813-1820)*, Madrid, Consejo Superior de Investigaciones Científicas. Instituto de Cultura Juan Gil-Albert (Diputación de Alicante).

BLANCO WHITE, José María (1822), *Letters from Spain by Leucadio Doblado*, London, Henry Colburn & Co.

BLANCO WHITE, José María (ed.) (1823-1825), *Variedades o El Mensajero de Londres*, Londres, R. Ackermann, tt. I-II, n.ºs 1-9.

BORREGO, Andrés (1830), *El Precursor. Periódico consagrado a la defensa de los intereses políticos de los españoles*, París, Imprenta de Selligue, n.ºs 6-20.

DURÁN LÓPEZ, Fernando (2015), *Versiones de un exilio: los traductores de la casa Ackermann (1823-1830)*, Madrid, Escolar y Mayo.

FERNÁNDEZ SARDINÓ, Pedro Pascasio y ACEVEDO, Manuel María (eds.) (1818-1820/1824-1825), *El Español Constitucional*, Londres, Enrique Bryer, tt. I-V, n.ºs 1-39.

FOX, Edward Inman (1997), *La invención de España: nacionalismo liberal e identidad nacional*, Madrid, Cátedra.

FUENTES, Juan Francisco (2002), «Imagen del exilio y del exiliado en la España del siglo XIX», *Ayer*, 47, pp. 35-56.

GARCÍA CASTAÑEDA, Salvador (2001), «Estudio preliminar», en Telesforo de Trueba y Cosío, *Obra varia* (estudio preliminar de Salvador García Castañeda), Santander, Universidad de Cantabria.

GARCÍA DE TASSARA, Gabriel (1844), «La político-mana», en *Los españoles pintados por sí mismos*, Madrid, I. Boix, t. I, pp. 39-47.

GAVIÑO RODRÍGUEZ, Victoriano (2021), «Prensa inglesa en español durante la primera mitad del siglo XIX: artículos lingüísticos en el exilio londinense», *Neuphilologische Mitteilungen*, vol. 122, n.° 1-2, pp. 20-42.

GIL DE ZÁRATE, Antonio (1843), «El exclaustrado», en *Los españoles pintados por sí mismos*, Madrid, I. Boix, t. I, pp. 357-365.

GRINBERG, León; GRINBERG, Rebeca (1996), *Migración y exilio. Estudio psicoanalítico*, Madrid, Biblioteca Nueva.

GUILLÉN, Claudio (1995), *El sol de los desterrados: literatura y exilio*, Barcelona, Quaderns Crema.

JIMÉNEZ DE ALCALÁ, José María; VILLALOBOS, Ángel de (eds.) (1834-1841), *El Instructor, o repertorio de historia, bellas letras y artes*, tt. I-VIII, n.ᵒˢ 1-96, Londres, R. Ackermann.

KAMEN, Henry (2007), *Los desheredados. España y la huella del exilio*, Madrid, Aguilar.

LARRA, Mariano José de (1835), «La diligencia», *Revista Mensajero*, n.º 47, 16-IV-1835.

LARRA, Mariano José de (1837), «Ni por esas. Verdadera contestación de Andrés a Fígaro, publicada por este», Madrid, Imprenta de D. José María Repullés.

LÓPEZ TABAR, Juan (2001), *Los famosos traidores. Los afrancesados durante la crisis del Antiguo Régimen (1808-1833)*, Madrid, Biblioteca Nueva.

LOYOLA LÓPEZ, David (2016), «La prensa inglesa en español durante la primera mitad del siglo XIX. Catálogo de colaboraciones sobre lengua y literatura», en Fernando Durán López y Victoriano Gaviño Rodríguez (eds.), *Estudios sobre Filología española y exilio en la primera mitad del siglo XIX*, Madrid, Visor Libros, pp. 171-245.

LOYOLA LÓPEZ, David (2017), «El destierro en los *No me olvides* de Ackermann (1824-1829), en Alberto Romero Ferrer y David Loyola López (eds.), *Las musas errantes. Cultura literaria y exilio en la España de la primera mitad del siglo XIX*, Gijón, Trea, pp. 183-194.

LOYOLA LÓPEZ, David (2017b), «El destierro en la prensa inglesa en español del siglo XIX: *El Español Constitucional*», en Raquel Crespo Vilar y Sheila Pastor Martín (eds.), *Dimensiones: el espacio y sus significados en la literatura hispánica*, Madrid, Biblioteca Nueva, pp. 247-258.

LOYOLA LÓPEZ, David (2018), «El exilio como tema literario en *Ocios de españoles emigrados*», en Christoph Strosetzki (ed.), *Aspectos actuales del hispanismo mundial: literatura, cultura, lengua*, Berlín, De Gruyter, vol. 1, pp. 675-687.

LOYOLA LÓPEZ, David (2018b), *Los ojos del destierro. La temática del exilio en la literatura española de la primera mitad del siglo XIX*, Gijón, Trea.

LOYOLA LÓPEZ, David y FLORES RUIZ, Eva María (eds.) (2018), *La voz del desterrado. Antología de la literatura del exilio en la primera mitad del siglo XIX*, Madrid, Guillermo Escolar.

LLORENS, Vicente (1968), *Liberales y románticos. Una emigración española en Inglaterra (1823-1834)*, segunda edición, Madrid, Castalia.

LLORENS, Vicente (2006), *Estudios y ensayos sobre el exilio republicano de 1939 (edición, estudio introductorio y notas de Manuel Aznar Soler*, Sevilla, Renacimiento.

Mendíbil, Pablo de (1828), *No me olvides, colección de producciones en prosa y verso, originales, imitadas y traducidas para 1828*, Londres, R. Ackermann, Strand.

Mendíbil, Pablo de (1829), *No me olvides, colección de producciones en prosa y verso, originales, imitadas y traducidas para 1829*, Londres, R. Ackermann.

Mora, José Joaquín de (1824), *No me olvides. Recuerdos de amistad. Colección de composiciones en prosa y verso originales y traducidas por J. J. Mora. Publicada en Londres por R. Ackermann*, Londres, Carlos Wood.

Mora, José Joaquín de (1825), *No me olvides, colección de producciones en prosa y verso / originales y traducidas por José Joaquín de Mora*, Londres, R. Ackermann.

Mora, José Joaquín de (1826), *No me olvides, colección de producciones en prosa y verso / originales y traducidas por José Joaquín de Mora*, Londres, R. Ackermann.

Mora, José Joaquín de (1827), *No me olvides, colección de producciones en prosa y verso / originales y traducidas por José Joaquín de Mora*, Londres, R. Ackermann.

Muñoz Sempere, Daniel y Alonso García, Gregorio (eds.) (2011), *Londres y el liberalismo hispánico*, Madrid-Frankfurt am Main, Iberoamericana-Vervuert.

Ochoa, Eugenio de (1844), «El emigrado», en *Los españoles pintados por sí mismos*, Madrid, I. Boix, t. II, pp. 314-326.

Ochoa, Eugenio de (1844), «El español fuera de España», en *Los españoles pintados por sí mismos*, Madrid, I. Boix, t. II, pp. 442-451.

Prete, Antonio (2010), *Tratado de la lejanía* (trad. de Juan Antonio Méndez), Valencia, Pre-textos (en coed. con la Universitat Politècnica de València).

Ruiz Acosta, María José (ed.) (2016), *La prensa hispánica en el exilio de Londres (1810-1850)*, Salamanca, Comunicación Social.

Sánchez Mantero, Rafael (1975), *Liberales en el exilio*, Madrid, Rialp.

Saurín, María Rosa (1998), *Cancionero liberal contra Fernando VII*, Fassano-París, Schena Editores.

Solanes, José (1991), *Los nombres del exilio* (prólogo de Pedro Grases), Caracas, Monte Ávila Latinoamericana.

Torrecilla, Jesús (2016), *España al revés: los mitos del pensamiento progresista (1790-1840)*, Madrid, Marcial Pons Historia.

Trueba y Cosío, Telesforo (1825), «Adiós a Cádiz. Romance», *Diario Mercantil*, n.º 3329, pp. 1-2.

TRUEBA Y COSÍO, Telesforo (2001), *Obra varia* (estudio preliminar de Salvador García Castañeda), Santander, Servicio de Publicaciones de la Universidad de Cantabria.

VEGA, Jesusa (2016), *Pasado y tradición: la construcción visual del imaginario español en el siglo XIX*, Madrid, Polifermo.

VILLALOBOS, Ángel de (1842-1843), *La Colmena*, Londres, R. Ackermann, tt. I-II.

VILLANUEVA, Joaquín Lorenzo; VILLANUEVA, Jaime; CANGA ARGÜELLES, José; MENDÍBIL, Pablo de (eds.) (1824-1827), *Ocios de españoles emigrados*, Londres, A. Macintosh y M. Calero [según los tomos], tt. I-VII, n.ºs 1-35.

STUDIEN ZU DEN ROMANISCHEN LITERATUREN UND KULTUREN
STUDIES ON ROMANCE LITERATURES AND CULTURES

Herausgegeben von / Edited by Olaf Müller, Christian von Tschilschke,
Ulrich Winter und / and Samia Kassab-Charfi

www.peterlang.com

www.ingramcontent.com/pod-product-compliance
Lightning Source LLC
Chambersburg PA
CBHW020732020826
48980CB00016B/126